從觀念到實踐

軍事倫理

陸軍官校
通識教育中心
通識核心課程系列教材

MILITARY
ETHICS
: From Concept to Practice

尤淑如 康經彪 張文杰 厲復霖 著

五南圖書出版公司 印行

主任序

　　「軍事倫理學」是國防部訂頒軍事校院的通識課程科目之一，更是陸軍官校通識核心課程中承先啓後的重要關鍵。因本校學生自入學接受軍官基礎教育開始，已陸續修習「哲學概論」、「法學概論」、「孫子兵法」、「中華民國憲法及立國精神」、「管理學」等課程，當升上三年級後，陸續有機會擔任連隊實習幹部，在此階段，學校為同學們安排「軍事倫理學」和「國際法概論」兩門課程，再接續四年級的「軍事領導學」，這一系列的課程設計，就是遵循國防部「為用而育」的軍事教育政策，並達成本校「培養允文允武、術德兼備的軍事領導人才」的教育目標。為了支持此一理念，本校通識教育中心歷年來除不斷精進課程設計、創新教學方法及完善教學環境外，也亟思在教材上有所突破，畢竟教材才是教與學的核心，因此想要提升教學的品質，首先就要從編撰符合教學需求的教科書上著手。

　　有鑑於此，陸軍官校通識教育中心近年積極推動軍事校院通識系列叢書的編撰，自民國一〇四年《戰爭史──從拿破崙到波斯灣戰爭》、民國一〇五年《先秦儒家武德思想──四書中的概念與實踐》起，經過近三年的醞釀與努力，民國一〇八年由尤淑如、張文杰、康經彪三位老師為軍事教育體系量身打造的系列作第三本教科書《哲學概論》也如期出書，當時本人也曾為之作序。其實在同一時間，「軍事倫理學」的編撰工作就已如火如荼的展開。事實上，國內各軍校在早前亦有與軍事倫理相關的書籍面世，但面對國內社會及軍事環境的快速演變，本書作者群仍感在教學實務上，亟需編撰一本專為軍官養成教育而設計的「軍事倫理學」教科書，使「軍事」與「倫理學」有更緊密的連結，而此亦為決定編撰本書的初衷。

　　本書由尤淑如副教授擔任主編，康經彪副教授、張文杰副教授及本人擔任共同作者，依個人教學及研究專長，分別負責全書八個章節的撰

寫，編撰過程曾歷經連續不斷的開會研討、觀念溝通，甚至是針鋒相對的爭辯場景，但最後在共同理念的支持下逐漸融合，並趨於一致；而本書的章節設計，更是考量教師在教學實務的需要，以及利於學生學習進度的安排進行規劃，期望使學生了解當代軍事專業倫理的核心價值與規範趨勢，省察國軍軍事倫理體系，據以瞭解軍事專業倫理的知識基礎，並進而培養其具備軍事專業倫理的正確觀念，此外，本書還加入了國防廉政相關的各項內容，以符合當前社會對軍隊的期許。最後，要感謝108及109年度「國防部補助軍事院校教師從事學術研究案」的經費支持，以及五南圖書公司及編輯群的用心，使本書最終得以順利付梓。

厲復霖

陸軍軍官學校通識中心主任　謹記於志清樓
中華民國一〇九年七月三十一日

推薦序一

　　陸軍官校通識教育中心尤淑如、康經彪、厲復霖、張文杰四位教授合著的《軍事倫理：從觀念到實踐》一書書稿完成，囑余作推薦序，感到十分欣喜。一則個人多年來從事倫理學的相關研究，無論是傳統的倫理學理論，或是當代的應用倫理學，以及各行業相關的專業倫理，都一直是個人長期關注與研究興趣的範圍，趁本書出版之前可以先睹為快，深感榮幸。二則是筆者曾經擔任國防大學通識教育設計會議的校外委員長達十年以上，該校通識教育中心舉辦的軍人武德與軍事倫理相關研討會也曾多次邀約本人前往擔任論文與談人，對於軍事倫理並不陌生，也深深認同軍事倫理的研究與教學對於國家未來軍中幹部養成教育的重要性。

　　綜觀全書共分八章，主題分別是：認識軍事倫理、武德思想的歷史內涵及其現代意義、軍人倫理、軍隊倫理、廉政倫理、軍事倫理規範與實踐的法制化、戰爭倫理：正義戰爭思想與實踐、軍事倫理的實踐技術：判斷、推理與決策。全書的內容充實而豐富，涵蓋了軍事倫理學大部分重要的相關議題，以及軍校學生在軍事倫理與軍人武德方面相關的理論知識與實踐方法，而且在理論的探討方面，能引經據典，從中國傳統經典汲取養分，同時也能借用西方的軍事倫理學理論的思潮來釐清其中基本的概念，並將軍事倫理相關議題的道理說得通透；在觀念上亦能在原本的學科知識的基礎上與時俱進，從傳統的武德思想結合軍事作為一門專業而強調專業倫理，把軍人效忠國家與憲法列為最優先的信念與價值；並加入了廉政倫理的內容，為如何廉潔治理部隊盡早進行思想的教育；還有有關戰爭倫理的探討，為一旦投入戰場，面臨種種危急艱難的情境，也能在瞬間做出智慧而正確的判斷，凡此內容都符合民主國家憲政主義的進步軍事思想。

　　無論是軍校或軍隊就像是一個大家庭，一個家庭是否和諧靠的是家

庭倫理，傳統的父慈子孝、兄友弟恭、夫唱婦隨都是家庭成員彼此的相處之道。在軍隊中也是一樣，每個軍人能謹守軍隊倫理，軍官能採用倫理領導並謹遵管理倫理，牢記自身肩負保家衛國的責任，以及與軍中同袍相處的分際，注重軍階倫理，保持嚴明的軍紀與上下的團結，在平時能做好備戰的各項戰技與戰術的訓練，在戰時能迅速動員隨時備戰，其中最重要的就是依賴軍事倫理的實踐與落實。

　　整體而言，本書體例完備、條理分明、文字通暢、用詞精確，可讀性高。重要的是作者群都以嚴謹的態度撰寫，並經彼此充分的溝通討論後進行修正，是一本理論與實踐兼顧的好書，值得每一位軍校生，甚至軍中幹部長官仔細研讀，並隨時反思牢記於心。在此願鄭重為之推薦。

黃藿

中國文化大學哲學系教授兼文學院院長　謹誌
中華民國一〇九年七月十三日

推薦序一

(5)

推薦序二

孫子始計篇開宗明義即指出「兵者，國之大事、死生之地、存亡之道，不可不察也」。為了保衛國家生存與人民福祉，軍人也是合法使用大規模殺傷性武器的職業。然軍人不能只是一個職業，更是一個專業與志業。軍人經常面對生與死、是與非、犧牲與保存、團隊與個人、責任、義務與權利之辨，他的選擇不只影響個人更影響人民社稷。

有人認為軍人身負如此重責大任應該有更高的倫理道德標準。有人認為問題不在更高的倫理道德標準，而是不同專業各有其專業任務、要求與標準，所以每個專業面對的抉擇與挑戰不同罷了。

一個組織或專業若是一棟建築物，倫理是該棟建築物下面的地基，雖然不易看到卻是該建築物屹立不搖的根本。倫理就是「負責的做對的事」。道德的美德需透過實踐才能獲得。實踐倫理，要從知道什麼是對的，到為什麼是對的，進而內化為風格。軍人的倫理價值本身不僅是法律行為上的規範，同時也是發源於軍人個人內心的承諾，使其成為重要的動力，驅使軍人為實現軍事倫理價值而戰。

國防建軍備戰所花費的每一塊錢，都是來自於全國納稅人的辛勤工作所得，更重要的是人民將保國衛民身家性命財產的重責大任及使用大殺傷武力的權力託付給軍人。這種信任是每位軍人心中應有的責任、更要珍惜它、保護它，這是軍事倫理的核心。

前人拋頭顱灑熱血奠立中華民國在台灣發展的基礎，也造就了台灣經濟發展奇蹟與民主社會。然承平時期久了，國軍也累積了一些似是而非的「軍中倫理」。很高興看到由陸軍軍官學校尤淑如教授、康經彪教授、厲復霖教授和張文杰教授完成這本軍事倫理的專書，書中從軍事倫理的定義及意涵立下基礎，接著探討軍人倫理、軍隊倫理和戰爭倫理，同時也兼論了廉政倫理及軍事倫理的法制化，最後也提供了實踐軍事倫理所需的判斷、推理與決策技術。可說是一本融合東西倫理理論與實務

的大作。如書中指出軍事倫理的內涵在提供規範與指引、彰顯專業進而提供保障、凝聚信念並提升戰力，這是國軍重建軍人武德的重要里程碑。

陳勁甫
元智大學社會暨政策科學系教授
退役上校
民國109年7月30日

推薦序三

　　軍事倫理學是國防部各級軍事基礎院校及指參教育與深造教育必修之課程，雖然時數有所不同，但課程目的皆在培養國軍官士兵生具備軍事專業倫理素養，除遵守國家一切法令規範之外，更要本於身為軍人的使命與天職，展現軍事專業能力與倫理素養。

　　軍人是合法擁有武力的專業團體，其武力源自於國家憲法的賦予，藉以保國衛民與維護世界和平。相較於其他專業（例如醫師、律師、會計師、公務人員……），軍事專業涉及以合法武力殺戮人命及犧牲個人生命的倫理困境，這是違背人類生存發展的價值觀念。因此，教導軍事倫理學遂成為軍事教育的核心課程之一。

　　國軍基礎軍事院校的各通識教育中心負責軍事倫理學教學，除藉由每年的國軍軍人武德教育學術研討會發表軍事倫理學的研究成果外，各通識教育中心相繼出版課程參考教科書及教材，推廣軍事倫理學教育。

　　本校通識教育中心厲復霖主任、尤淑如老師、康經彪老師及張文杰老師共同出版本書，即是本於國軍軍事倫理學研究社群共同推動及擴展軍事倫理知識與實踐的初心，為國軍軍事教育貢獻棉薄之力。

　　本書在他們分工合作下，分別就軍事倫理、戰爭倫理、軍人倫理、軍人武德、廉政倫理、軍事倫理規範與實踐的法制化及實踐技術分章探討，嘗試藉由論述軍事倫理觀念而到實踐，希望讀者與學生能由內而外，從抽象而到具體，奠定軍事倫理思維與行為的基礎，作為日後在軍人生涯中倫理抉擇的依據或參考。

　　本人身為從事軍事倫理學研究社群一員，在閱讀此書之後，尤感四位老師軍事倫理學識淵博，無不傾囊相授，教學熱情躍然紙上。在有限的八章篇幅中，他們都想辦法化繁為簡地傳遞倫理知識，引導讀者與學生能由建立倫理認知為始，培養倫理素養為終，面對倫理困境時，依據內在倫理素養及外在法制規範，慎謀能斷而完成軍人使命與天職。為

此，本人非常樂意向各位讀者及學術同好推薦本書作為理解軍事倫理觀念及實踐相關議題的入門書，擴展對軍事專業及其人員的倫理素養之理解。

郭雪真

陸軍官校政治系上校副教授兼主任

作者序

　　本書出版之前，國內至少已有4本以上的軍事倫理教科書，本校亦有政治系與國防大學合作的軍事倫理學。在參照國內已出版的及國防大學已翻譯的數本軍事倫理書籍後，本校通識中心仍決定撰寫本書，原因在於，軍事倫理和其他軍事專業一樣需要不斷進展，需要在前輩們的巨人肩膀上持續開疆闢土，讓軍事倫理的教學與研究更為豐富且與時俱進。本書受惠於已出版之軍事倫理書籍很多，特別是受惠於本校政治系所出版之軍事倫理學，多處觀點延續自該書而多有開展，為此向諸位先輩表達感謝之意。

　　本書是為軍校生的軍事倫理課程而撰寫，每章篇幅依課程需要控制在兩萬字左右，作者們以精闢且精簡的方式深入淺出地鋪排章節。內容包括傳統軍事倫理的核心，例如：武德與軍人倫理、軍隊精神與軍風、戰爭倫理等；亦試圖從政治學、公共行政學、哲學（倫理學）、專業倫理、社會文化心理學、史學等面向拓展軍事倫理的視野。「軍事倫理」既涵蓋軍事活動中各種關係（人）與事務（事），那麼，軍事倫理就不僅是武德和軍人倫理、戰爭倫理，軍事倫理作為專業倫理，亦有利害關係人、社會責任與職場倫理的面向。近年來國防報告書的內容亦已揭露軍事倫理的多元與豐富。國防廉潔作為廣義軍事倫理實踐的一環，納入軍事倫理教育亦為時代所趨。故需有一本整合國防治理與廉政倫理的軍事倫理教科書，此為本書撰寫的初衷。

　　本書特色除前述提及視角豐富與內容多元之外，在核心主題上亦融合傳統與創新。第二章作者張文杰從史學角度介紹傳統武德思想緣起，先秦兵、儒武德思想及其融合的過程，直到現代知識軍人之軍人倫理的演進脈絡，期待軍校生綜覽武德從古至今的發展全貌而有連貫性的理解，由此深刻體會國軍之軍人倫理的文化傳承。熟悉戰爭史、軍事政治學與孫子兵法的作者康經彪負責軍人倫理（第三章）與戰爭倫理（第

七章）。在第三章，作者從軍事實務面闡釋軍人倫常基礎在於服從與忠誠，並以專業責任要義界定軍人使命與任務。在第七章，作者從戰爭例子與正義的哲學思辨起始鋪陳，以正義戰爭為核心闡釋戰爭倫理。至於第四章則由筆者從組織文化與倫理氣候等專業倫理觀點，重新闡釋文人領軍、軍隊精神與軍風等軍隊倫理的核心課題，並且從倫理領導與管理倫理、軍階倫理、職場倫理等面向闡釋延續建構中的軍隊倫理傳統的可行途徑。最後，本書從兩大途徑說明軍事倫理的實踐，一是於第六章由熟悉軍事行政法規與軍紀的厲復霖編撰軍事倫理法制化的重點，完整且深入地提供軍事倫理與法治的重要知識。一是在第八章由具哲學與倫理學專業的筆者撰寫道德推理與倫理決策的步驟，提供訓練倫理思辨所需的材料。

　　筆者作為基督徒，撰寫過程中仰賴基督信仰的指引與支持，本著基督的慈愛與公義而寫，相信本書的付梓有來自天主的恩典，祝福教授與學習軍事倫理的師生都能從書中體會軍事倫理的重要，掌握豐富的軍事倫理知識，增進實踐軍事倫理的動機和意願，培養成熟的道德推理與倫理決策的能力。本書作為軍事倫理的一塊入門磚，內容尚有許多疏漏不足之處，等待其他軍事倫理學的學者來增補、修正，並延續書中的視域與論點繼續開展，提升我國軍事倫理教學與研究的素質。

尤淑如

陸軍軍官學校通識中心副教授
謹記於志清樓
中華民國一〇九年七月三十一日

CONTENTS
目　錄

軍事倫理：從觀念到實踐

(12)

第一章
認識「軍事倫理」

第一節　「軍事倫理」的定義

軍事倫理是一分歧的概念，古今學者們從不同面向賦予軍事倫理的意義，軍事倫理的範疇、課題、信念隨時代演變而有調整，不同政體間軍事倫理的內涵也不同。然就軍事倫理的形式結構來看，「軍事倫理」乃是「軍事」與「倫理」概念的連結。軍事者，泛指與戰爭或軍隊有關之事，特別是「軍隊」具自成一格的生活形態和活動空間，形同一小型社會，其內部的構成具有階層結構、制度、地位、角色、團體意識、價值系統和控制機制等，甚而還發展出其特有的「軍事文化」。倫理者，泛指人倫道德之理，即人與人相處的道德準則、價值、信念、規範，故「軍事倫理」作為一門專業倫理學科，旨在探索、思辨軍事關係中的倫理規範與道德實踐，其內容廣泛地包含軍事活動中的倫理意涵，是「軍事組織及其成員在軍事工作裡應有的信念與行為規範」；軍事倫理所探討的範疇，不僅包括軍事活動所囊括的諸種課題，也包括軍人信奉的價值信念以及規範。

軍事倫理是戰爭與軍事組織活動的產物，旨在闡明一切與軍事活動有關的道德課題和相關規範，故論其定義可以從軍人與軍隊的基本價值觀、國家的軍事政策、軍隊在國家社會中的角色與關係等三方面來加以闡釋。

一、如以「使用武力的倫理規範和限制」作為軍事倫理的提問，內容必然包括法令、規定或傳統慣例所形成的諸種典章、制度和法則，用以統攝和指引軍隊成員的行為。

二、就倫理關係來看，軍事倫理的定義係闡明軍人對敵我、軍民、社會、政府、國家和世界等各種關係應有的正當觀念與態度，訴諸理性而訂

出軍人行為或軍事活動的標準。

三、對軍隊與軍人而言，「軍事倫理」即「軍事組織及其成員應有的信念與行為的規範」，主要內容係由若干正式的法規與非正式的信念所形成的一組典則，其作用在形塑軍人應有的價值系統與行為模式，培養正確的倫理觀念、瞭解軍人角色分際，從而表現出合乎軍隊與社會期待的行為。

此外，若從軍事活動觀之，軍事倫理探討軍隊的經營管理、備戰、發動戰爭等相關課題；若從軍事社會化的層面觀之，軍事倫理探討軍人信念、價值與規範等，提供軍人角色模塑的必要元素，故軍事倫理成為軍人是否能順利完成軍事社會化的重要關鍵。我國軍事倫理的內涵蘊含於《國軍教戰總則》（以下簡稱《教戰總則》），指出軍事倫理的首要乃為完成「國軍使命」，亦即軍事倫理教育不管是從軍事活動，或軍事社會化的層面施行，其內涵都必須揭示「實現三民主義、確保我中華民國之獨立、自由、平等與維護世界和平」，所有軍事倫理的內涵都必須以此使命為核心。

第二節　軍事倫理的特質

一、軍事倫理是一種專業倫理

一門職業要被稱為「專業」必須滿足幾項條件：長期專門訓練、系統理論知識、專精技術與能力、團體自我規範。專業社群必須經長期訓練、具專業知識與技術、高度自律、嚴守專業倫理。故專業倫理是專業的表徵，是專業之所以為專業的必要條件。成熟完整的專業倫理除了要能在專業知能與技能的訓練上自我要求，還要能根據專業關係中不同利害關係人的權利義務關係給予明確規範，進而還要建置強制性的法律規範。依此，軍事倫理作為專業倫理，必要滿足前述條件而表現於以下幾個面向：

㈠知識軍人：「軍事科技者」與「軍事管理者」

　　傳統金戈鐵馬的軍人逐漸地蛻變成「軍事科技者」與「軍事管理者」，現代化的知識軍人必須具備豐富學養與專業訓練，素有「軍人知識分子」之稱。現代戰爭是一種高科技與整合的戰爭型態，舉凡武器裝備的操作運用、保養維修、運輸補給、研發更新，人員徵召調任、教育訓練、領導統御、指揮管制等都參照現代管理學與精密科技，因此無一不需要專業的參與。現代化軍隊須有堅實訓練為基礎，配合高度精良裝備以及適當補給，在人員與經費的充分支援下，才能發揮高度作戰能力。無論訓練、裝備或補給，每一項都是專業，都需要專門化的知識和技術，以及專業化的管理。從兵力結構到後勤補給，從軍官養成到軍事管理都需要專業化，現代軍官必須以「軍事科技者」與「軍事管理者」自居。

㈡專業展現：優化人力素質、強化戰略溝通與國防研究功能

　　軍事倫理的專業性除了展現於科技與管理等建構系統理論知識的面向之外，還要透過長期專門訓練，強化戰略溝通與研究，依此優化人力素質，展現軍事專業的素質。軍事專業展現的具體作為包括：擴大專業人才培育、前瞻國防轉型趨勢、精進國軍軍事教育體制、成立「中共軍事事務研究所」及開設「國軍卓越領導課程」、開辦「戰略安全及國防管理博士班」。為因應戰略環境挑戰及國防革新的需要，強化戰略溝通與國防政策研究功能，國防部於民國107年成立「財團法人國防安全研究院」，期以深耕國防安全之政軍研究、搭建國際互動平台，與執行智庫戰略溝通與軍事學術交流的活動，例如：辦理「2018年區域安全國防論壇」、參與「全球安全高峰會」、「印太區域地緣政治演進的挑戰與展望」等國際軍事交流會議，與各國前任及現任國防官員、軍事將領及學者專家交流，以強化國防政策研究。除了整體國防安全的戰略與政策之外，亦針對國防治理施政的各項課題，例如「憲兵部隊在國家安全中關鍵基礎設施的防護」、「國軍協助縣市政府災防應變機制之實踐與檢討」進行專題研究，提供政策參考與專業諮詢。

(三) 以整全的專業關係建置軍事倫理內涵

專業關係是由專業者、服務對象、專業相關對象、社會大眾等相關利害關係人所構成。專業倫理依據不同的利害關係人的對應關係制定專業倫理的內涵，故軍事倫理的內涵不侷限於軍人武德，不侷限於軍人倫理，還要拓展至軍隊倫理、戰爭倫理，軍民關係、社會責任與友盟夥伴關係的合作倫理等。軍人倫理除了軍人武德，也要思考軍人的社會角色與社會形象。軍隊倫理要探討軍隊內部之國防治理的相關課題，例如：專業分工、軍階倫理、國防法制、人才培育、官兵照顧、權益保障與業務簡化等。軍隊倫理也要探討軍隊與國家的關係，建置明確的「軍隊國家化」、「政治中立」、「文人領軍」的倫理原則。此外軍隊倫理還要傳承不同軍（兵）種間的軍隊精神與軍風，系統化與制度化的建立起軍隊間的合作倫理，以專業倫理整合戰力，提高聯合作戰效率。最後，在整體方面，除了要針對戰爭活動制定相關倫理規範，亦要善用軍事資源發展專業的軍事護民行動與善盡軍人社會責任，並且也要妥善維護軍事友盟的夥伴關係，發展夥伴合作倫理。

(四) 深耕軍事倫理的理論基礎，強化軍人道德思辨與推理能力

「軍事倫理」不是單一課題，它是軍事與倫理的複合課題，橫跨兩種知識領域，實踐面的軍事倫理不停地在「軍事」與「倫理」之間來回整合。當今軍事科技與管理專業日新月異，軍事倫理亦須不斷創新才得以回應成長變動中的軍事專業。然而，相較於多變的軍事專業體系，倫理學理論卻是相對較為穩定的哲學論述，縱使倫理學歷經長期發展也有愈來愈細密的分類、愈來愈抽象複雜的論證（但這也說明，當代倫理學離單純道德感知與判斷愈來愈遙遠）。因此，要回應不斷更新之軍事專業的倫理課題，難以從倫理學理論中直接獲取答案，除了需要透過專業倫理的再詮釋，也需要就實踐技術面學習倫理分析或道德推理的技巧。實踐軍事倫理必須具備道德思辨與推理能力，更需要傳統倫理學訓練，特別是分析問題與邏輯反思能力；能夠邏輯地自我反省，才會有發自內心遵守規範的意

願，這部分是單單用律法的獎懲方式無法達到的。有鑑於此，要深耕軍事專業倫理的知識基礎，需要整合傳統倫理學與專業倫理學的研究，培養軍人道德思辨與推理能力。

二、軍事倫理是一種責任倫理

「國家、責任、榮譽」是國軍的基本信念，「犧牲、團結、負責」是陸軍官校黃埔精神的主要內涵。「責任」與「負責」說明此一信念之於國軍軍事倫理的重要性。不僅如此，「責任」亦是日常生活常用的道德用語，無論是日常生活，抑或是職場倫理、軍事倫理都強調「責任」，道德教育更是期待將每個人教育成一位「負責任」的人。然而，到底什麼是「責任」？軍事倫理的特色相較於其他專業倫理，更加重視「責任」，更須從「責任倫理」的概念來理解。那麼，什麼又是「責任倫理」？專業的軍事倫理應具備哪些責任形式？要回答這些問題，首先須釐清本分、義務與責任概念的相關性。

㈠本分、義務與責任

依據教育部辭典，「責任」一詞指涉「人所應做的本分」，所謂「本分」是指被分配或指派的工作或任務；又「責任」的另一層意思是指：「在道德或法律上，因某行為的結果，任人評論或處分。」故「責任」的意涵一方面是指「應做之行動內容」，一方面是就「評論或處分其行動結果」表明行動者該負的「責任」，此與「歸咎」或「究責」有關。「責任」與「義務」相似相關，但二者實是不同的概念，「義務」有三層意涵：其一，和責任相似，義務泛稱人在社會中應做的事情或行動；其二，義務指涉人們付出勞力卻沒有接受報酬的那些行為；其三，義務指涉法律或契約層面被強制執行或被強制限制的一些行為。就責任與義務二者進行分析，倫理層面的「責任」比「義務」更約束性與強制性，人們通常是基於對某事物負有責任因而產生義務。無論是本分、義務或責任都與「應該」此一概念有關。倫理學家認為「應該」可能源於內在良心的自我要求，但也有部分來自於社會風俗的規範或律法的規定。責任所指涉的「應

該」表達了行為的「必然性」，這種「必然性」表現出兩個層面：

1. 方法必然性：為完成某目標，某行為一定要被執行。
2. 目的必然性：某目標一定要被完成。

這兩層必然性指出責任的範圍。軍事倫理意旨的本分、義務或責任也都與某種「應該」相關，此一「應該」的基礎源於認同軍人形象和身分，認同那些應為與不應為之事背後的價值信念。「應該」的對象為「國家」，因為國家是國軍絕對效忠的對象，保家衛國是軍人的天職；而依此而來的必然性「責任」，就是要對國家盡忠職守、誓死達成任務，並將這樣的責任展現於：受命不辱、臨難不苟、受傷不退、被俘不屈、不成功便成仁的精神動力和節操。軍人善盡「責任」的動力來自於「榮譽」，沒有榮譽感，何來責任心？榮譽與責任是一體兩面，能善盡責任地忠於國家即是展現榮譽。

㈡責任倫理

所有國軍都應該以「國家」為中心，以「責任」為依歸、以「榮譽」為動力，故軍事倫理乃是一種責任倫理。若要更深入了解責任與責任倫理，可借鏡當代以「責任倫理」聞名的倫理學家尤納斯（Hans Jonas, 1903-1993）的觀點，他認為「責任」的產生須有三項必要條件（轉自林遠澤，〈責任倫理學的責任問題——科技時代的應用倫理學基礎研究〉，《台灣哲學研究》第五期，94.09）：

1. 要具備因果關係，亦即該行動是一種能產生影響的行動才會有責任的課題。
2. 必須是行動者理性控制下所做的行動才需要負責。
3. 責任通常連結著行動結果後的負面影響。

由此可知，「責任」是介於行動的因果性與行動結果的規範性之間的一種概念，並且這種概念特別是針對負面影響的「歸咎」而提出。換言之，為避免行動產生負面結果或負面影響（預想行動後果），或者是對行動後已發生之負面影響提出究責與補贖（要求負責），會需要用到「責任」這一概念。依此，要求「負責任」也須符合三項條件（林遠澤，〈責任倫理學的責任問題——科技時代的應用倫理學基礎研究〉，《台灣哲學研究》第五期，94.09）：

1. 確認某人或某單位為某一後果或影響的肇因者。
2. 行動必須來自有行為能力者之自由意志的行使。
3. 行動結果的負面影響為規範性或價值性的損害。

就此觀之，「責任」的定義乃是就已發生之負面影響進行究責，或者是預想未來可能須承擔之負面影響而加以防範。

　　「責任」的起源，按尤納斯的觀點，最早的責任原型是「父母的責任」，這是一種「非相互性責任」（non-mutual responsibility）。父母所擔負之「非相互性責任」是基於一種不對等（稱）關係：嬰兒的存活完全仰賴父母。它要求父母「應該」對初生嬰兒負責，這種負責觀伴隨一種不對等（稱）的「犧牲」行動來回應。專業倫理所要闡述的責任概念類似於這種「非相互性責任」，因為專業者與專業者服務的對象之間亦存在著不對等（稱）關係：資訊不對等（稱）。這是一種專業者掌握專業知識（知）與服務對象缺乏專業知識（無知）之間的不對等，而這種不對等在專業關係發生前就已存在，是一種先天結構上的不對等，故令專業者必須以「責任」此一倫理概念回應這種不平等。軍事倫理中的責任屬於這種「非相互性責任」，國軍不僅掌握專業軍事知能，更掌握各種強大武力與暴力；國軍和人民之間存在不對等關係，正因為這種不對等關係，才使得軍事倫理中所講強調的犧牲、負責有了合理的根基。

⣌三⣍軍事倫理的責任形式

專業倫理中的責任通常包含三種形式：專業責任、倫理責任，以及法律責任。其中，專業責任指熟悉專業知識與熟練專業技能。倫理責任的消極面是指不能用專業知識傷害服務對象，危害社會福祉；積極面是指要為專業服務對象的利益著想，善用專業為社會創造福祉，通常以專業倫理守則的方式執行。法律責任是指越成熟的專業必然有國家社會立法加以規範，專業者必須要遵守國家社會針對專業所制定的法律。

承上，若謂軍事倫理的責任形式，亦可從專業責任、倫理責任，以及法律責任分層闡述：

1. 國軍的專業責任：研究發展、軍隊訓練與保修維護是國軍最重要的專業責任。其中，研究發展所以作為專業責任，即如《教戰總則》指出：「保持現狀便是落伍，故研究發展，乃軍隊進步之動力。……依任務、敵情與未來趨勢，對建軍備戰與用兵藝術，發揮集體智慧。」（第十七條）故舉凡國軍評估敵情威脅、前瞻未來戰爭型態所進行之各種軍事戰略的制定、持續強化聯合戰力與戰訓整備的各項作為，皆屬於國軍的專業責任。為落實軍事專業責任，國防部結合跨部會資源與產、學、研能量，從發展先進武器系統，到致力於現代化武器研發與生產，並以「航太、船艦、資安」三大領域為核心，自研自製武器系統，目的是為了落實國防自主，善盡國軍的專業責任。

   又軍隊訓練作為國軍另一項專業責任，如《教戰總則》逕謂：「訓練乃戰力之泉源、戰勝之憑藉」，必須以「練力、練技、練膽、練心、練指揮」為原則，輔以「模擬實戰，以實人、實物、實時、實地、實情、實作，採對抗方式勤訓苦練」（第十四條），期能培養勇猛頑強之戰鬥作風，而達超敵勝敵之目標。

   另鑑於現代戰爭的武器裝備日趨精密且不斷更新，購置與維護殊為不易；職是之故，《教戰總則》即明申，國軍當發揮「保修維護」的專業責任，傳承勤儉建軍的傳統精神，教育官兵愛護武器裝備及各項設施，時時維護與精確測試，嚴整作業紀律，落實維修工作（第

十六條）。

2. 國軍的倫理責任：國軍的倫理責任以保家衛國、愛護人民爲首要，消極的國軍倫理責任至少要確保不讓國家的武裝力量成爲政爭的工具。此一國軍倫理責任明列於《中華民國憲法》（以下簡稱《憲法》）：

全國陸海空軍，須超出個人、地域及黨派關係以外，效忠國家，愛護人民。（第138條）
任何黨派及個人不得以武裝力量爲政爭之工具。（第139條）

藉由《憲法》確立並強制執行「軍隊國家化」與「行政中立」的倫理原則。此外，國軍核心的倫理責任包括軍人倫理、軍隊倫理、軍民關係與社會責任等，而具體施行則以廉能建軍的形式展現。近年來國防部以「防貪、反貪、肅貪」三大面向，推動肅貪、防弊及整飭軍隊風紀任務，致力於內控機制與廉潔教育等作爲，戮力建構國軍廉能的倫理形象。

3. 國軍的法律責任：爲貫徹國防法制化以及依法行政的原則，國軍依據《憲法》第137條制定《國防法》，開宗明義即指出國防的目的：

中華民國之國防，以發揮整體國力，建立國防武力，協助災害防救，達成保衛國家與人民安全及維護世界和平之目的。（第2條）

其次，國防法確立國防的範圍爲「全民國防」，內容包括：

國防軍事、全民防衛、執行災害防救及與國防有關之政治、社會、經濟、心理、科技等直接、間接有助於達成國防目的之事務。（第3條）

《國防法》將「國防體制及權責、軍人義務及權利、國防整備、全民防衛、國防報告、國防機密、與友好國家之軍事合作關係」等軍事專

業與軍事倫理的內涵，透過法制的形式賦予強制執行的公權力。至於其他軍事法規與軍紀的設立，也應當依據《憲法》與《國防法》而設立之，呼應《教戰總則・嚴肅軍紀》所揭倫理價值：「軍紀為軍隊之命脈，軍隊必須有嚴肅之軍紀，然後部隊之團結得以鞏固，軍民之合作得以增進，戰力之持久得以確保。」（第三條）故國軍有責任（法律責任）以遵守法律與軍紀的方式，善盡國軍的專業責任與倫理責任。此外，國軍亦有責任通盤檢討不合時宜法規，強化法律服務，與司法檢調建立合作機制，以此維護軍紀安全。就執行面來說，國軍有責任落實法規檢視作業：檢討、修正、廢止或停用不適用之法規，各級法務部門有責任提供法律服務，藉以保障官兵及其眷屬合法權益；執行軍事行動時，有責任確保行動的合法性與正當性，並符合國際法與戰爭法的相關規定、原則與人道精神。

第三節　軍人倫理

　　個體層面來看軍事倫理乃屬於軍人倫理的範疇，此一範疇從個人角度界定軍人行為的準則與判斷標準、標定軍人身分的權利義務、強化軍人核心信念與價值、激發軍人良善特質，據以形塑軍人品格；又《教戰總則》即明確要求國軍須以軍人武德自律，目的是為了陶塑每位國軍都能成為「親愛精誠，明禮義，知廉恥，發揚民族精神」的理想軍人（第二條）。至於軍人倫理的內涵可從傳統武德與當代社會角色來加以界定。

一、傳統「武德」

　　「倫理」一詞的字義就中文來說，「倫」意指「有輩、有類」，泛指人際之間的各種關係，例如：五倫指君臣、父子、夫婦、兄弟、朋友；「理」意指「道理」，泛指理論或判斷的合理依據。故「倫理」意指人倫關係之間所應依循之理，探討軍事情境中軍人應有的基本道德、品格素養、人倫關係和行為規範，即屬於個體層面的軍人倫理。我國傳統古籍文獻以「武德」詮釋軍人倫理，軍人武德的概念源自古人「敬天崇德」的思

維。按春秋時期魯國穆叔所提「三不朽」以「立德」爲首，孔子說：「爲政以德，譬如北辰，居其所而眾星拱之。」，子產說：「德，國家之基也。」這些有關德的論述，其實都是將道德視爲治理國家、安頓天下的核心要件。古人崇德的思維運用於軍隊，成爲「將道」的標準，即泛指統率軍隊的規範與方法，也成爲我國軍人武德內涵的基礎。故如曾國藩指出：「求將之道，在有良心，有血性，有勇氣，有智略。」即謂有倫理的軍官統帥，必須具備良心、人性、勇氣、專業知識和應變能力。古人以「武德」規範將領的思想延續至今，武德不僅揭示將領們的爲將之道，也是國人對所有國軍能實現「懷德用武」的期勉，盼望軍人能以武德完成捍衛疆土、抵禦外侮、保國安民的任務。總而言之，軍人倫理的核心價值在於強調軍人不能只有勇武的表徵，還要有實質的品格、人文素養以及領軍作戰的軍事知能。

二、軍人社會角色與形象

軍人倫理不僅指涉個別軍人品格，亦指涉群體概念之軍人品格。群體之於軍人的概念又可以用「社會角色」一詞來理解，「社會角色」指涉社會中不同角色所需的技能、工作品質，以及社會大眾的期待。人們通常藉由社會角色的概念，用以認識不同個體在社會關係中應有的、合理的行爲模式；由此觀之，「角色」限制了個體的活動範圍，也規定了相適應的權利、義務與行爲規範，這些內容即是社會角色的倫理意涵。例如：病患走進診所給醫生看診，病患雖不認識該醫生，但可以依據對「醫生」此一社會角色的概念來預期與判斷該名醫生的言行舉止是否合理。

相較於社會大部分的職業有其特定的服務對象，軍人此一職業的服務對象卻爲國家整體與全體人民，故軍人倫理中所涉及的社會責任、權利義務、身分認同等相關議題，都以國家整體以及全體民眾的利益爲首要考量。依據《教戰總則》，國軍對軍人社會角色乃是以「軍人本色」來加以設定，其核心內涵爲：「勤勞堅忍、冒險犯難」，期許每位軍人都具有「堅忍之精神、剛毅之意志、強壯之體力」（第六條）；也唯有這樣的軍

人本色，才能克服艱危，達成任務。

　　民眾百姓通常以社會觀感下的「軍人形象」來指稱軍人倫理，這也使國軍對於「如何提升軍人形象」一題日漸重視。《四年期國防總檢討》（國防部，106.3。以下簡稱《106國防總檢》）指出，提升軍人形象必須與社會緊密結合，透過多元文宣管道主動行銷國軍專業形象，以「犧牲、團結、負責」的精神、「堅定為國家生存發展與百姓安全福祉而戰」的信念，除陶冶官兵軍人武德，並增進軍民互動，以熱忱、專業及廉潔嚴明的軍紀，建立與地方政府、民意機構間的溝通協商平台，從而健全軍民互動機制、推動睦鄰工作，以此爭取國人的認同與信任。

第四節　軍隊倫理

　　從群體層面探討軍事倫理的範疇稱為「軍隊倫理」，其內容包含軍隊與國家的關係、軍隊精神與軍風、軍階倫理，以及軍隊內部的倫理，如倫理領導與管理倫理、職場倫理。軍隊作為一組織形式，首先須體認我國軍隊組織的特色，乃將軍隊與國家之間的關係定位為「國家與軍隊為一體」；軍隊是國家執行戰爭與國防的工具，軍隊必須接受國家政策的指導和規範，而由此發展的軍隊組織文化為文人領軍的文武關係。學習軍隊倫理，必須體認植基於國家歷史與文化背景的軍隊精神與軍風，軍隊指揮階層須視延續軍隊精神與軍風為維護軍隊組織文化的重要任務。

　　故要讓傳統的軍隊精神與軍風延續在現代國軍的軍隊倫理裡，需要透過倫理領導影響軍隊組織的決策，並且也要憑藉倫理的管理制度來營造有軍隊精神，且能具體展現軍風的軍隊組織文化。軍隊裡的倫理領導與管理倫理，要從具體實踐面向下延伸，就必須透過軍隊裡的軍階制度與階職制度，讓軍隊精神的價值信念在軍隊同儕人員中相互影響，以期能產生充滿軍隊精神的組織倫理氣候。指揮階層戮力發揮倫理領導的影響力，結合軍階倫理中的象徵符號、軍人禮儀等，讓忠誠、忠勇、忠義的價值信念，在軍人彼此的互動中相互傳遞進而實踐軍風。軍隊倫理要提醒軍隊，傳承軍隊精神不分戰時與平時，平時軍事行政的場域即是職場場域，在軍隊組

織中實踐軍隊倫理，需要從職場倫理的形式中融入軍隊精神的各種信念，使之成為軍隊職場的願景、理念與文化核心，進而成為軍隊職場的工作準則。因為職場倫理是指依據職業需要與工作邏輯建立相關行為準則，或依特定專業領域或職場之人際關係而建立相關規範；部隊若能廣泛掌握職場倫理的一般要求，內化至軍事職場當中，當有助於從軍隊整體的工作態度與績效中實踐軍隊倫理。

一、以文人領軍的文武關係，健全軍隊與國家的倫理關係

按文武關係亦稱為軍文關係，泛指國家行政威權（文）與軍隊武裝威權（武或軍）之間的關係。近年來，民主國家的文武關係以「文人至上」的文人領軍為原則，其理論主張戰爭是工具，軍隊負責保衛國家而非統治國家，軍隊應隸屬於文人政府，文人政府制定政策願景與方向，軍隊指揮官制定執行方針與完成任務。又「文人領軍的文武關係」此一軍事倫理信念若要具體落實、有效運作，必須搭配兩項倫理原則（洪陸訓，〈我國國防兩法通過後文人領軍的觀察〉，《國防政策評論》，1:2，民90.01）：

(一)文人須適度尊重軍人專業知能與自主權。
(二)有效培養軍人認同文人領導的倫理價值，將服從文人領導內化為軍人倫理道德素養的一部分。

依此兩項文武關係的倫理原則，有助於說明何謂有倫理的、好的文武關係。基本上，好的文武關係，有助於確立軍隊之於人民和政府的責任、推動國防政策和施政作為的透明化，並增進人民對軍人的信任。文人領軍的文武關係有助於文人政府與專業軍人各有分工、各司其職，更有助於指揮結構的權責專門化與明確化。我國之國防體制與職權經由法制化而確立為文人控制模式，明訂軍事專業須接受文人政府的領導與指揮；然而，就作戰層面而論，軍事指揮官與參謀之間的等級關係是有所區別的，軍事指揮官的職權為指揮軍隊，參謀的職權為具備專業知識與職能，提供與促進軍

事指揮官來加以運用這些專業知識與職能。

二、傳承「軍隊精神」與「軍風」

　　「軍隊精神」植基於國家歷史與文化背景（尤其是典範戰史與人物），國軍各軍種及軍事院校本此原則各自訂定有其專屬之軍隊精神，但仍有其共同根源的思想，即三軍共同校訓「親愛精誠」，民國十三年黃埔軍校創建時，由當時的蔣中正校長手書擬定，並由國父孫中山先生核定、在開學典禮時宣布。爾後，隨著空軍軍官學校、海軍軍官學校、政工幹部學校（國防大學政治作戰學院前身）等軍事校院的接連設立，均以「親愛精誠」為各校之共同校訓，以彰顯國軍各軍、兵種皆淵源於黃埔，不分彼此、同根同源，效命國家之意。此外，軍校、軍種、兵種，亦根據其建軍、建校之時空背景、特性、光榮戰史，而訂頒了各種「精神」信條。國軍除了以「國家、責任、榮譽」三大信念為其基本價值外，同根同源的國軍各軍種也依建軍歷史、軍種特性與核心價值觀，各自建立起軍隊的「軍風」。「軍風」又稱「軍隊風氣」或「軍隊作風」，是軍隊組織文化的體現，是一種非正式的、非強制性、約定俗成的行為規範；換言之，軍風是軍隊群體的核心思想、價值、風格與態度等方面的總體面貌。自民國13年黃埔創校以來，依建軍備戰之需求，逐漸從陸軍發展出海軍、空軍、後備、憲兵等軍種，並各自發揮其軍風，協助國家度過東征、北伐、抗日、臺海保衛戰等風雨飄搖的年代，成為國家現今安全發展的堅實後盾。

三、以倫理領導與管理倫理延續傳統軍隊精神與軍風

　　所謂「領導」，一方面指完成組織任務與維持凝聚力的角色功能；一方面也指經歷的過程，包括制定影響部屬認同與追隨的決策、目標、計畫、行動，以及言論等一系列過程。領導者用不同形式進行前述歷程來發揮凝聚與向心的功能，稱之為「領導風格」，而那些具有倫理特質的領導風格便稱為「倫理領導」。軍隊裡領導者的任務，要以倫理的領導風格在不同的軍種或兵種中清楚地傳遞其軍隊精神，建立軍風。倫理領導依據軍

隊精神訂定軍隊願景、信念與相關決策，建立倫理的管理制度，交由幹部透過獎懲等軍事管理作為，促進軍隊人員的倫理認知與倫理敏感度，提升他們的道德動機，進而做出倫理行動，終能以整體軍風之姿示現於眾人。

所謂的「管理倫理」，即就管理活動中所形成的各種倫理關係進行界定和規範，訂定協調和處理這些倫理關係的原則，其本質在於將管理倫理的作用與管理實踐活動進行整合，以倫理的信念與價值變革整體管理的方法和形式。職是之故，「軍事管理的倫理化」除預設倫理化的管理模式，亦將有助於提高軍事管理的效率、增進部隊的團體意識，以及強化軍種單位間的凝聚力與向心力，更有助於提升精神戰力。因為重視管理倫理的部隊有助於營造良好人文環境，能激發親愛精誠的精神，一旦團體的凝聚力與向心力增強了，認同感也會提升，精神戰力也就自然提升了。軍隊要藉由管理倫理讓部屬知道執行計畫與軍隊精神的關聯，協助部屬理解計畫的意義和價值，讓部屬覺得自己正在完成有意義的、榮譽的使命，而不僅是一份工作。

四、科層體制下的軍階制度與軍階倫理

因應當代科技與管理等日益專精，軍事行政不管在軍備、管理、動員、作戰等各方面，都不斷地朝專業化方向去發展與精進，並以嚴密之科層體制建置其軍階制度與軍事行政體系，然後再搭配與之相符應的軍階倫理，才能有效進行動員與整備，發揮最大的精神戰力。所謂「科層體制」（bureaucracy），又稱為「官僚體制」，是組織內部形成的一種上、下級之間控制與被控制的關係，是一種縱向命令關係，也稱為「等級制度」。科層組織從高層到低層構成一權力序列，最終決策權集中於權力頂層，權力並自上而下逐級遞減、高層控制低層。所謂「軍階制度」是指，受科層體制影響所建立起的一套能夠支撐起軍中規律性和秩序性互動關係的制度，是軍事科層體制運行的核心，也是一套指揮管制系統。

階級是軍事科層體制運行的核心，在軍事社會化過程中，不論是信念、價值、規範或象徵符號，都是以階級作為核心。階級與權力的結合

形成一套配合作戰與訓練目標的階職制度，而職務分工（分層負責）與層級節制所發展出來的內容，即為「軍階倫理」。雖然軍隊的官方文書並未對軍階倫理提出明確定義，但軍階倫理對不同階級之人際關係或互動行為的制約，在部隊的實際生活裡是舉目可見的。軍階倫理是軍隊裡階級關係的潛在倫理原則與規範，瞭解軍隊裡的階職制度與軍階倫理，有助於軍隊的倫理領導與管理倫理藉由階職管理制度運行於軍隊，運用階職管理的管道，以「將傳統軍隊精神融入軍階倫理」為目標來革新經營管理的方式，並設立相關的倫理諮詢與稽核的創新管道。藉此，軍隊倫理可以經由階職制度與軍階倫理由上向下逐層傳遞、透過各階職的任務逐一踐行其軍隊精神與倫理信念。

五、軍隊職場倫理與工作態度

　　職場倫理探討職場中人與人、人與事（制度、規範）之間的關係，由此延伸，職場倫理也包括職場組織內部領導、經營、管理的相關課題，工作態度，以及職場組織與社會的關係等。職場倫理首重工作態度，工作態度或心態決定職場生涯的順暢及成功與否，不僅職場新鮮人須重視工作態度，資深職場人更要以符合倫理的態度和原則完善處理職場四大關係：顧客、長官、同事、合作夥伴。就職業面而言，整個部隊的工作環境亦是廣義的職場，軍隊亦是要從各軍種單位之執業環境面規範各種應對進退之道，甚至是軍人因軍階倫理的規範比一般人更加重視職場倫理，特別是上下關係的倫理規範。和軍階倫理不同的是，軍階倫理重視上下關係的倫理，職場工作倫理則更為全面的規範所有職場關係，故重視軍隊「職場倫理」，建置具體可行的倫理原則與稽核制度，將有效增進軍隊工作的效率。

　　此外，軍隊職場重視團體合作，所謂「合作」意指能與他人共同完成任務，要做到「合作」，在實際上至少要能滿足以下四項條件：

　㈠合作意指成員在團體的不同位置上都能做好自己份內的事。

㈡要合作必須先學會分工與群體協調。

㈢要合作必須遵守共識與團體決策，不堅持己見。

㈣要合作必須努力跟上團體進度，不拖累與影響團隊利益。

　　故軍隊職場的工作態度，便是要做好「合作倫理」，意指部隊在合作活動中必須遵循前述四項條件，與軍隊弟兄共同完成任務。團隊在合作過程中必須相互支持、彼此信任。要做到支持和信任，就必須建立團隊目標，以目標爲導向，形成團隊默契與組織文化，教育軍人認同部隊文化，以此形成團隊向心力，讓軍人間的衝突控制在有建設性的激烈討論，而不是演變成對立紛爭。故實踐軍隊的「合作倫理」，必須重視以下幾點：

㈠產生合作動機、建立合作目標：以部隊團體的文化、信念、目標爲核心，持續激勵軍人以達成部隊團體共同目標爲使命，擬定長短程任務，鼓勵漸進達成。

㈡以「部隊中心」代替「個人中心」，以部隊團體的利益爲首要：團隊成員必須去個人中心，不堅持己見，不講求個人英雄主義、不爲一己之利損害團隊利益。

㈢力求完成使命與任務的態度：官士兵擔負起各自角色和責任，培養高昂的求勝士氣。

㈣有公正嚴明的團隊紀律：將部隊團體所信奉的信念、目標與文化價值轉化成具體可遵守的行動準則，要求所有成員遵守；對於違反的成員施予公正持衡的處置。

㈤有效的信念傳遞與溝通：部隊團體各級成員都必須明白並認同共同目標、信念與文化價值，一起合力達成使命與任務。

軍隊有以「合作倫理」進行軍隊職場的工作，便可爲國軍戰力奠基，故如《教戰總則》指出：「協調合作爲發揮統合戰力之基礎，亦爲我三軍官兵必具之素養」，不論平時或戰時皆須「審查全般狀況，各自注重其職責，

第一章　認識「軍事倫理」

努力於其任務之遂行」（第十二條），實踐合作倫理、發揮統合戰力。隨著時代科技發展，前瞻區域安全與環境變化，國軍須評估敵情威脅、整建新世代優質戰力，不同軍種間需要彼此通力合作，軍隊與民間資源也要有效連結，進行戰力整合與提高聯合作戰效率，展現軍隊之合作倫理的具體精進作為。至於要瞭解軍隊合作倫理的進展，則須從相關具體精進之軍事建設中加以佐證，例如：國防資通電資源的整合、武器系統的整合、情監偵的整合、指揮機制與作戰效能的整合、後勤維保任務的整合等；相對地，若能就整體戰力整合成效建置一套完整的稽核與評鑑機制，當可明確查核軍隊合作倫理的進程。

第五節　整體軍事倫理的範疇

　　整體層面的軍事倫理涉及的範疇相對比較寬廣，除了戰爭倫理之外，軍隊的社會責任、友盟夥伴關係的合作也都屬於廣義軍事倫理的一環。

一、戰爭倫理

　　所謂的「戰爭倫理」，乃是就整體層面探討國家行使軍隊進行武裝暴力的道德性與合法性，舉凡國家、政府、政黨、社會大眾與軍人，只要是涉及動用武裝力量所衍生的道德問題或法律問題，諸如發動戰爭的理由（為何而戰、為誰而戰）是否合乎正義原則，世人對何謂「正義」是否已有共識等問題，都屬於這層次的軍事倫理。具體言之，戰時與備戰時期，政府的國防權責與國防部主管的國防事務之間的職權如何劃分，國防部長與參謀總長之間的職權的釐清與劃分等，也都屬於此一層面之軍事倫理所要討論的課題。

　　簡言之，戰爭倫理涉及戰爭發起的正義性與戰爭手段的目的性，其基本觀念的核心在於：如何在殘忍的戰爭行動中仍然保有仁愛之心。戰爭倫理探討如何讓殘忍與仁愛看似對立的兩個概念，透過戰爭活動得到合理的消融，以此幫助軍人縱然使用武力亦能保有仁愛之心。就戰爭發起的正義性來看，西方中世紀神學家們反省戰爭的殘酷與毀滅性，提出正義戰爭理

論，主張要戰爭的發起須滿足某些「宣戰」條件與「交戰」規則，以此作為限制戰爭的手段。正義戰爭倫理發展至今，目前國際普遍認同戰爭的發起與交戰須滿足「開戰正義」與「交戰正義」兩大原則，要求武力活動必須被限制在合法與正當的範圍內。

按國軍在戰爭倫理方面的訓導上，著墨於教育官士兵《教戰總則・必勝信念》（第四條）、《教戰總則・攻擊精神》（第七條）、《教戰總則・全軍破敵》（第九條），以及《教戰總則・機動作戰》（第十一條）等。

有鑑於戰場狀況，瞬息萬變，唯「自信心」與「必勝信念」為最後勝利之保證；申言之，以「中華民族之歷史、文化與三民主義」為根源，建構必勝信念之內涵，教育國軍堅守「精誠團結、同仇敵愾之精神，砥礪冒險犯難、獻身報國之志節」為必勝信念，並以此精練戰術戰技。又鑑於軍以戰鬥為主，一切戰鬥均應以攻擊為前提，故教育官士兵應以「攻擊精神」作為其戰爭倫理，強調「縱因狀況不利暫取防禦時，仍須盡所有手段，創機攻擊」，訓練軍官「始終保有旺盛之企圖與堅定之意志，以果敢之決心、適切之準備、神速之行動，發揮攻擊、攻擊、再攻擊之精神，制敵機先，主宰戰場」。至於用兵主旨即以「全軍破敵」為原則，確保我軍戰力完整，破敵乃消滅敵人，「一切作戰行動必須採取保密、防諜、偵察、搜索、警戒、掩護、防空及核生化等安全防護措施，以保持戰力完整與行動自由，迅速接近或脫離敵人，創造有利狀況，迫敵決戰，務期以最少之損耗」。最後，在作戰原則方面，強調「機動作戰」，「以旺盛之企圖、靈活之指揮運用、迅速之兵力分合，臨機獨斷，創造決戰時空之戰力之勢，……講求指揮、運動、攻擊及戰力整備諸速度，以高度之機動作戰，壓倒殲滅敵人」。

二、軍民倫理與國軍社會責任

「軍民倫理」界定了軍隊整體與民間社會的關係，好的軍民關係為軍愛民、民敬軍。軍愛民，可以使人民有安全感，人民得到保護，自然會油

然升起敬愛之心。國軍在軍愛民的行動上，首要任務是要善用武力展現守護人民的「護民行動」，其倫理信念為「捍衛國家，守護人民」。此外，軍民倫理的內涵還包括：善用軍事資源從事全民國防教育與協助軍事文物管理等事務。關於「護民行動」，從前揭《106國防總檢》到《2019中華民國國防報告書》皆有專章記載國軍護民行動成果，舉凡災害防救、防疫消毒、策應護漁（軍策護海巡、海巡保護合法作業漁船、漁民）協助緊急交通運輸、分享醫療資源、推廣全民國防教育、協助軍事文物史蹟保護與管理等。這些成果具體展現國軍在軍民倫理中所重視的價值信念與具體實踐行動，軍隊透過這些愛民與護民行動，善盡軍隊社會責任。

㈠護民行動

國軍護民行動依據人民與國家的需求，並衡量國際情勢超前部署，重點置於「災害防救」、「策應護漁」以及「反恐應援」三大項。

1. 災害防救：協助災害防救為國軍的法定職責，為此國軍建制能兼具救災任務的部隊，協助地方政府執行災害防救任務。關於此一主題的倫理要求主要表現在專業知能的增進，國軍必須在平時就做好「整合災防資源」的準備，掌握地區內災害潛勢區及地方救災資源，秉持「救災視同作戰」的精神，以及「超前部屬、預警兵力、隨時防救」的原則，藉以完成各項災防準備，期能在災害發生時，統一指揮軍隊於第一時間內支援地方政府，迅速投入救援行動。在災害尚未發生之前，國防部就要與相關部會針對災害防救任務精進協調、溝通的機制，配合地方政府災防演練，培養合作默契，提升國家整體災害防救效能。

2. 策應護漁：在確保海洋權益的護民行動方面，國軍執行的重點放在維護領海與經濟海域權益、確保海上交通線順暢這兩大目標上。國防部依循政府「擱置爭議、共同開發」的政策及國際法精神，與相關部會通力合作，加強海上防禦與鄰近海域的巡弋。為維護人民航運安全，國軍整合情、監、偵能量，嚴密監控周邊海、空域機、艦動態，提升早期預警能力；並且規劃海、空軍及海巡艦艇，定期實施聯合操練，

提升遠海指管、遠征機動作戰、護航及海上應變處置能力。為保護人民漁業權益，國軍運用海、空軍各式兵力，在我專屬經濟海域內，結合海巡艦艇執行常態性聯合護漁任務。

3. 反恐應援：隨著國際局勢變化，國際恐怖行動日增，國軍在反恐行動上依行政院「國土安全應變機制行動綱要」，以及《國軍經常備戰時期突發狀況處置規定》，強化危機預警、反制應變、災害控管等行為，就部隊能力進行組編反恐專責應變部隊。同時，亦組編化學、工兵、未爆彈處理等專業部隊，針對國際恐怖攻擊手法及樣態，預擬國內可能發生的恐怖行動進行反恐應變訓練。護民行動亦展現在支援緊急救援的任務上，依《行政院國家搜救指揮中心作業手冊》及《國軍搜救作業規定》，在不影響戰備任務前提下，運用各式兵力及軍醫體系，協助支援緊急救援與救護工作，並持續強化專業訓練與裝備整備，提升國軍整體救援能力。整體言之，藉由策畫與執行反恐應援任務，一方面擴展專業知能，發展良好的軍民合作關係，另一方面也落實了「苦民之苦、急民所急」的精神，彰顯愛民、助民、護民的軍民倫理。

㈡善用軍事資源從事全民國防教育

推動全民國防教育：國防部為宣示推動全民國防教育的決心，於民國94年制定《全民國防教育法》，以制定法律的形式要求國軍的軍民倫理，必須以推動全民國防教育的方式為之，從而善盡軍民關係的倫理責任，並在首條明確揭示全民國防教育的倫理價值：

增進全民之國防知識及全民防衛國家意識，健全國防發展，確保國家安全。

在具體行動方面，國軍為落實「全民關注、全民支持、全民參與」的全民防衛理念、深化軍民關係，用以形塑軍人專業形象、凝聚全民愛國共

識，分別以「學校教育」、「公部門在職教育」、「社會教育」與「軍事文物保護、宣導與教育」等四大範疇展開行動。推動「全民國防教育」不僅是軍民倫理之所需，亦是強化整體國防安全的基礎。推動「全民國防教育」，不僅有助於增進全民國防認知、建立全民國防共識，以及宣揚國軍保國衛民的歷史傳承意義，亦有助於提升國軍正面形象，爭取國人支持國防施政作爲。

(三) 友盟夥伴關係的合作倫理

　　國軍最核心的倫理職責，即爲保家衛國。在此前提下，當前國家面臨恐怖主義威脅、區域潛在衝突，以及重大天災等跨國性議題時，必須妥善處理友盟之間的夥伴關係，發展合作倫理，透過與友盟間之軍事交流、國際人道救援，以及反恐合作等作爲，參與雙邊、多邊之安全與合作對話機制，從而能維護臺海安全、促進區域和平穩定。一個優質之友盟夥伴關係的合作倫理，可以透過以下幾項重點來加以落實：首先，須配合政府整體外交政策與資源，推動與友盟國家間的國防軍事交流與合作。其次，秉持互助與互惠原則，穩定、持續地推廣與友盟軍事夥伴間常態性安全對話與溝通機制，透過資訊分享、人員協訓、資安防護，以及軍備科研、防衛評估、軍售管理、戰訓整備、後勤維保等軍事交流活動，建立國防智庫交流平台，拓展建軍備戰視野並提升國軍戰力。其三，積極尋求與具自由開放價值和共同戰略利益的國家，協力推動戰略對話及安全合作機會，而合作的重點在於必須符合國家利益、堅守有助於提升防衛戰力與維護區域穩定的原則。其四，面對重大天災等非傳統安全威脅，國軍推動國際人道救援的合作交流活動，除學習救援新知，並分享國軍救援能量與經驗，藉由參與國際分政府組織相關活動，建立國軍參與國際人道救援的合作模式。最後，在反恐訓練方面，國軍積極參與國際特戰年會等平台，汲取各國反恐實戰經驗；亦成立特戰交流事務小組，推動區域反恐（特戰）交流與合作事宜，藉此精進國軍特勤部隊應變制變的反恐戰鬥能力。

第六節　軍事倫理的功能和價值

　　一般來說，人們一聽到「倫理」二字，馬上聯想到的是規範和教條，繼而一股排斥、抗拒、敷衍，甚至厭惡之心便油然而生。這樣的認知與心態同樣也會發生在「軍事倫理」的學習裡。因此，若要讓軍人們願意學習「軍事倫理」，首先必須在情感上讓他們感受與體認到「軍事倫理」在他們從軍生涯中的重要性。「軍事倫理的重要性」並不是諸種空洞抽象的概念，而平淡且平鋪直敘的講述，更無法激起軍人們感受到它的重要性；唯有透過各種敘事與情境描述，啓發他們的想像，將他們的想像牽引至各種軍事活動的情境裡去感受：如果沒有軍事倫理，後果會怎樣？如果沒有軍事倫理會爲軍人們帶來什麼樣的損失？反之，如果有軍事倫理，甚至是如果有「優質的」軍事倫理，會帶來什麼樣的影響？可能產生的益處是什麼？

　　「軍事倫理的重要性」這個主題要回應的是：「爲什麼需要學軍事倫理」這個問題。期待軍人能實踐軍事倫理，除了讓軍人們知道「軍事倫理的重要性」之外，更需要讓軍人們理解，實踐或不實踐「軍事倫理」要付出的代價是什麼？付出這樣的代價值不值得？要回答這類問題就必須理解軍事倫理的功能與價值。基本上，功能與價值是一組緊密相連的概念（因爲許多時候，人們是從某事物的功能來界定該事物的價值），軍人若能認識軍事倫理的功能與價值，將有助於體認軍事倫理的重要性，明白爲什麼需要學習與熟悉軍事倫理。綜觀整體軍事倫理的內涵，其功能與價值大致可分爲以下幾種：「提供規範」、「提供指引」、「彰顯專業」、「提供保障」、「凝聚信念」、「提升戰力」。

一、提供規範

　　軍人是國家武力的擁有與管理者，如果沒有各種規範來限制軍事活動，何以落實軍人擁有與管理國家武力的合法性？如果沒有軍事倫理的規範提供法律基礎，如何說明軍隊使用武力之合法性的合理依據從何而來？因此，縱使「軍事倫理」在本質上必然具備規範的性質，但此一規範性乃

軍事倫理必要之惡。軍事倫理的各種規範始於信念，成於各種規則與紀律，並強制落實於各種軍法，其目的就是要將軍事活動限制在不影響國家安全，以及維護人民福祉的範圍內。要落實國防自主，增進國防自主的軟實力，須搭配建置更為周全嚴謹的軍事倫理規範，講求高標準的自訂規範與自律，嚴格將軍事活動限制在國家安全範圍內。

二、提供指引

軍事倫理的內容包括諸項以「價值」、「信念」、「角色規範」、「法令規章」建構而成的「倫理守則」。「倫理守則」系統性地界定「有為」（應為之事）與「有守」（不應為之事）的行為，為軍人提供做對事及避免做錯事的指引。「倫理守則」對於軍人行為具有積極面與消極面兩種功能，積極面的部分，可以讓軍人很容易意識到倫理議題之發生，輔助軍人判斷問題的是非，並作為決策方案選擇與評估的標準，進而增加軍人實踐倫理行為的傾向；消極面的部分，則來自倫理守則的「懲戒認知」效果而形成。「懲戒認知」是指：倫理守則可以營造出對違背倫常的懲戒氣氛，當組織成員認知到這種氣氛時，對於違背倫常的行為會有遏止的效果。除了倫理守則，所有軍事倫理的內容均可提供軍人可依循的信念與原則，特別是當無法判斷其情境應遵守哪一倫理守則或法律時，若能將軍事倫理的諸種信念、角色規範與價值深植於心，當可依據平時所累積之軍事倫理素養做出合理的判斷與行動。由此可知，軍事倫理有助於官士兵社會化軍人角色，軍事倫理內涵不僅提供官士兵行為指引，也使得軍隊的日常互動具有秩序和可預測性，同時也有利於操演訓練與執行任務。

三、彰顯專業

一門職業是否能被稱之為「專業」，要看該職業是否有訂立成熟的倫理規範，是否有組織該職業團體進行團體自律的行動。換言之，「倫理規範與團體自律」，是社會用來判斷該職業是否能成為「專業」的重要指標。職業所訂立的倫理規範愈成熟、愈專業，職業所執行的倫理規範愈有制度，愈能內化為該職業成員的價值信念與自我要求，則愈能顯示該職業

的專業特徵。是以，專業倫理乃彰顯專業的重要表徵。

　　因此，要提升軍事的專業性，必須提升軍事倫理的專業性，首先必須更為全面地拓展軍事倫理的範疇，跳脫以往僅強調軍人武德與戰爭倫理兩大主題的模式，將軍隊倫理、國防治理、軍民關係、社會責任、友盟關係等均納入軍事倫理的範疇內；其次，在前述諸項主題中深化各項倫理議題的具體作為，愈專業的軍事倫理必然外顯於精良的國防武器裝備與國防科技、與時俱進的戰略思維、持續的國防改革、優化人力素質、精實國防法制、完善官兵照顧、發展軍陣醫學、增進夥伴關係與友盟合作等。

　　軍事倫理發展愈完整，愈深入軍事活動的每一課題，即能愈加彰顯軍事專業的成熟度。因為愈是全面性發展高度成熟的軍事倫理，就愈顯國軍的專業性；國軍愈能彰顯其專業特質，就愈能展現自信與尊嚴。換言之，軍事倫理愈專業，愈有助於形塑軍人榮譽、嚴肅軍紀與廉潔軍風，並且能提升軍人形象，增加國人對軍人的認同與信任。這種認同與信任的軍民關係，乃是一種「匿名」性質的認同與信任，是對軍隊群體的信任，而不是對個別軍人的信任。這種信任關係在本質上是脆弱的，一旦部隊中的任一軍人違反軍事倫理，都可能危及國人對整體軍人的信任。因此，國軍一方面要藉由提升軍事倫理的專業性，爭取國人對軍人的認同與信任，另一方面要藉由榮譽制度嚴格要求軍隊自律、彼此勸勉與相互監督，維繫國人對軍人的認同、信任進而贏得尊敬。

四、提供保護

　　軍事倫理不但提供規範與指引，讓國軍明確知道何者該為、何者該守，軍事倫理也為國軍提供保護的屏障：只要國軍依循軍事倫理規範行「有為」、「有守」之事，就不用擔心犯錯究責與懲戒，更不用擔心莫須有的欲加之罪。國軍依據專業倫理的信念與守則行事，就能彰顯其專業性、提升其專業形象，這同時也對軍人的專業性提供一種保護作用，保護國軍的專業性得到認同而不受質疑。愈專業的軍事倫理，就愈看重官兵照顧，其具體作為包括：提升薪資待遇、優化整建營區設施、增進官兵權益

保障、精進退後職涯規劃等。由此可知，軍事倫理愈專業，官兵的權益和工作環境等也就能得到更多保障。

五、凝聚意識

　　不同軍種有其核心倫理信念與精神，用以凝聚軍種的團體意識，建構不同的軍隊組織文化。陸軍以「犧牲、團結、負責」的黃埔精神為核心，海軍以「環環相扣、經驗傳承、群策群力、前仆後繼」的錨鍊精神為其團體意識；空軍以「有我無敵、冒險犯難、以寡擊眾、以弱制強」的筧橋精神凝聚空軍的認同。軍隊精神有助於軍人發揮忠誠、忠勇、忠義的軍風，能促進組織團結、凝聚團體意識與向心力，形成軍人心靈與精神的戰備整備，增進軍人的成就感、尊嚴感、榮譽感和認同感。

六、提升戰力

　　「軍事倫理」以凝聚團體意識的方式提升戰力，具軍事倫理的軍人對軍隊即有高度忠誠。武德不僅體現在個別軍人的自身戰鬥力，整體軍事倫理還能激勵同袍間的戰志，發揮凝聚軍心、增強信心和鬥志的作用，提高軍隊戰鬥力。軍事倫理作為一種精神戰力有時能成為左右戰爭勝負的關鍵。軍事倫理學者巴恩斯（Christopher M. Barnes）及多蒂（Joseph Doty）也指明：「武德領導是成功的基石，勇氣與能力可以贏得戰鬥，但只有武德能夠贏得戰爭（Ethical leadership is the bedrock for success in the military. Courage and competence win battles, but character wins wars. We can never lose sight of that.）」（What Does Contemporary Science Say About Ethical Leadership?, *Military Review*, 2010.9）。

研究與討論

1. 軍事倫理的定義可以從「軍人與軍隊的基本價值觀」、「國家的軍事政策」、「軍隊在國家社會中的角色與關係」等三方面來加以闡釋，請說明。

2. 試論證：軍事倫理為什麼可以被視為是一種專業倫理？

3. 試論證：軍事倫理為什麼可以被視為是一種責任倫理？

4. 請闡釋軍事倫理的三種責任形式。

5. 軍人倫理的內涵可從傳統武德與當代社會角色來加以界定，試簡述二者。

6. 理想的文武關係須搭配兩條倫理原則，請說明是哪兩條倫理原則？再者，請就這兩條倫理原則說明，當具備兩條倫理原則之後，這樣的文武關係能有什麼樣的貢獻或功能？

7. 軍隊實踐合作倫理須注重些什麼？合作倫理為軍隊帶來的貢獻或功能為何？

8. 我國國軍在軍民倫理或社會責任方面做了哪些努力？有了哪些成果？

9. 軍事倫理有哪些功能和價值？

第二章

武德思想的歷史內涵及其現代意義

　　當舜之時，有苗不服，禹將伐之。舜曰：「不可。上德不厚而行武，非道也。」乃修教三年，執干戚舞，有苗乃服。（《韓非子・五蠹》）

　　吳起儒服以兵機見魏文侯。吳起曰：「凡制國治軍，必教之以禮，勵之以義，始有恥也。夫人有恥，在大足以戰，在小足以守。」（《吳子・圖國》）

第一節　傳統武德思想的緣起

一、軍事倫理與武德

　　軍事者，泛指與戰爭或軍隊有關之事，如：《史記・律書》載漢高祖：「厭苦軍事，……故偃武休息」；《三國志・蜀志・向朗傳》載諸葛亮稱向寵，「曉暢軍事，……營中之事，悉以咨之，必能使行陳和睦，優劣得所也」。至於倫理者，係指人倫道德之理，即人與人相處的道德準則，如《孟子・滕文公》云：「契為司徒，教以人倫：父子有親，君臣有義，夫婦有別，長幼有序，朋友有信」、賈誼《新書・時變》謂商鞅變法，「違禮義，棄倫理」。故「軍事倫理」作為一門專業倫理的學科，旨在探索、思辨軍事關係中的倫理規範與道德實踐，用以確認軍人的專業性，特別是作為保障國家安全、社會穩定的意義。

　　惟睽諸傳統古籍文獻，則以「武德」用以詮釋軍事倫理，如《尉繚子・兵教》有「開封疆，守社稷，除患害，成武德者也」語，謂教練軍隊用以成就拓疆、衛國與消除患害的德能；又《史記・秦始皇本紀》載及之罘山石刻，辭頌始皇帝「哀眾，遂發討師，奮揚武德」，即在肯定弔民伐

命爲武德成就的內涵。至於《左傳・宣公十二年》載楚莊王嘗以「止戈爲武」爲義：

> 夫武，禁暴、戢兵、保大、定功、安民、和眾、豐財者也。

進一步地清楚揭示國家用武應循的目的，包括禁止暴亂、止息戰爭、保持太平、建立功業、安定百姓、和睦萬邦、豐富資財等。

二、懷德用武

《詩經・大雅・烝民》云：「天生烝民，有物有則。民之秉彝，好是懿德。」道出古人尙信宇宙間有自然理法，而人事固應循天命爲之，又「國之大事，在祀與戎，祀有執膰，戎有受脤，神之大節也。」（《左傳・成公十三年》）、「帥師者，受命於廟，受脤於社。」（《左傳・閔公二年》），脤、膰指的是祭拜社稷宗廟之肉，顯示古代內政治理與涉外兵戰，皆相當重視神靈祐護。其中，戰爭既關涉國家人民生死存亡，古人更有以天命爲據，藉以解釋戰爭行爲、指導軍事行動。如夏王啟宣稱征伐有扈氏是「恭行天之罰」，是因爲有扈氏蔑視自然理則、怠違民生正道（《尚書・甘誓》）；又如商王湯以夏王桀不恤民力而率眾「致天之罰」（《尚書・湯誓》），而周武王聲言商王紂爲「天命誅之」，係因其不敬上天、降災下民所致（《尚書・泰誓》）。

值得的注意是，在天命論之外，周武王也指出統治者的存在，是爲了輔助上天安定社會秩序，故其直白地提出統治者應有德於民的認識：「天視自我民視，天聽自我民聽。」藉由人民視聽體現天命意志，從而能助使天下安定。換言之，用德來度量其與商紂之間，商紂既「自絕于天，結怨于民」，也突出了周武王「恭行天罰」的正當性（《尚書・泰誓》）。

總而言之，「皇天無親，惟德是輔；民心無常，惟惠之懷」（《尚書・蔡仲之命》），爲君者以德敬天、以惠待民，除確定了天、民及君三者間的關係，統治者懷德用武也表現在軍行間所應遵守的準則，如「無敢

寇攘，逾垣牆，竊馬牛，誘臣妾，汝則有常刑」（《尚書‧費誓》），約束軍士不可搶奪掠取民財，在在突顯了武德大要。

第二節　先秦兵家的武德思想

　　周室陵夷之勢，崩解中的封建秩序加速社會階級變動，特別是在士、庶間的融會，學術上則因私學發展、游士興起而鳴放；其中，兵家之流則深化了軍學內涵。《漢書‧藝文志》即嘗述及先秦迄漢間兵家著述發展之況：

　　　自春秋至於戰國，出奇、設伏、變詐之兵並作。漢興，張良、韓信序次兵法，凡百八十二家，刪取要用，定著三十五家。……任宏論次兵書為四種

包括：權謀者，注重心思計謀、乘勢致勝（「以正守國，以奇用兵」）；形勢者，主張用兵應像迅雷疾風般行動迅速、攻勢凌厲（「後發而先至，離合背鄉，變化無常」）；陰陽者，能觀星斗知吉凶、據五行推生剋，主張順應天時而用兵（「假鬼神而為助者也」）；技巧者，強調靈活戰技身手、善用器械、熟習弓弩。及至宋神宗時，「以《六韜》、《孫子》、《吳子》、《司馬法》、《黃石公三略》、《尉繚子》、《李衛公問對》頒行武學，今習之號七書云」、「今武舉以七書試士謂之武經」。按武學是用學校教育培育軍事人才之所，武舉則是為了選擢優秀能武之「士」，故上揭七書乃成為官方認定、士人之於兵家知識應習讀的對象，並為武學的教材。其中，「武經七書」有成書於先秦者，包括《六韜》、《孫子》、《吳子》、《司馬法》、《尉繚子》五部，顯示先秦兵家的可觀成就。

　　春秋、戰國時期所以出現兵家，概因戰爭日趨頻仍所致，惟其思想仍上承前揭夏、商、（西）周三代武德思想的內涵，強調訓軍用武以保國安民的德能意義，其論旨含括戰爭的所由、軍隊紀律之要，進而申言為將之道。

一、舉順天人

　　武德既為使用軍事武力應循的準則，反映在先秦兵家思想，仍有賡續肯定天命有德之理，如《吳子·圖國》：

> 聖人綏之以道，理之以義，動之以禮，撫之以仁。此四德者，修之則興，廢之則衰。故成湯討桀而夏民喜悅，周武伐紂而殷人不非。舉順天人，故能然矣。

除主張為政者應由道、義、禮、仁四德理民外，更以歷史發展視角認識戰爭的意義，從而作為興師伐罪係為順天理、合人情之本由。又如孫武要求謹慎面對戰爭，故在戰前謀畫軍情時更以（治）道為校計之首要，強調上位者與民有共同信念則能共生共死、不畏懼任何危險。

　　相對的，《司馬法·仁本》更明載犯禁背德者即為見伐的對象，包括恃強凌弱、侵小者減省其勢，殘殺賢良、迫害百姓者征討其罪，暴虐國人、欺侮外鄰者廢除其位，使田野荒蕪、民眾離散者減封其地，仗險而不服王命者警告其行，殘害親人者依法懲辦其罪，放逐或殺害國君者誅殺其人，僭越不敬王命者孤絕其交，內外淫亂行同禽獸者滅殺其人。上揭「九伐之法」不僅明定罪行類別與軍事力度，也框限了使武用戰的空間，更強化道德之於軍事行動的意義。

二、德行者，兵之厚積也

　　由前揭《吳子·圖國》、《孫子·始計》引文，皆見兵家對於統治者能修德振兵的期許，而《司馬法·仁本》更深刻地對戰爭行為的解釋、軍事行動的指導提出反省。首先，統治者主政固應以懷仁行義為常，如有不及則須權變，「殺人安人，殺之可也；攻其國愛其民，攻之可也；以戰止戰，雖戰可也」，反映了戰爭的存在有其必然性與現實性。

　　其次，《司馬法·仁本》雖明揭「以暴制暴」的確語，然而面對戰爭仍有應遵循之則，除須以安人、愛民、止戰作為興師有否悖仁之限，更引

申而爲應秉持的作戰原則：不違背農時、不在疫病流行時發動戰爭是愛護己國人民，不乘敵人國喪、災荒是愛護敵國人民，不在冬、夏兩季用武是愛護敵我雙方的人民。

其三，《司馬法·仁本》有軍將臨戰前作誓令眾遵循紀律，其內容即在申言軍入敵境不許褻瀆神靈、圍獵、毀壞設施、焚燒籬舍、砍伐樹栽、私取牲畜、糧食和用具、傷害老幼無辜與敵方傷兵等，從中所揭人道情懷甚明。又如《吳子·應變》：

軍之所至，無刊其木、發其屋、取其粟、殺其六畜、燔其積聚，示民無殘心。其有請降，許而安之。

《六韜·略地》：

無燔人積聚，無壞人宮室，冢樹社叢勿伐，降者勿殺，得而勿戮，示之以仁義，施之以厚德。

上揭兩段引文，皆謂軍行之間除不應當傷害百姓生命與財物外，更明言要善待請降投誠者、要向民眾傳達毋殘害無辜之意，唯「罪在一人」無道於天下，反映由兼愛民的心念觀視戰爭的仁本意義。

此外，《吳子·圖國》亦嘗對義兵、彊兵、剛兵、暴兵、逆兵等軍事行動的道德意義有所評述：義兵爲消滅暴政平定叛亂者，彊兵爲恃強侵逼者，剛兵爲因忿恨舉軍者，暴兵爲悖禮貪圖利益者，逆兵爲不顧民生窮兵黷武者；換言之，不義者既爲暴、亂，而彊兵、剛兵、暴兵、逆兵亦在義兵之外，故俱爲義兵聲討對象。至於《尉繚子·武議》則明揭：「故兵者所以誅亂禁不義也」，其於國家社稷穩定、安全的重要性，可見一斑。

總而言之，在戰爭行爲、軍事行動中體現武德，藉以顯示其合理性與人道精神，《司馬法·仁本》謂：「國雖大，好戰必亡；天下雖安，忘戰必危」，適爲明確的警語；而《孫臏兵法·纂卒》逐稱：「德行者，兵之

厚積也」，高尚德行既是講武用兵的基礎，即明確肯定武德的重要性。至於軍人更應體認與踐行，如《司馬法・仁本》謂行軍用兵須不窮追潰逃、進擊退卻的敵軍以示禮讓；不盡殺失去戰鬥能力的敵兵、哀憐敵軍傷兵以示仁愛；待敵布陣完畢在發動攻擊以示誠信；爭大義而不爭小利以示正義；赦服敵人以示勇敢；預知戰爭的開始和結束以示智慧。換言之，與民教戰，應以「禮、仁、信、義、勇、智」六德為本，從而作為紀律約束的準則，進而得為熟悉攻戰之道。

三、為將者的武德修養

《孫子・作戰》謂兵貴勝，故「知兵之將，民之司命，國家安危之主也」，清楚地揭出為將者之於人民性命、國家存亡的重要性。事實上，將者的武德更關乎軍隊良窳、戰爭成敗之果，如《孫臏兵法・將義》嘗就為將者的武德修養提出具體描述：

> 將者不可以不義，不義則不嚴，不嚴則不威，不威則卒弗死。……將者不可以不仁，不仁則軍不克，軍不克則軍無功。……將者不可以無德，無德則無力，無力則三軍之利不得。……將者不可以不信，不信則令不行，令不行則軍不槫（摶），軍不槫則無名。……將者不可以不智勝，不智勝（缺文），則軍無□。

即指為將者應公正統軍，否則會治軍不嚴，士卒亦毋敢拚死效命；為將者應仁愛軍隊，否則會失去致勝能力，也毋能建功立業；為將者應能施恩德，否則會使軍隊沒有力量，喪失勝利優勢；為將者應講求信用，否則會令出不從，軍隊也毋能團結；為將者應以智慧謀戰，否則會不能果斷取勝。

又《吳子》、《孫子》、《六韜》亦皆有專篇論述為將之道，如《吳子・論將》文首即提出「五慎」以為將者應有素養，統領大部隊同小部隊般有條理，軍出應保持見敵般的警惕，對戰能坦然地忘生，兵勝仍持續如

戰初警戒，法令簡明而不繁瑣；要言之，吳起所揭爲將者應有的素養，包括領導能力、憂患意識、犧牲精神。相對而言，軍將如臨事、對敵不愼或過猶不及其後果恐致危師覆軍，故《孫子・九變》直言告誡爲將者，如逞勇死拚會爲敵所誅殺、貪生怕死會爲敵所俘虜、躁鬱行事會爲敵所凌侮、好名愛身會經不起謗毀、慈眾愛民會爲敵煩擾而失勝機；而《六韜・論將》更明列「將」之十過，細數諸將不能言勇而能輕率赴死，易被激怒；不能爲急於求成而焦躁，易陷久戰不利；不能貪婪好利，易被賄賂；不能因仁慈而姑息，易被煩心勞力；心怯不能決斷，易被逼入困境；存誠而輕信，易被欺騙；自奉廉潔但不愛人，易被輕慢；有謀但行事不利索，易被突襲；堅毅但剛愎自用，易被矇騙；懦弱不能自主，易被欺侮。

再者，《吳子・論將》強調軍將一旦受命即不推辭直迄退敵才考慮返回，抱持戰死的榮譽而無有貪生的恥辱，道出爲將者應以矢志報國爲念；又《尉繚子・武議》云：「將受命之日，忘其家，張軍宿野忘其親，援枹而鼓忘其身」，具體地藉由忘家、忘親、忘身的要求，型塑軍將奉獻犧牲的大我精神。

綜上所論，前揭《孫臏兵法・將義》謂爲將者應具「義、仁、德、信、智」五德，而《吳子・論將》更嘗總結「得之國強，去之國亡」的良將之具體形象是，有威嚴、品德、仁愛、勇敢而得統率下屬、安定眾人、威懾敵軍、決斷疑難，其令出而士卒莫敢不從，其軍出而敵毋敢對抗。另《六韜・論將》則提出爲將者應有「勇、智、仁、信、忠」的才德：

　　勇則不可犯，智則不可亂，仁則愛人，信則不欺，忠則無二心。

將帥能勇敢則不會被侵犯、有智慧則不會迷亂、有仁慈則能愛人、講信義則不會被欺騙、存忠誠則不會有異心；至於《孫子・始計》則直揭：「將者，智，信，仁，勇，嚴也。」

第三節　先秦儒家的武德思想

　　古代邦國領民理政既以宗教崇拜為重，其間所涉典制儀注固應令執事者備有知識，故貴族子弟學以六藝——禮、樂、射、御、書、數為用；其中，禮，「理也」，其內容有五——吉、凶、賓、軍、嘉，究其內涵即是仁德行為的外顯、社會運作的規範，更是國家典制的經緯。又「射」，《說文·矢部》云：「弓弩發於身而中於遠也。」學射者應習練的內容，包括穿靶見鏃、連珠貫射、拉弓疾射等；而御，《說文·彳部》謂：「使馬也。」旨在要求馭馬駕車技巧，包括駛行節奏、曲途駛進、穿越路障、野獵驅擊等。則射、御的習練顯然是征伐戰技之屬。換言之，古代貴族子弟的六藝之用學於官，而士則居貴族中最低階層，分職任事而得為各部門的中下層官吏，文武兼資誠為其時作為知識階層的普遍形象。

　　春秋以降，由貴族之後淪落民間的孔子以其所習的六藝知識傳授學生，以仁為核心的思想體系開展出儒家（學）一系，期以有道德修養的君子為教、構建和諧有序的人倫之道。惟面對著日趨不靖的社會情勢，亦令孔、孟、荀諸子反思戰爭之義、治軍之道與將者的德行；及迄漢代以後，儒學固因官方提倡而為傳統學術思想主流，而儒兵融合則為武德思想發展的重要一端。

一、慎戰與義戰

　　《論語·述而》云：「子之所慎：齊（齋）、戰、疾」，其中，「戰，凶事」（《禮記·祭統》），其能定國家存亡。孔子嘗告誡子路：暴虎馮河乃匹夫之勇，不足為將，指揮作戰應「臨事而懼，好謀而成」（《論語·述而》）；換言之，戰爭能致大量人員傷亡、城池毀壞、物力財力消耗，凡此皆有違「仁」的思想，故孔子不輕易言戰。

　　而有別於孔子，生逢於戰國時代的孟子對「爭地以戰，殺人盈野；爭城以戰，殺人盈城」的戰爭場面，則提出激烈的批判，他不滿為了爭地、爭城而戰致使亡者滿地滿城，以為這等罪惡就算用上死刑也還不夠，而好戰的人應遭受最嚴厲的刑罰（《孟子·離婁》）。另一方面，孟子由仁義

出發，據歷史教訓謂戰守之道，以為統治者應以得民心而有「人和」為要，《孟子‧公孫丑》云：

> 域民不以封疆之界，固國不以山谿之險，威天下不以兵革之利。得道者多助，失道者寡助。寡助之至，親戚畔之；多助之至，天下順之。以天下之所順，攻親戚之所畔，故君子有不戰，戰必勝矣。

上文指出為政者不能依靠邊界分別人民，鞏固國家不能寄望山川險峻，威服天下不能單靠武器堅銳；能施行仁政的君主會有較多幫助他的人，而會幫助施政不仁的君主的人少之又少，所以其間的勝負就很明顯，君子不戰便罷，如果作戰一定獲得勝利。

孟子屢言「不嗜殺人者能一之」、「保民而王，莫之能禦也」（〈梁惠王下〉）、「國君好仁，天下無敵」（〈離婁上〉）、「苟行王政，四海之內皆舉首而望之，欲以為君」（〈滕文公下〉），則仁政就是王政，皆出於不忍人之心，孟子直率地主張能行仁政者，必能得民心並使天下莫能敵。惟必須指出的是，對於戰爭存在的現實性問題，孟子並非認為可以全然地透過仁政治理以取勝，「無敵國外患者國恆亡」（〈告子下〉）、「國必自伐，而後人伐之」（〈離婁上〉），顯示孟子雖非戰惡殺，仍務實地懷有高度的憂患意識，並認為只有弔民伐罪的戰爭為義戰，從仁出發、以民為本，它是順乎天、應乎人，是有利於人民群眾。

二、隆禮治軍

《論語‧顏淵》有「足食，足兵，民信之矣」語，說明了孔子不免意識到戰爭的存在實有其現實性，故稱「善人教民七年，亦可即戎矣」、「不教民戰是謂棄之」（《論語‧子路》），顯示其「慎於兵事」而又「教武教戰」的立場。又《禮記‧仲尼燕居》云：「以之田獵有禮，故戎事閑也。以之軍旅有禮，故武功成也。」另按蔡邕《月令章句》有「寄戎事之教於田獵」語，則田獵為古代教戰講武的形式，據禮作為軍事組織運

作的規範、成員行爲的準據，則能熟習訓練並得立戰功；如若一支平時即未依禮教練的軍隊，其於戰時合陣序列勢必混亂，軍紀亦難以控制，武德勢必更難以存在，遑論期待其能遂行軍事任務。換言之，治國教民以禮義，漸化民於善，最終可以使殘暴的人絕跡，而不用刑戮；但戰爭不可免，關係到人民生死、國家存亡，人民、軍隊必待教戰而後敢戰、能戰，「教戰」是「愼戰」的延伸，更是「仁者愛人」的具體體現。

　　荀子融合孔、孟的戰爭思想，論禮仍以仁義爲內涵，如〈議兵〉中有「仁者之兵」、「王者之兵」之謂。而仁者、王者都是以禮治兵，「隆禮貴義者其國治，簡禮賤義者其國亂」。禮既爲治國、治軍的根本，爲政者應以好士、愛民、政令信、民齊心、愼賞、刑威、兵器利、愼用兵、權出於一爲要。而仁者、王者的戰爭則是本於正義，荀子以爲王者是不輕易用兵，如不得已而用兵是爲了安定天下的人民，故其肯定堯、舜、禹、湯、文、武「四帝兩王」，也正是因爲他們「皆以仁義之兵行於天下也」。至於荀子內心設想的王者之軍、仁義之兵的典型：

　　將死鼓，御死轡，百吏死職，士大夫死行列。聞鼓聲而進，聞金聲而退，順命爲上，有功次之；令不進而進，猶令不退而退也，其罪惟均。不殺老弱，不獵禾稼，服者不禽，格者不舍，犇（奔）命者不獲。凡誅，非誅其百姓也，誅其亂百姓者也。

將軍以下各級官吏能無懼殉職、令行禁止有序無違、不殺害年老體弱者、不踐踏莊稼、不追擒不戰而退的敵人、要繼續追擊直到敵人放棄抵抗、善待前來投順的敵人；故知軍興不是爲了殺戮百姓，而是爲了征伐那個擾亂百姓的人，而能王天下之軍是有嚴明軍紀、能服從命令、能犧牲無畏，並富有愛民的信念。

三、荀子「天下之將」的武德修養

　　至於爲將之道，荀子直揭：「知莫大乎棄疑，行莫大乎無過，事莫大

乎無悔」（〈議兵〉），謂爲將者應臨事慮深通敏、攻防進退有方，並續提出「六術、五權、三至，而處之以恭敬無壙」而得爲「天下之將」。「六術」者，謂爲將者治軍與戰術運用的原則，軍制兵令要嚴肅有威勢、營壘庫舍要周密堅固、軍行布防既要安穩也能迅速、探查敵情既要隱蔽也能多方查驗，以及與敵遭遇決戰應據已掌握之情而行，而非據己之疑而作。「五權」者，在強調爲將者應有大公廓然之無私態度，不要戀棧祿位、不要急於求勝而忘記失敗的可能、不要自以爲是而輕視外敵、不要僅視有利而不顧有害的另一端，以及慮事要周詳而獎賞要大方。「三至」者，旨在要求爲將者應有之氣節，其寧可被殺，也不能令軍隊駐紮在守備不完善的地方、不可使軍隊參與不能取勝的戰役、不可使軍隊去欺負老百姓。至於「恭敬無壙」，指的是「敬謀無壙，敬事無壙，敬吏無壙，敬眾無壙，敬敵無壙」，「壙」同「曠」，即疏忽、怠惰之義，期許爲將者在運用謀略、從事戰爭、對待下屬官吏與士卒，以及對待敵人，都應敬慎待之。

第四節　儒兵融合的型範

漢代兵學受到當時諸子學說兼容綜合趨勢，以及政治社會局勢的影響，兵學思想已超越了單純軍事的藩籬，趨於綜合諸子學說中的政治哲學，又以儒家思想引導兵學思想發展爲最大特徵。

一、儒兵融合的意義

所謂「儒兵融合」，指的是儒家的政治理論與兵家的權謀之道相結合，以儒家學說爲治軍用兵的原則，而以兵家的權謀詭詐之道作爲克敵制勝的方法。如劉向《說苑·指武》以《司馬法》：「好戰必亡、忘戰必危」，以及《易》：「君子以除戎器，戒不虞」、「存不忘亡」爲典，指出：「兵不可玩，玩則無威；兵不可廢，廢則召寇。……明王之制國也，上不玩兵，下不廢武。」強調不可玩忽軍事、不可忘戰，明揭愼戰、教戰之義。又如王符《潛夫論·勸將》則據《詩經·大雅·抑》：「修爾輿

馬，弓矢戈兵，用戒作則，用逖蠻方」，以爲古代以來所以「作五兵，又爲之憲，以正屬之」，是爲了「德稍弊薄，邪心孳生」，故其肯定正義戰爭之由、伐害禁亂的德能。總之，上揭兩篇是繼荀子之後的專門論兵著作，皆以先秦儒家經典與思想爲本源，藉《易》、《詩》、《左傳》與兵書相參照解說戰爭起源、戰爭性質。

又如《潛夫論・勸將》嘗專論將帥素質、武德修養，爲漢代以來儒者專論將道的首文：

孫子曰：「將者，智也，仁也，敬也，信也，勇也，嚴也。」故智以折敵，仁以附眾，敬以招賢，信以必賞，勇以益氣，嚴以一令。故折敵則能合變，眾附愛則思力戰，賢智集則陰謀得，賞罰必則士盡力，氣勇益則兵勢自倍，威令一則唯將所使。必有此六者，乃可折衝擒敵，輔主安民。

王符融合孔子「智、仁、勇」和孫武「智、信、仁、勇、嚴」，再加「敬」而爲「六德」，以爲軍將有智能洞悉敵人動向而得因應事變、有仁能安撫民眾而得效命、有敬能招致人才而令謀計成功、有信能賞罰確實而士卒用力、有嚴能使將令貫徹實行、有勇能提升士氣增益戰力，即能匡助君主安民退敵。

值得一提的是，有別於孟子以仁爲本的反戰思維，荀子的「義兵」強調戰爭的合法性，實承繼孔子「天下有道，禮樂征伐自天子出」（《論語・季氏》）的王道思想，主張天子有專擅征戰之權，畢竟唯有用兵方能禁暴除害。然而荀子的義戰觀反映了儒家對軍事活動所持的矛盾心態：既想從人本精神貶低、淡化戰爭在社會政治生活中的地位和意義；同時又必須正視戰爭存在的事實，而不得不在具體論述中注意、肯定兵事的迫切性與必要性。職是之故，用「義戰」理論建構用兵理想境界，也就成爲儒家兵學思想的重要特徵。儒家學者未嘗懷疑與放棄「義戰」的思想與實踐，均深切體認軍事與政治的關係、民心向背與戰爭勝負的關係，從而爲中國兵學解決了政治原則的問題。

二、唐宋太公廟祀之制

　　古代有釋奠禮之作，指的是陳設祭品祀神，《禮記・文王世子》云：「凡學春官釋奠于其先師，秋冬亦如之。凡始立學者，必釋奠于先聖先師。」古代學校定時釋奠以表達尊師重道之意，迄至曹魏時「祠孔子於辟雍，以顏回配」，晉時「釋奠如故事」（《晉書・禮志》）。辟雍為太學祭祀、皇帝講學的處所，則釋奠祭孔方成為規例。下及唐代，「凡州、縣皆置孔宣父廟，以顏回配焉，仲春上丁，州、縣官行釋奠之禮；仲秋上丁亦如之」（《唐六典・尚書禮部》），更確立古代官學中的廟學體制，即全國州、縣地方官學建置孔廟並行學禮，包括釋奠、養老及鄉飲酒禮，唯中央的太學只做釋奠禮；至於其所代表的教育意義，是儒家「成聖教育」理想的具體化，透過在中央及地方官學內設孔廟，配合從祀及塑繪諸聖賢像等措施，使得抽象的儒家教育理想具體化。換言之，學子平日習業其中，再配合學禮的舉行，耳濡目染，潛移默化，因而顯現出境教之功能；從祀制的意義，即具體地告訴學生，身列廟庭是可企及的，「成聖」的教育理想亦是可以實現的（周愚文，《教育大辭書・廟學制》，見國家教育研究院辭書網，http://terms.naer.edu.tw/detail/1313647/）。

　　值得注意的是，《新唐書・禮樂志》載：「（唐玄宗）開元十九年（731），始置太公尚父廟，以留侯張良配。中春、中秋上戊祭之，牲、樂之制如文宣。出師命將，發日引辭于廟。仍以古名將十人為十哲配享。……（肅宗）上元元年（760），尊太公為武成王，祭典與文宣王比，以歷代良將為十哲像坐侍。」（《新唐書・禮樂志》）包括祀日在祭孔的隔天、儀式用樂相同、十哲配饗，到出師命將在廟等，提示了其於軍事兵學的象徵意義，更肯定了太公廟（武）與孔廟（文）對舉的意義。

　　又上揭唐代太公廟制的引文中，除太公外，尚有十哲之云，包括白起、韓信、諸葛亮、李靖、李勣、張良、田穰苴、孫武、吳起、樂毅，「以良為配」（《新唐書・禮樂志》）。按張良因黃石公見贈《太公兵法》而「為王者師」（《史記・留侯世家》），其與韓信並使劉邦「所以取天下也」（《史記・高祖本紀》），白起則「使秦有帝業」（《史記》

卷七三「太史公曰」），而田穰苴之於齊景公、吳起之於魏文侯、孫武之於吳闔閭、樂毅之於燕昭王、諸葛亮之於蜀漢先主劉備亦皆有佐助之力，葛洪更謂「孫吳韓白，用兵之聖也」（《抱朴子（內篇）・辨問》）；至於李靖嘗爲李淵譽「古之名將韓、白、衛、霍，豈能及也」（《舊唐書・李靖傳》），李勣亦爲李世民以「當今名將」稱（《舊唐書・薛萬均傳》），兩人亦皆名列唐太宗凌煙閣二十四功臣之列。又前揭引文謂「尊太公爲武成王」暨十哲選定之事在肅宗時，並適逢安史亂際，「惟師尚父，時佐興王，況德有可師，義當禁暴」（《唐會要・武成王廟》），再加上上揭諸人爲君爲國皆提出了創業之能、匡扶之力，反映了當朝亟欲用軍功顯武靖亂的期待。

宋代時仍舊太公廟祀行釋奠禮，惟趙匡胤即以白起「殺已降，不武之甚」而命去（《宋史・禮志》），故其得配饗者雖有參仿唐制而略有變動，「釋奠日，以張良配享殿上，管仲、孫武、樂毅、諸葛亮、李勣並西向；田穰苴、范蠡、韓信、李靖、郭子儀，並東向」（《宋史・禮志》）；與唐代太公廟十哲較之，去白起、吳起而以管仲、范蠡及郭子儀代之；其中，吳起所以與白起同被去於十哲之外，顯然是因其殺妻求將、捨母不歸之故（《史記・吳起傳》），則在尚武昭史之餘，宋代選將崇祀亦重將者德行。

三、儒將之典

按《舊唐書・裴行儉傳》文末「史臣曰」有「儒將」之謂，並爲史傳首見，指出權謀方略是兵家大義，關係到國家存亡、政令強弱，是以擇將輔國須以能知悉《禮》、《樂》並通曉《詩》、《書》爲則，實不可輕信、隨意委任，故王猛、諸葛亮能匡助霸業而廓平天下，正是因爲他們的智謀得到正當的運用；當朝在白江口之戰大敗日本、百濟聯軍的劉仁軌，與平定突厥侵逼的裴行儉，兩人治軍安邊並富有心術，就像是伊尹之於商王湯、呂尚（太公）之於周武王，是王者的軍隊、文武兼資的儒將表率。又宋代李昉等編撰的《太平御覽・兵部》並見有〈儒將〉一篇，錄有

春秋以降迄唐間三十人，包括前揭劉仁軌、裴行儉；尚有馬援，「閑於進對，尤善述前世行事。……又善兵策」；魯肅，「寡于玩飾，內外節儉，不務俗好，治軍整頓，禁令必行，雖在軍陣，手不釋書。又善談論，能屬文辭。思弘遠，有過人之明」；李光弼，「御軍嚴峻而有禮，士卒望風畏憚」等。

大抵而言，唐、五代時期主要指出身儒生而掌軍者，宋代主要指與「武夫」相對的士大夫掌軍者，明清時期的儒將則被官方視為文武兼備的將領；至於能見譽而登於儒將之列者，固然要有學識，更重要的是要有儒行，不僅要允文允武，更要德才兼備。平心而論，人們對儒將通常有較高的要求和期望，尤其在道德操守方面，更要求有較高標準；若無儒行雖習儒學，亦難入儒將之列。相對地，雖然不是純儒，或對儒學未有造詣，卻有忠義氣節之行，則常被稱譽為儒將。

此外，尤值得一提的是，應由「經世致用」的視角繼續看待儒將的現代意義，所謂「經世致用」就是從儒家經義中尋求治世依據，對擔任國防事務或軍職者，「儒將」此一概念可謂涵攝了「內聖外王」之學，與實踐修齊治平之道的意義與價值。換言之，「儒將」可以作為軍人武德之典範。

第五節　現代知識軍人的革命志氣

清季甲午戰爭失敗不僅衝擊清廷對外關係，列強爭相劃出勢力範圍與掠奪經濟利益，及後的八國聯軍致使清廷統治權威更形低弱。面對內外交迫的情勢，袁世凱受命督練「新建陸軍」、張之洞亦創建「自強軍」之餘，兩人並主張藉由軍事學校養成現代軍官、儲備將才，除反對傳統試弓馬、作策論的武舉外，也重視學堂課程中的學理與實作的聯繫；如張之洞所設湖北武備學堂中，有講堂「明其理」、操場「盡其用」，而袁世凱所設保定軍校，學科課程有戰術、戰略、地形、通信之學，術科課程有野外作業、實地測繪、構築工事等。惟值得注意的是，除了用新式軍事學堂、現代軍事學術養成將才外，張之洞更重視軍人素質，《勸學篇・兵學》

云：「凡為將官者，雖為官仍不廢學，……。自將及弁無人不讀書，自弁及兵無人不識字。無人不明算，無人不習體操，無人不解繪圖」；及後梁啟超更有軍人精神教育之倡，《新民說・論尚武》以為近代中國洋務習武只徒具形式、沒有精神，要改變這個狀況，更要用心力（心力散渙，勇者亦怯；心力專凝，弱者亦強）、膽力（自信無畏；怯者召侮）、體力（體育競技；不為病夫）以養尚武精神。

　　革命是相對清季改革的另一端光譜，革命事業在甲午戰後如火如荼地展開，終於獲得辛亥革命的成功，不僅打破以往中國傳統的政治觀與世界觀，更改變了時人對待傳統文化的態度，故民國創建實有重要的歷史意義。然而民初袁氏稱帝、軍閥問題，顯示政治發展並不如預期，列強帝國主義的侵略仍持續威脅著，更遑論現代化建設；另一方面，黃埔軍校的籌議、建立，表明了國父孫中山先生企圖對中華民國革命事業再一次的努力，不僅只是希冀為革命建立武力，更欲型塑革命軍人的典範。孫中山在前揭〈革命軍的基礎在高深的學問〉中回顧過往的革命事業，「我們的革命，只有革命黨的奮鬥，沒有革命軍的奮鬥」，遂使得軍閥把持民國而令革命成果不彰，「創造革命軍，來挽救中國的危亡」，勾勒出革命軍人即在承擔為國家救亡圖存的歷史任務及其意義。再者，孫中山強調革命軍人要有典範，「拿先烈做模範」，其以為過去軍隊不能名為革命軍，「沒有經過革命的訓練，沒有革命的基礎」、「不明白革命主義的軍隊，究竟不能除卻自私自利的觀念」；故希冀黃埔軍校學生「重新創造革命的基礎」，要從心中開始革命、建立革命的志氣，「都不存升官發財的心理，只知道做救國救民的事業」。對孫中山而言，有別於古代，今日受過新式訓練，或到曾赴海外留學的軍人都是知識軍人，特別是先前的保定軍校、陸軍大學，然而「北方的將領和兵士，集合在一起，成立軍隊不是為升官發財，就是為吃飯穿衣，沒有救國救民的思想和革命的志氣」。其三，作為革命軍人，她的具體形象是有高深的學問，「在講堂之內，要學先生所教的學問，還要舉一隅而三隅反，自己去推廣。在講堂之外，更須注重自修的工夫，把關於軍事和革命道理的各種書籍及一切雜誌報章，都要參

考研究」，強調分析、批判、創造與實踐的學習態度；更要有革命的志氣，「用先烈做標準」、「革命黨的精神，沒有別的祕訣，祕訣就是不怕死」，即成仁取義的德行自許。換言之，革命軍人者，就是有革命志氣的知識軍人。又先總統蔣中正先生在中央軍校第十七期開學訓詞中（〈軍官學校教育的要旨與畢業學生應守的信條〉，民國29年4月28日），除總結了前揭孫中山訓詞要義，「就是主義、紀律、精神和訓練」，革命軍人的主義是「能實行三民主義盡到革命的責任」，紀律是「學革命先烈嚴守的紀律」，精神是「立定犧牲的決心」，訓練是要學、術並重；更申言，革命軍人由「這些基本重要的訓示，來修養革命精神，學習革命的本能」。

綜觀傳統武德思想之旨，即在肯定用武興兵以安國護民、禁暴除患的德能，其內涵反映在戰爭之義，固以犯禁背德為見伐對象，從而體現以仁為本的義戰、正視合法性的義兵；反映在紀律之義，則在教戰、作戰中用以約束的準則，務使秉持愛民信念中能戰、敢戰；反映在為將之道，則期之有領導能力、憂患意識與犧牲精神，能承擔軍隊良窳、戰爭成敗、國家安危之任。而唐代以後的太公廟祀、儒將，即見武德型範之典。

又遙想民國13年5、8月，黃埔軍校第1、2期學生入學，10月即參與平定廣州商團叛亂；同年11月底第1期學生畢業，12月招收第三期學生。翌年2月三期學生編成的黃埔軍即參與第一次東征；9月第2期學生畢業，黃埔軍又做第二次東征，遂使後來的國民政府得展開北伐統一事業。在這一段黃埔軍校歷史功業的記述中，固承載了孫中山的期許，「把革命的事業重新來創造，要用這個學校內的學生做根本，成立革命軍」（〈革命軍的基礎在高深的學問〉，黃埔軍校第1期開學演講），更鮮明的是學生義無反顧地投身軍旅，他們入學為的是（為國家、為自己）尋找一個時代的出路，縱然預期將面對戰爭的現實性而無畏犧牲；換言之，他們用從軍的行動、生命體現了戰爭意義與軍人價值。

至於武德思想的現代意義，蔣中正嘗於陸軍官校三十五週年校慶演講（民國48年6月16日）中闡釋「黃埔精神」，「從東征、北伐、以至抗

戰、戡亂……軍校同學和國民革命軍所憑藉的是什麼呢？……就是『犧牲的精神』、『團結的精神』和『負責的精神』，這三者乃是相互關連，綜合成為整個的革命精神，就是有主義、有思想、有組織、有紀律、有領導中心，而又能百折不回、奮鬥到底的革命精神」。事實上，直迄今日，「黃埔精神」之於國軍在「保臺」、「民主鞏固」、「愛民助民」，仍持續具體行動實踐；而國軍秉持「保國衛民」的核心價值、「國家、責任、榮譽」的基本信念，以及「智、信、仁、勇、嚴」的軍人武德，特別是「國防二法」確立「軍隊國家化」、「行政中立」、「文人領軍」、「軍事專業」的文武關係規範，更揭櫫了武德實踐的歷史傳承與現代成就。

研究與討論

1. 傳統武德思想的由來，因緣於「懷德用武」。試說明其內涵。

2. 先秦兵家思想強調訓軍用武以保國安民的德能意義，故對於戰爭的所由、軍隊紀律之要，分別有《吳子》：「舉順天人」、《孫臏兵法》：「德行者，兵之厚積也。」的主張，試分別說明其意義。

3. 請參考先秦兵家所揭「為將之道」，據以模塑你（妳）認知的將範。

4. 從「慎戰」、「教戰」、「義戰」到「仁（王）者之兵」，反映了先秦儒家面對戰爭現實性的反思，試分別說明其意義。

5. 荀子謂為將者應臨事慮深通敏、攻防進退有方，並續提出「六術、五權、三至，而處之以恭敬無壙」而得為「天下之將」；試說明「五權」、「三至」之義。

6. 何謂「儒兵融合」？又唐代以降的太公廟祀之制、儒將之典，其內在具有成聖教育、經世致用的現實意義，試說明之。

7. 或謂傳統軍人（將）或為時代所定義，因（君）國而揚武立功之績；革命的知識軍人則能定義時代，主動為國為民奉獻；試模塑你（妳）認知的現代有「革命志氣」之「知識軍人」的將範。

第三章

軍人倫理

　　爾俸爾祿，民脂民膏，下民易虐，上天難欺。（宋太宗〈戒石銘〉）

　　進不求名，退不避罪，唯民是保，而利於主（國）。（《孫子·地形》）

　　現代的軍隊是一種專業團體，現代的軍人是專業人士。按軍人的職業活動主要是軍事活動，其最高形式是戰爭，即使是在和平時期，也大多同戰爭準備聯繫在一起。這種職業活動的特點在於：捍衛國家與政府的持續存在，保障國家的法律結構與人民的生命財產；此即軍事專業的基本要素，並構成了軍人的「使命」——保國衛民，而軍人倫理價值觀亦由此而開展。

　　作為專業的「軍人」，最重要的是要擁有一種敬業與樂業的使命感（此即軍人倫理的基礎），也只有在敬業與樂業的使命感中，才能理解如何使一個人成為軍人（尤指軍、士官）的祕訣。故本章擬分就「軍人倫理的內涵與倫常基礎」、「軍人專業責任要義」、「軍人專業倫理規範與守則」三個節次，論述軍人應具備的專業條件與應遵循的倫理規範。

第一節　軍人倫理的內涵與倫常基礎

一、軍人倫理的意義與內涵

　　軍人倫理是以軍人道德為研究對象的一門專業倫理學，又稱「軍人武德」，屬於個體層面的倫理學範疇。換言之，「軍人倫理」係以軍人為主體，著重闡明與軍人有關的道德問題，訴諸於軍事專業的內涵與需求，從而揭示軍人行為應有的倫理規範。

　　「倫理規範」（Ethics Norms）是一套衡量人類行為是非對錯的尺

度，其目的乃用以維護社會價值，並支配個人的社會行為；而軍隊是一個暴力管理與運用的組織，此一暴力「管」與「用」的適當與否，涉及整個國家或政治集團的穩定程度。竭盡一切所能完成使命與達成任務是軍人的專業責任，惟與其他專業人員相較，軍人因被賦予特殊的「保國衛民」職責，手中掌控合法的強大武力，倘若軍人角色認知偏差，恐將導致「禍國殃民」的惡行，嚴重危害國家安全及人民福祉。所以專業軍人需要忠誠與道德的完整性（moral integrity）──不可觸知的（intangible）品德，結合其傑出技能（outstanding skill）與專業才能（professional competence）執行任務；而軍人倫理規範的產生是對軍事活動的各種反思，它關心的問題在於建立一套軍事人員共同遵守的專業規範，能填補一般法律與道德規範未及之處。

才德兼備是軍人的要件，有才無德誠屬不當，而且將會是軍隊之最大威脅。軍隊人數既多，而組織又如此龐大、複雜，為了達成國家所賦予使命與任務，自然也必須要建立一種嚴密的倫理關係，用以維繫群體間的良好互動與秩序、推動日常勤務，或遂行戰訓任務。軍人若未律定在文武合一、術德兼修的條件下，則國家所託付的任務將受到質疑。故整合現代知識與傳統精神、重建文武合一的價值觀和術德兼修，是現代專業軍人的一大特徵，即以建立軍事專業專長為導向，一方面具備軍中各個專業領域的知識與技術，也就是擔任某項軍事職務所應具備的專業能力與技能；例如身為一位戰鬥機飛行員，必須具備嫻熟的飛行技能與戰鬥能力，才能成功的執行各種空中作戰任務，此即是履行軍人的專業責任。另一方面，軍事專業也表現在軍事倫理的自我要求，瞭解自己的角色分際，並內化成為軍人行為舉止的規範，表現出合乎軍隊與社會期待的行為，亦即軍人專業價值觀與應有德行的展現。

二、軍人倫理的倫常基礎

軍事專業的職責就是維護國家安全，要擔當這個重責大任就需要組織、紀律與領導，才能在戰爭中克敵制勝，明揭軍事專業必須成為一個服

從的層級組織；又為了讓軍事專業能執行其功能，專業中的每一個階層都必須要能獲得其下屬階層立即且忠誠的服從，缺乏這一層關係，就不可能產生軍事專業。可見軍人倫理的倫常基礎是服從與忠誠，並有賴各級指揮官透過指揮道德，建立命令的尊嚴，而得予以展現與發揚。

(一)服從

1.服從的意義與重要性

服從就是貫徹命令，同時也必須有能力去執行與達成它，所以服從也就是職責；從軍人倫理言，服從是最高美德，亦是基本的義務。依據《國防法》規定軍人之義務：「現役軍人應接受嚴格訓練，恪遵軍中法令，嚴守紀律，服從命令，確保軍事機密，達成任務」（第15條），軍隊之服從是根據指揮功能而產生，既然軍事組織為發揮指揮的功能而設置軍、士官幹部，他們的首要品德就是服從；尤其是在民主國家的軍事領導幹部，沒有比聽從上級指揮更為重要的基本品德。

對軍人服從的道德規範要先從《中華民國憲法》（以下簡稱《憲法》），這一治理國家的契約談起。《憲法》序言：

中華民國國民大會受全體國民之付託，依據孫中山先生創立中華民國之遺教，為鞏固國權，保障民權，奠定社會安寧，增進人民福利，制定本憲法，頒行全國，永矢咸遵。

開國先賢，制定契約，揭櫫的共同目標是，肇造民國、建立政府；而根據民主憲政主義，以及軍事服從於政治的原理，服膺憲法乃軍隊最根本的道德規範，亦為軍人服從的本源。再者，軍人必須服從依據憲法選出的總統，以及由其所組成的文人政府，分見於《憲法》：「總統統率全國陸海空軍」（第36條）、《國防法》：「總統統率全國陸海空軍，為三軍統帥，行使統帥權指揮軍隊，直接責成國防部部長，由部長命令參謀總長指揮執行之」（第8條）。此外，總統依《憲法》：「依法任免文武官員」

（第41條），軍官之任命與職權的獲得既由總統依法頒授，自當服從文人政府，以及統帥權所構成的軍隊指揮鏈。

就軍事組織言，服從是長官與部屬間的一種關係，就是下級聽命上級、低階聽命高階，上下級之間形成層層節制的關係。這種服從關係又可分為職務服從和階級服從，職務服從是指低層職務服從高層職務，例如班長要服從排長以上的直屬長官；階級服從，是指階級低的軍人要服從階級高的軍人，例如少尉要服從中尉以上的軍官。至於同階級的人，則要先看所任職所任職務的高低，再論資歷的深淺，以決定其服從關係。

軍隊為何必須強調階級服從與階級尊嚴？首先，軍隊不服從文人政府管轄，將會成為國家自由和福祉的威脅。服從此一義務是軍紀的核心概念，美國第一任總統華盛頓（George Washington, 1732-1799）將其稱為軍隊靈魂；軍紀可使軍隊既是國家福祉的可靠工具，也能使軍隊奉行其指揮官的意志。其次，軍官由總統（最高統帥）任命，應強制要求其服從總統及上級長官。軍隊的任務是作戰，必須鍛練成為最堅強的戰鬥體，才能發揮統合戰力，克敵制勝；因此，必須做到上下層層節制，一級領導一級、一級服從一級，始能達到「如身之使臂，臂之使指」、「御眾如使一」的要求。試想：以國軍近二十萬部隊而言，如果軍隊不講階級服從和階級尊嚴，個個一般高、誰也不服誰，試問如何能遂行指揮？如何能對敵作戰？豈不成了烏合之眾？

2. 服從的道德議題

就當代軍隊的責任言，軍人並不只服從其長官的命令，還來自於法律（尤其是憲法）要求或組織層級節制的要求（客觀責任的來源），以及個人的價值（主觀責任的來源）。軍事倫理的關鍵就是軍事職權（命令、服從、效能、紀律）與道德判斷（合法的、正當的）之間，時常處於緊張的關係，當主、客觀責任感相互間之要求產生衝突時，個人即會面臨道德困境的難題。

(1)命令的合法性與正當性

命令的合法性（legality）與正當性（legitimacy），是軍人道德判斷

的重要依據；對當代軍人而言，服從的義務絕不是徹底的，承受的命令必須經得起合法性與正當性的檢驗。合法性是指命令有其法律基礎，包括憲法與法律，屬於軍人職務範圍即依法行事，任何命令違反法律，都必須接受懲處；又遵守國內法的義務，亦必須遵守國際法或戰爭倫理的規範，「軍人在軍事長官命令之下從事違反人道的行為，自然不被視為合法」，即服從者與領導者相同的都犯下了戰爭罪行，這原則業已於1945年德國紐倫堡、日本東京的戰犯大審中獲得確立。

正當性，是基於軍人職責應為之行為，如內部管理、勤務派遣、軍紀維護、戰備演訓、救災……等，而命令的正當性疑慮，最常見的是管理失當或訓練失當。例如，軍官士官依法有嚴格訓練之權，得以下令指揮部屬進行各項訓練，但若是超過部屬體能所能負擔，或是未能考量訓練環境條件，就恐失去其正當性，甚至也失去合法性。

要確保命令的正當性，必須瞭解各層級的指揮官不會只下達直接號令去做「立正！」、「向右轉！」、「前進！」等明確的動作，而是依其權限概括性的下達命令，諸如：「攻佔612高地！」、「24小時內完成防禦工事！」、「負責排戰鬥射擊示範！」等。在受領任務後，各級指揮官有依其執行階層轉化更為明確的號令，而各階層的命令通常對受領者保留達成目標所採方法的權限，期望受命者能負責的充分運用他的技能、資源、判斷力完成之；惟當一位指揮官對其屬下說：「去完成它，我不管你怎麼做，都必須在明天完成它」，就會發生命令正當性（也會衍生合法性）的問題。如何才能確保命令的正當性，而不衍生不服從、陽奉陰違，甚至危害部屬安全，或不擇手段來達成任務呢？其條件如下：

A. 以身作則，己所不欲，勿施於人。對所下達的命令與任務反躬自省，在這樣的境遇（資源、時空條件與限制）下，自己是否也可以順利的完成它。

B. 不期人以不可能：亦即不賦予超過部屬能力之所不及的難能之事。

C. 給予下級意見具申的機會：任何接受指揮的人，確實遇到困難，准其

直言無隱，並得共同研究，爲之提出解決的辦法。

或有人認爲，冒險犯難、不計一切代價、貫徹命令以達成任務，本爲軍人應有的負責表現，能如古代傳奇名將般完成不可的任務。必須申明的是，一位指揮官命令他人去做不可能的事，和一位指揮官領導他人企圖去做似乎不可能的事，必須加以區別；因爲軍官自動與部屬一起承受極端的艱難、企圖去完成一個目標，足以證明一位軍官不只是將他的部屬當做一種手段，而且要求自己就像要求屬下一樣，拿破崙即謂：「只有在長官親臨現場決定採取行動時，部屬才會盲目服從。」（泰勒（Robert L. Tayolr）、羅森巴哈（William E. Rosenbach）編，彭恆忠、楊連仲譯，《軍事領導：追求卓越》，國防部史政編譯局，2000）。

(2)服從與軍人的主體性

根據尼采（Friedrich Wilhelm Nietzsche, 1844-1900）的說法，勇氣與克制是主人的道德，而服從則是奴隸的道德，因爲服從經常被視爲是兒童或下屬的德性，則服從之於軍人是雙重的複雜，在於每一位軍官都必須服從命令和下達命令。軍人作爲一個道德主體，服從與命令兩者都由其所扮演，固然沒有一個人在道德上被允許去做不道德的事，但一位「軍人」也是「人」，沒有人因爲成爲軍人而終止他是一個道德主體。事實上，服從通常包含兩個面向（或行爲）：一是服從的行爲，另一是執行被命令去做的事，而第一種行爲包含於第二種行爲之中，即被命令去做什麼樣的行爲；因爲我們雖然可以說服從是一種美德，以及一個人服從合法長官命令是道德的，但如果有一位長官命令下屬其進行非法的事情（例如被要求去殺害無辜的人），部屬在道德責任上就不能去服從這項命令——如果他服從了這樣的命令，這種服從不僅是不道德的，而且是罪惡的。

軍事階層組織中，上下階層中的每一個人都同時接受命令並下達命令，皆應遵守及不下達違背道德原則之命令的責任。命令必須要被執行的，這是軍事組織的運作基礎；而軍人受訓用以達成任務，必須立即服從以回應上級的命令，也是達成國防任務的根本要素。身爲一個個體，一位

軍事倫理：從觀念到實踐

軍官可能親切的照顧部屬，不希望他們遭致傷亡；但身爲一個被賦予任務的指揮官，即使知道執行任務的結果將會有一些部屬或許多部屬，甚至自己本身會被殺害，他仍必須遵守命令，同時下達適當的命令。因此，軍事領導者必須瞭解合法的命令來自合法的權威，在這範圍內他們有權去做決定和發佈命令，惟他們的命令始終要受到道德的限制；他們要有這樣的素養：「在戰場上，被期望立即服從和拒絕去做不道德的事，是並行不悖的」。軍人無論其所處的單位、角色、職位爲何，既是一個服從的主體，也是一個道德的主體，能服從長官、貫徹命令，又具有獨立判斷的能力；身爲領導者不應以自我爲中心、剛愎自用，凡事堅持己見，同時在有些情況下必須有向長官說「不」，或提出「異議」的道德勇氣。若一位「軍人」能如是而做，服從並非尼采所謂一種奴隸的道德，而是一種主人的道德，他充滿了力量實踐軍人「服從」的本質，而不會將其濫用，或作爲下命令者自私自利行爲的託詞。

(二) 忠誠

1. 忠誠的意義及其歸屬對象

　　忠，《說文・心》謂：「忠，敬也，盡心曰忠。」（宋）邢昺疏《論語・述而》云：「中心無隱謂之忠。」（孫吳）韋昭注《國語・周語》曰：「出自心意爲忠。」則「忠」是指不隱瞞，不欺人，直接表達出自己內心眞實的意思。

　　誠者，「不自欺」亦「不欺人」，《大學・傳六章・釋誠意》云：「所謂誠其意者：毋自欺也。」即修養品德要先從本身做起，不欺騙自己，是誠最基本的工夫（《教育大辭書・誠》，見國家教育研究院辭書網，http://terms.naer.edu.tw/detail/1312549/）。「忠」、「誠」二字都在強調衷心無欺、善守承諾，可將其定義爲「在各種情況下仍願堅持努力奉行的品德」；其義理如曾子所說：「可以託六尺之孤，可以寄百里之命，臨大節而不可奪也。君子人與？君子人也。」（《論語・泰伯》）其典範就是如諸葛亮「鞠躬盡瘁，死而後已」（〈後出師表〉）的行誼。

忠誠的歸屬對象可以是個人、家庭、團體、社會、國家，也可以是信仰傳統或永恆真理；運用於軍人倫理就是「善盡職守」，以及對「國家、責任、榮譽」信念的堅持與實踐。對軍人而言，忠誠是對憲法宣誓效忠的表現，是對最高統帥（總統）與政府信任的基礎，也涉及對所屬單位與共事者動機的尊重與忠心，也是信任上級、部屬和共事者的依據；畢竟軍人不可能永遠都會認同他人的決定或行動，但在沒有明顯爭議真實的情況下，忠誠至少能使軍人誠懇的對待其長官、部屬和同儕。

美國國防大學（National Defense University）彙編的《軍事倫理》（*Military Ethics*，陳東波譯，政治作戰學校，1999年）首章〈專業軍人或傭兵？其間的區別在於忠誠〉指出：「傭兵」（mercenary）只是「戰士」（warrior），不是高貴的「軍人」（soldier）。彼德斯（Ralph Peters, 1952-）直言，戰士是「無固定忠誠、慣於使用暴力、不在乎文明秩序的原始人。與軍人不同處在於，戰士不按規則行事、不尊重規則、不遵守不喜歡的命令」。凡被視為「專業」者，必須明確符合最低限度指定資格的要求，同時對其成員詳定專業職責與倫理規範；申言之，無論是醫師、教師、工程師或者是軍人，都明確承擔著共同的倫理責任或義務，就是忠誠，亦即承擔起他們竭盡所能的技術、知識為雇主服務，並以此提昇他們專業的自尊與自我形象。

2. 忠誠與專業認同感

當代民主國家，專業的自尊與自我形象的營造，必須與民主社會的文化價值相結合：對民主社會的軍人而言，忠誠的培養始於專業認同感，以構成軍人正確行為的基礎。換言之，理想的軍人必須專業，不能涉入政治，必須忠於一個共同普遍認為代表國家權威的體制，文人統治（或更精確的說是「民主政制」統治軍隊）就由此產生；故對軍事專業主義而言，最低程度的憲政共識是必要的，因為憲政理念及政府忠誠的衝突，將造成軍隊（軍官團）的分裂，也會使得政治考量與價值，凌駕於軍事考量及價值之上。

承上，軍人是否專業之首要條件，端視其對軍事專業理念的忠誠度而

定，即只有效忠專業能力的理想是永恆而一致的：對個人而言，就是對作為一位優秀軍人理念的效忠；對單位而言，則是對部隊光榮傳統與精神的效忠。最具效能的軍隊，以及最有能力的軍事領導者，不是受到政治或意識型態的目標所驅策，而是受到軍事專業理念所激勵；也唯有藉著軍事追求理念的激勵，軍隊才能成為國家的僕人，文人統治才得以確立。

軍事專業的特質亦關係到軍人職業的正當性與可靠性，軍人必須永遠牢記：「軍事專業的獨特性在於負責代表國家雇主行使最終的暴力」，軍人的「忠誠」必須以其雇主（政府與公民；尤其是公民）為最後歸屬對象，而不是侷限於同袍、兵軍種或軍隊。對每個軍人而言，「忠誠」是一種專業道德的表現，除了營造軍隊內部相互尊重與信任的組織氛圍外，更可提升軍人的社會形象；相對地，當整個社會的觀念將軍方置於一個崇高的地位，或把它認為是個既道德又有信譽的團體時，軍人就可將這移轉成正面的自我形象，以擔任軍人這一職業為榮。

(三) 指揮道德與建立命令尊嚴

軍人的倫常基礎是忠誠與服從，而此倫常基礎則有賴於各級指揮官透過指揮道德，建立命令的尊嚴予以展現與發揚。

1. 指揮道德

指揮道德，係指揮官遂行軍隊指揮所應具之道德修養與行為規範，其對象包含指揮者與被指揮者，惟問題的關鍵與重心，乃在指揮者身上。美軍中將史塔克戴爾（James Bond Stockdale, 1923-2005，越戰戰俘與榮譽勳章得主）曾說：「即使在最孤獨的職責中，我們戰士必須緊緊牢記在心，領導階層的特權是有界限的，就是道德界限。」（莫大華等譯，《軍事倫理學譯文輯：理論與實務》，政治作戰學校，2008年）指揮官完美之人格與崇高之品德，可獲得部屬由衷之尊敬與悅服，上級及友軍之充分信賴。高尚之指揮道德，雖無法令之強制，亦可使部眾樂於同生共死，效命疆場；全軍上下咸能肝膽相照，緊密團結，凝成整體，縱在危疑震撼中仍能互相信堅持到底，爭取最後勝利，此即忠誠之具體展現。

當指揮階層愈高、統率部隊愈大，對指揮官完美人格與指揮道德之期許亦愈為殷切，其個人之一言一行，對部隊士氣之振奮與精神戰力之提升，均足以產生重大影響；而完美之品德與深厚之道德修養，其具體表現概可歸納為（《陸軍作戰要綱——聯合兵種指揮釋要》，陸軍總司令部，1991。以下簡稱《陸軍作戰要綱》）：

A.竭盡智能，達成任務。愛護部屬，不輕率驅使，枉作犧牲。

B.大公無私，著眼全局得失與整體榮譽，樂於解救友軍危難。

C.推誠心，佈公道，憑良心血性舉事，不玩弄權術，不矜功代伐善，不謊報敵情，不誇大戰果。

D.光明磊落，勇於擔當。進不求名，退不避罪，不邀功諉過，勝利功歸部屬，敗則身負其責。

2. 建立命令的尊嚴

軍隊組織層層節制，一個指揮官只要指揮數個部屬，就能統御整個部隊，治眾如治寡而為節制之師；而軍隊之所以能夠作戰，其最緊要的關鍵在於貫徹命令，系統分明的組織就是建立命令尊嚴與威信的基礎。但在運用組織時，尤應關注對命令尊嚴的維護，即賦予下級任務時，首應明確指示目標；並考量部下達成任務之能力，適時給予合理的支援。各級指揮官均應重視《陸軍作戰要綱》所示：

指揮官企圖必須與勤務支援能力相稱，以期常保戰力完整。賦予所屬部隊任務時，同時須使其能獲得必要之勤務支援，以保持其任務執行能力。

指揮官的企圖應與勤務支援能力相稱，令下級得以心悅誠服，才能讓命令確實貫徹；相對地，下級在執行任務時，應在職權範圍內負責盡職，並要有獨斷專行的魄力，下定徹底奉行命令、誓死達成任務的決心。

第二節　軍人專業責任要義：使命與任務

　　軍人專業責任以其被賦予之「保國衛民」的「使命」與「任務」爲依歸，本節擬從「使命」與「任務」的意義，以及其運作原理、國軍使命與任務、任務與領導統御架構，探究軍人專業責任之要義。

一、「使命」與「任務」的意義及其運作原理

　　「使命」與「任務」二詞，純從字義解釋甚難予以明確劃分。「使」就是差遣，如使喚，奉國家的命令駐節外國，稱爲「出使」，至於「使命」則是「奉使者受命而行」之義，亦即「出使的人所受的任命」，現在通稱人們所受應盡的職責；或謂使命具有崇高之理想，行使之範圍較（任務）廣，期程亦較長。爲完成使命而釐訂各階段所須推行之工作即爲任務，不同之單位與職務各依其權限負有各種不同之任務。

　　竭盡一切所能完成使命與達成任務是軍人的專業責任。杭廷頓（Samuel Phillips Huntington, 1927-2008）《軍人與國家》（*The Soldier and The State*，洪陸訓譯，時英，2006）指出，一位專業軍人必備的條件是專業技能（expertise）、專業責任（responsibility）與團隊精神（corporateness），正是因爲現代戰爭是一種高科技、立體性、整合型的戰爭，舉凡武器裝備的操作運用、保養維修、運輸補給、研發更新，甚至軍中人員的徵召調任、教育訓練、領導統御、指揮管制均屬專業工作。而軍事專業主義（military professionalism）的興起，亦使得軍隊此一專業團體與社會產生相當程度的區隔。惟必須指出的是，軍隊不但是社會中無可分割的部分，軍中所需的人力、物力及其他各項資源也必須取自社會。事實上，軍隊既然無法獨立於政治社會之外，來自社會的軍隊成員，其社會性與職業性的角色屬性仍有其特殊性。在社會角色上，軍人必須「謹守分際」，要恪遵《憲法》、貫徹命令，以民主憲政下社會分工的「專業軍人」自勉；在職業性角色方面，軍人必須「激進制敵」，亦即必須接受「精神教育」，以培養愛國主義之精神，並以達成國事維艱下「非常事業」自勵。故軍人「謹守分際」、「激進制敵」這兩種相反角色屬性，並

不互相矛盾，而是相輔相成。

　　專業軍官最重要的就是對國家忠誠、專業上能勝任、捍衛國家安全，並且在政治保持中立，超越黨派，而這樣的專業承諾是由軍事倫理所塑造而成，也成為軍人達成使命與任務的運作理則。亦即，軍人倫理的共性主要是在強調軍人使命與軍人角色（任務），而其運作理則是建構「國家、責任、榮譽」的價值與態度，以為軍人達成使命與任務的行為準則。

二、國軍使命與任務

　　國軍使命係源自《憲法》，以及立國精神所言之各種理想，並見諸於《國軍教戰總則》（以下簡稱《教戰總則》）、《國防法》、歷年《國防報告書》等各種文獻中，以為我軍人奉行之依據。

　　《憲法》明定：「中華民國之國防，以保衛國家安全，維護世界和平為目的。」（第137條）《國防法》亦闡明：「中華民國之國防，以發揮整體國力，建立國防武力，達成保衛國家安全，維護世界和平為目的。」（第2條）國軍基於維護「國家生存與發展」、「百姓安全與福祉」、「自由民主與人權」等國家利益，遵循國家安全策略，達成現階段國家安全總體戰略目標，「確保國家主權尊嚴、生存安全與繁榮發展，免於受到國內外的威脅、侵犯與破壞」（《中華民國九十七年國防報告書》）。《教戰總則》明確指出國軍使命如下：

　　　國民革命軍，以實現三民主義，確保我中華民國之獨立、自由、平等與維護世界和平為目的。凡有侵犯我領土主權及妨礙我主義之實行者，需全力掃除而廓清之，以完成我革命軍人之神聖使命。（第1條）

「三民主義」是我國的立國精神，承襲傳統文化、融合西方文明，體現於我國憲政體制、民主自由與多元開放的生活方式。國軍是依據憲法組成的軍隊，必須服膺憲法規範為維護民主憲政而努力。長久以來，中共始終不放棄武力犯台，並對我遂行各項統戰伎倆，其目的無非要消滅或併吞我中

華民國，爲了維護我們得來不易的民主憲政體制，以及民主、自由、開放與富裕的生活方式，國軍官兵肩負保國衛民使命，矢志效忠中華民國，確保臺、澎、金、馬安全，愛護二千三百萬同胞，堅定「爲中華民國國家生存發展而戰、爲臺澎金馬百姓安全福祉而戰」的神聖使命，爲捍衛中華民國而犧牲奮鬥。

故軍人是「非常事業」，即是因爲角色的特殊性使然，其本於憲法所賦予的使命，以中立超然的立場，懷抱高度愛國熱忱與團隊意識，以捍衛國家安全與國家利益的各種基本價值。《憲法》：「全國陸海空軍，需超出個人、地域及黨派關係以外，效忠國家、愛護人民。」（第128條）「任何黨派及個人，不得以武裝力量爲政爭工具。」（第139條）認清時局、支持政府，乃軍人所須信守的原則；至於積極從事軍事變革，國防轉型，以符合當代戰爭型態，則爲提升國防戰力，創造國家戰略有利態勢的重要途徑。

國軍除了持續建軍備戰以因應可能敵情威脅外，也極爲重視非傳統安全議題，因爲恐怖主義、複合式災害（如地震、海嘯、颱風、核災）、大規模傳染病等，對人民生命、財產的威脅，已不亞於戰爭的危害。事實上，以往傳統安全議題可以透過軍事手段來解決，當代非傳統安全問題，除了跨國界、超國家團體之外，還在於威脅性是長遠性、潛在性與複雜性。根據歷來經驗顯示，凡涉及全球化秩序與安危的事件，通常都是醞釀已久，最終爆發而難以一時遏阻，尤其是天然災害所造成的複合型災難威脅，甚而超過傳統軍事安全危害程度；救援之實施不僅需要國際及國內相關部門共同合作、協調及尋求跨域治理，急迫時更須及時動員軍隊或由軍隊判斷災情主動投入，以爭取救援時效，遂使軍隊在國家災害防救體系的角色受到廣泛關注與討論。

民國98年8月8日莫拉克颱風襲台所帶來的超大豪雨，重創國人的生命、家園和財產，爲能有效肆應日後天然災害帶給國人的威脅，政府已公開宣示將災害防救列爲國軍中心任務之一，在「傳統及非傳統性的安全威脅」與「平時天然或人爲的複合式災害」發生時，使國軍能因應國土防

衛及災害防救的需要。軍隊是國家行政體系中動員能量最大、機動速度最快，以及命令貫徹與執行效率最高的部門，國軍依「主動防救」之災防思維，採「超前部署、預置兵力、隨時防救」的原則，而能因應重大天災對國家安全的威脅。又借鑑日本之「複合式災害」經驗之餘，我國亦面對境外傳染病引發國內大規模流行之風險，國軍配合政府公共衛生政策與醫療體系，協助因應防疫處理，以防止疫情擴大；未來也會持續積極提升整體災防能力，建立「平時能救災，戰時能作戰」的堅實勁旅，擔負起保衛人民生命、財產安全的重責大任。

三、任務與領導統御架構：「品德典範──學能專精──力行實踐」

　　軍人的任務職責在確保國家安全與人民生命財產安全，軍人必須樂於接受嚴格訓練、持續精進而得貫徹使命；若平時不訓練或增加訓練強度，將無法有效發揮戰力，保衛國人生命、財產安全。故軍事專業（尤指戰爭）能力是實踐專業使命任務的倫理基礎。戰國時期兵家吳起（440～381 BC）說：

　　當敵而不進，無逮於義矣，僵屍而哀之，無達於仁矣。（《吳子・圖國》）

則軍人倫理是以軍人本職學能作為行為規範之場域，大敵當前，卻不能沉著指揮應戰，就沒有資格論「義」；等到造成大量傷亡，再對著陣亡將士僵硬的屍體哀傷，這根本不算是「仁」。

　　軍隊係由人員、編制、武器與裝備所組織而成，唯有憑藉領導，方能將上述各項組成元素融為一體，使之發揮功能。依據相關理論顯示，軍人必須修文習武、才德兼備，方能成為一位稱職的領導者。軍事領導者應該從「我應該是怎樣的一個軍人」──「品德典範」；「我能成為怎樣的一個軍人」──「學能專精」；「我實際是怎樣的一個軍人」──「力行實踐」三個層面來探究自己是否是一個修文習武、才德兼備的領導幹部。軍

事領導者的「品德典範」、「學能專精」與「力行實踐」三項屬性，構成軍事領導統御架構——「成為——學能——力行」，提供一個具體的評量準則：領導者的立身行事必須成為單位的仿效典範（有品德），本質學能足以匹配其階層職務（能力勝任），對於上級賦予之職責任務於能積極「力行實踐」（肯行動實踐）。

為了讓讀者做一深刻的體認與反思，以下將以「你」作為受格，來進一步說明領導幹部應有的認知。

當一個青年士兵在決定是否想尊敬你之言行作為時，就能反映出你真正是怎樣的一個人。他可以察覺出你究是一誠懇可敬之長官，抑或為一濫用權力，專搞表面工作，倖求竄升，或是得過且過，將職務當作「過水」的自私自利之徒。自私自利之軍官與士官，在戰場上將經不起考驗，因為士兵們均不願冒生命之險以跟隨他。在平時，他們有時能僥倖成功，這是由於他們犧牲士兵利益，在長官面前造成良好印象。我們現在討論的關鍵，在於如何在你心中形成一有效領導之基礎。此一基礎即為誠懇的性格，及對國家、對單位、及對部屬無私忘我之服務。

在士兵眼光中，你的領導統御，乃為你為促進使命、任務達成及士兵福利而所表現的一切作為，如果希望做一位受人尊敬之領導人，就應集中精力於什麼是你所「成為」（你的信念與品德），什麼是你應具備的「學能」（人際關係、創意、操作、戰術等職能），以及什麼是你應「實踐」（影響所屬、執行計畫、培養所屬、精進組織）。

第三節　軍人專業倫理規範與守則

在現代國家當中，通常都會有依其國情制訂各種軍事倫理規範，（如「武德德目」、「價值」、「信念」、「法令規章」）與行動準據，作為該國軍隊的建軍宗旨或信念，用以形塑軍人應有的價值觀與行為模式，期

使軍人藉此培養正當的專業倫理觀念、瞭解自己的角色分際，並表現出合乎軍隊與社會期待的行為。

　　人既為組成軍隊遂行戰爭之主體，故論軍人倫理時，通常亦會涉及到軍隊（群體）倫理、戰爭（總體）倫理層面的議題；本節所論以「個體層次」一軍人倫理規範為主，有涉及其他層次者僅簡要說明，並於其他章節予以詳論。

一、武德信念

　　軍事倫理規範可說是軍人武德、軍人信念的體現，但關於內容要目則人言言殊。國軍自黃埔建軍迄今，自勉自成的重要武德信念，包括有「三大信念」、「軍人武德」。

㈠三大信念：國家、責任、榮譽

1. 從「五大信念」到「三大信念」

　　國軍現行「三大信念」源自「五大信念」，始於先總統蔣中正先生在陸軍指揮參謀學校將官班第一期開學典禮的講詞（民國42年3月9日），期勉學員體認美軍的建軍立國基本精神——「責任、榮譽、國家」，而建立革命軍人的信念——「主義、領袖、國家、責任、榮譽」。自此之後，「五大信念」遂出現在國軍教範、準則、各種教育讀本，或教材與精神佈置之中，並成為國軍軍事教育的核心價值觀。

　　國軍增加「主義、領袖」之理由，係因我國當時仍在革命時期，一般國民對於主義尚未能成為中心思想，《憲法》未能形成傳統習慣，對於國家元首（領袖），更是沒有傳統的信仰（尤其是一般人民）。隨著我國政治民主化與社會多元化的持續深化發展，國軍為了配合臺灣民主的鞏固與深化，於民國96年7月，將過去的軍人五大信念刪除了「主義」與「領袖」，調整為現行的「國家」、「責任」與「榮譽」的三大信念。

2. 國家、責任、榮譽要義

(1)國家——軍人絕對效忠的對象

　　現代政治學上對「國家」的解釋是，人民、領土、主權與政府組織等

要素，所構成之組織的政治實體。而國家和軍隊（軍人）是不可分的，軍隊即武力，武力可以佔領土地，武力支持國家的組織，以便發號施令，統治全國。故人民靠國家之保護而生存、生活，國家則依賴軍隊之支持而生存、發展。

滿清末年，國父孫中山先生為挽救中國之危亡，倡導國民革命，歷盡艱難險阻，終於推翻滿清專制政體，建立中華民國；惟自民國38年中共竊取政權，國民政府遷臺後，隨著兩岸局勢的變遷，使得一般人對於國家的觀念，變得模糊含混，不甚清晰了。作為一個軍人，尤其是軍校學生、未來的軍事領導幹部，則不能同一般人一樣，必須要有一個確定、清晰，而絲毫沒有含混、籠統的信念才成，也就是我們的國家，就是中華民國。

《憲法》：「中華民國基於三民主義，為民有、民治、民享之民主共和國」（第一條），《三民主義》是我國的立國精神之所在，是國脈、民命與主權的保障，亦即是國軍建軍思想之本源，更是國軍官兵思想、信仰與力量發生的根源。國軍是中華民國的軍隊，應絕對效忠中華民國，誓志為實現三民主義，保衛中華民國而犧牲奮鬥，這是我全軍官兵永不動搖的信念。

⑵責任──軍人應盡的義務

責任二字，依《辭源》（商務，1988）解釋為：「分所應為而必求其如是」，這包含了兩個涵義：一是「分所應為」；一是「必求其如是」；前者是內心的感覺，後者則是外在的行為。一件事情是否即本分所應為，完全是基於個人對事情的瞭解與認定，又稱為「責任感」，一個人有了內在的責任感，又能盡力去做，以求外在的行為，完全符合內心的要求，此即所謂「必求其如是」；凡在內心上認定為本分所應為之事，而在行為上又能竭力而為者，就是一種「責任」的表現。而軍人的責任，狹義言之，就是要對自己負責、對職責負責；廣義言之，乃是要對國家負責。軍人受國家人民之託付，必須善盡義務，履行承諾，「不成功、便成仁」、「受命不辱、臨難不苟、受傷不退、被俘不屈」，即使犧牲生命，亦在所不惜的精神志節。

軍人的責任雖開始於法律、命令，以及規定所要求的職責、事務；但是，軍人「責任」的意涵遠比法律、命令、規定者多。軍人「責任」的根本是，縱然缺乏命令、縱無他人的指導，仍基於一種內在的道德與專業的信念之意識感受，能竭盡所能、善盡爲所應爲之義務。此外，對軍事領導者而言，「責任」還意味著必須對單位、對奉命行事的部屬承擔起全部的責任，永遠不應該造假掩飾事實眞相，使單位表面上看起來良好卻不能勇於任事負責，而是能坦然面對單位的、人員的各種弊端危機。軍事領導者必須有「分所應爲而必求其如是」的責任感與行爲表現，對軍隊與國家擔負起更高的責任。

(3)榮譽──軍人的第二生命

榮譽，英文爲Honour，有「尊重」（respect）之義。依據《劍橋辭典》，Honour的名詞是指：「一個由尊重、自豪與誠實結合而成的品德（a quality that combines respect, being proud, and honesty）」；動詞是指，「表示對某人或某事物的尊重（尤指在公開場合）（to show great respect for someone or something, especially in public）」（見https://dictionary.cambridge.org/zht/）。至於所謂「有榮譽的人」，是指一個人的行爲，能獲得自己和他人的肯定與尊重，涵蓋了三個面向，除個別的人實際的所有作爲（是否自尊自重）外，還包括他人（社會）對他的認同感（是否誠實一致）、對他尊重的事實。

眞正的「榮譽」，至少必須具備三個要件：其一，內在自重的程度。必須先能自尊自重，維護生命的尊嚴；亦即能依據良知建立自己內行的標準，以及油然而生的自豪感，也代表願意承擔責任、承認錯誤的勇氣，如孟子說：「自反（反省）而不縮（縮，正直；不縮，理屈）雖褐寬博（平民）吾不惴（懼）爲？自反而縮，雖千萬人吾往矣！」（《孟子・公孫丑上》），可見「勇氣」、「榮譽」根源於自己的良知（自尊自重）。人生的目的不僅是爲生活，而且還須榮譽的生存，「生而辱不如死而榮」、「士可殺不可辱」，把榮譽看得比生命還重要。其二，必須能「有所不爲」。「有所不爲」，是人生最不容易做到的，通常需要有較高的道德標

準與堅持，如果遇到重大事件，才能不為利誘，不為勢劫，而秉持立場。其三，必須是真實無妄的。榮譽與常與名譽（名聲）相聯想，然而榮譽不等同於名譽；名譽是外加的，常因地位、財富所獲得的讚許，而榮譽則不必然與財富、地位有關。榮譽是真實無妄、完美無缺的言行舉止，較名譽還要可貴。

對軍人而言，榮譽是軍人的第二生命，因為榮譽賦予軍人這一專業存在的意義與價值，從存誠務實到踐履篤行，而為立德、立業的原動力；軍人的榮譽與責任是一體兩面的，基於負責任的使命感，戮力戰訓本務，平時能救災，戰時能作戰，其直接的貢獻是，能確保人民生命財產的安全、鞏固國防以保障領土完整及主權的獨立，而國家的榮譽因此建立，並得與軍人、軍隊之榮譽相得益彰。軍人與軍隊是榮辱一體，軍隊榮譽乃係軍隊中每一個軍人的表現、榮譽的結合而成的；所以軍人決不能成為團體的罪人，以個人的不榮譽影響軍隊的榮譽。至於從美國西點軍校所設定，亦為我國軍事基礎院校所採用的「榮譽信條」，即彰顯這樣的榮譽理念：

不說謊，不欺騙，不偷竊，也不縱容違反如此行為的人。

「不說謊，不欺騙，不偷竊」，主要是規範個人行為，屬於個人榮譽，「不縱容」則涉及到團體價值與榮譽的維護。

不說謊：說謊是一種顛倒、掩蓋事實的陳述，不說謊就是要面對事實，敢做敢當，有就有，沒有就沒有；知道就說知道，不知道就說不知道，誠實回應他人的疑問，不隱瞞任何事實真相。

不欺騙：欺騙是一種渲染、文飾或扭曲事實，亦即是「造假」的陳述，諸如事情只做了一半，卻說已經完成了；體測成績只有60分，卻擅改（謊報）為80分；不欺騙就是不規避事實，精確而誠實的回答事物之真實狀態，沒有模糊的空間。

不偷竊：偷竊就是在未經他人同意下，奪取他人的有形（如金錢）或無形（如智慧）財產；不偷竊就是在拿取他人財產前，必定誠實以告，並

獲得同意，才能拿取。軍校學生常見的「偷竊」是考試時「偷看」他人答案；撰寫作業、期末報告時「抄襲」他人文章。

軍校學生考試作弊爲何被視爲嚴重違反榮譽制度行爲，而必須最嚴厲的處罰（開除學籍）？因爲考試作弊是不誠實的極致行爲。考試作弊是一種說謊的行爲，明明不會的題目，卻藉由作弊而填上正確的答案，掩蓋了不會的事實。考試作弊是一種欺騙的行爲，本來只能考50分，卻藉由作弊而獲得了80分、或更高的分數，竄改了學習成效的事實。考試作弊也會是一種偷竊的行爲，在考試時遇到不會的題目，就想方設法抄襲他人的答案，這就是偷取他人的智慧財產。可見考試作弊確實是不誠實的極致行爲，將嚴重危害軍人的榮譽。

榮譽信條的核心是要教導學生爲言行一致、誠實無欺的軍人，誠信爲立身之本，孔子說：「人而無信，不知其可也。」（《論語‧爲政》）對軍人而言，信譽與誠實相關，不誠實將會喪失威信，難以獲得社會、人民的敬重。榮譽乃由誠信而獲得，而責任是根於誠信而發，凡是不誠不信的人，必無責任感，也更無榮譽心。

榮譽信條的第四條是：「不縱容」違反說謊、欺騙及偷竊此等損害榮譽的行爲，是在建構群體的共同價值體系。堅實的軍事組織，其力量來自根深柢固的價值信念，因爲這些共同的價值信念使個人團結成爲整體。惟因團體成員朝夕相處，彼此關係甚密，而一般人從小到大都信守「不可告密出賣朋友」這一原則，在軍校教育又強調必須相親相愛，幫助彼此，共渡難關；然而，如此一來，「不縱容」這一信條對學生來說將面臨一個爲難的情況，即必須把學校價值觀置於私人情誼之上。這正是第四條「不縱容」的教育要旨，也就是在引導學生必須理解團隊成員關係過於密切的危險，在於同儕間情誼的眷顧（不論是眞實的情誼，或擔心成爲朋友的背叛者），往往會超過對組織（學校）本身的認同，這樣「大我」反而變成了「他者」。榮譽信條第四條的重要性，就在於最後的分析判斷，整個組織的價值觀還是比個人對同儕的忠心更加重要；因爲如果學生無法確實做到榮譽信條的四條規定，容許別人說謊、欺騙，就等於是把「榮譽」棄於一

旁，讓「容忍」提升成為最高的價值了。

杜尼嵩（Larry R. Donnithorne）《西點軍校領導魂》（*The West Point Way of Leadership*, 陳山譯，足智文化，2019）指出：

榮譽課程最終是教導學生不僅認同同儕，更重要的是認同光榮的機構共同價值觀。這可以稱之為雙重忠誠。

能夠認同大我，而不僅是一己小我，有助於個人隨時不忘團體的共同利益；換言之，學生能由此得以不斷拓展自我，重新評估自己的定位、在團隊中的角色，其忠誠不僅是針對一己的技能，或是所屬的一班、一排，而是針對整個西點軍校，以及西點所代表的價值體系。

(二)軍人武德：「智、信、仁、勇、嚴」

武德是一種「專業倫理」，是有關於擔任軍人這一角色所應有的專業素養，以及應遵循的規範；在古代通常指的是「將德」，其典範則以「儒將」稱謂之。《國軍軍語辭典》（國防大學，2000）對「武德」的解釋：「智、信、仁、勇、嚴為軍人的武德，是軍人應具之哲學修養與基本德行」。

國軍「武德」概念源自於孫中山對「軍人精神教育」的重視，以儒家「智、仁、勇」三達德的觀點為教育核心；蔣中正在此基礎上進一步闡揚，認為軍人生活於部隊之中，更須己立立人、己達達人，把部隊合為一家、把三軍合為一體，那就還要注重「信」和「嚴」的精神，故引用《孫子兵法》的為將之道，擴推「三達德」而為「五武德」，將其律定為軍人武德。

歷來對於智、信、仁、勇、嚴的涵義存在著各種不同的解釋，國軍融合我國傳統武德文化，並注入現代意義與新觀念，其要義如《教戰總則·軍人武德》所做的釋論：

智、信、仁、勇、嚴，為我軍人傳統之武德。凡我官兵，均當洞察是非，明辨義利，以見其智；誠實無欺，忠貞不移，以昭其信；衛國保民，捨生取義，以盡其仁；負責知恥，崇尚氣節，以全其勇；公正無私，信賞必罰，以伸其嚴；全體官兵更應親愛精誠，明禮義，知廉恥揚民族精神，以創造神聖之革命武力。（第二條）

智、信、仁、勇、嚴是衡量當代軍人才德的客觀標準，其具體涵意不僅止於道德面向（道德能力），還包括軍人專業才能（領導、指揮）的層面。

1. 仁

「仁」為武德之中心，主要有二層意義：一是指寬惠愛人的德行，二是統攝諸德的仁。孟子說：「仁也者，人也。合而言之，道也。」（《孟子‧盡心下》）就是統攝諸德的仁，其意義是「人之所以為人應具備的特質」，其他德行統歸「仁」字之下。

「仁」作為寬惠愛人的德行，其實踐要義就是推己及人的忠恕之道。朱熹解釋：「盡己之謂忠，推己之謂恕。」盡己是「己立己達」（修己），即「居處恭，執事敬，與人忠」（《論語‧子路》），日常生活循規蹈矩，專業盡職，和不懈怠，待人忠心誠懇；推己（「安人」）就是順承「己欲立而立人，己欲達而達人」（《論語‧雍也》）的道德情操於人際關懷之上，並從「不忍人之心」強調內心的自主，以確立人的存在意義。

忠恕之道運用於戰爭倫理，則戰爭係以存亡繼絕、濟弱扶傾為目的。忠恕之道用之於軍人武德則可「附眾撫士」（《十一家注孫子‧計‧何延錫注》），即團結民眾，撫慰將士，凝聚全國軍民向心；曾國藩以推己及人之道，闡釋其用恩莫如用仁的帶兵之道，他說：「帶兵之道，用恩莫如用仁，……仁者，所謂欲立立人，欲達達人是也。待弁兵如待子弟之心，常望其發達，望其成立，則人知恩矣。」此外，還要能有同理心，以「不忍人之心」與部屬「共飢勞之殃」（《十一家注孫子‧計篇‧杜牧注》），共同經受飢餓、勞苦的考驗，如《淮南子‧兵略訓》所言：「勤

勞之師，將必先己，暑不張蓋，寒不重衣，險必下步，軍井成而後飲，軍食熟而後飯，軍壘成而後舍，勞佚必以身同之。」總之，就是要能「愛人憫物，知勤勞」（《十一家注孫子・計篇・杜牧注》），愛護部屬、憫惜財物，凡此都是忠恕之道的具體表現，是即所謂「帶兵要帶心」以及「軍隊是一個大家庭」的落實，道理看似簡單，眞要做到，非有「心動以誠」（《尉繚子・攻權》）之仁心不可。

仁德之意義，不僅止於愛民、愛部屬、拔擢部屬等寬惠愛人的德行，軍人更要有攝諸德之仁的涵養，除以忠恕之道爲念外，更要存養本心，形成「軍人之所以爲軍人之本性特質」，並轉化爲一種軍人意識，將軍人視爲志業，忠於憲法，「衛國保民，捨生取義，以盡其仁」。這樣的人格特質並不以服現役爲限，而是既爲軍人就不當遺棄軍人應有之本質學能與德行，平時則將保國衛民之心帶入不同之場域，表現於日常生活者，則爲公德、熱心、互助合作，以及推己及人、捨己救人之行動。戰時仍可爲國效命，這才是軍人之仁的最高境界。

2. 智、勇

「智」與「勇」是構成指揮能力的基本要素。

⑴智。智者，「洞察是非，明辨義利」，孫中山以「別是非、明利害、識時勢、知彼己」作爲智的解釋，可見智就是「博學、審問、愼思、明辨」的能力。對軍人而言，「智」涉及道德價值（「別是非、明利害」）與任務事實（「識時勢、知彼己」）的認識、判斷之能力，智必先能知，知即知識，對事物有系統的認知，內容涵蓋「哲學」、「科學」、「兵學」三者，軍人應兼融（「博學」）此三種學識，將其轉化（「審問、愼思、明辨」）爲素養。所謂素養，乃人們運用知識來面對生活情境問題的關鍵能力與態度，亦即「知識必須變成力量」，方能成爲「能謀慮、通權變」，即有謀略有智慧的軍人。

克勞塞維茨認爲，經由綜合力（知識的理解力）、判斷力（價值或事實）所發展而成的洞察力，是發揮軍人關鍵（敏銳）智力之所

在，「一種迅速辨明眞理的能力」（楊南芳等譯，《戰爭論》，貓頭鷹，2001）；蓋戰爭是充滿不確實的領域，戰爭中行動所依據的情況有四分之三好像隱藏在雲霧裡一樣，或多或少是不確實的，因此，首先要有敏銳的智力（洞察力），以便透過迅速精確的判斷來辨明眞相，以合理的解決一切困難與危險

(2)勇。「勇」之基本字義有二：一是形容人的力氣大或膽量大，這是屬於身體的勇；二是敢做敢爲，肯擔當責任，這是屬於精神的勇。戰爭是充滿危險的領域，因此軍人必須有「勇」：

「身體之勇」，就是敢於面對個人危險，克服身體受傷與死亡恐懼的能力；這種恐懼是眞實的，當軍人在戰場上看到因慘烈的戰鬥而被撕裂的屍體時，或連隊弟兄在自己懷中流血至死時，都會帶來恐懼。即使是身經百戰的軍人也不一定能脫離戰場恐懼，必須處理、克服恐懼。身體之勇從何而來？首先，是良好的體能戰技，所謂「藝高人膽大」者也。其次有積極的動機，包括堅定的信念（榮譽心、愛國心），知道爲何、爲誰而戰（知道從事該場戰爭的眞正理由）。

「精神之勇」，就是敢於面對外來壓力或內心壓力（即良心）承擔責任，做重大決定的能力。精神之勇，涵蓋勇敢果決（軍事決策）與道德勇氣兩個面向，勇敢果決，就是在戰場上，能夠當機立斷，下正確的決心，乘勢取勝，而不會瞻前顧後、猶豫不決的能力，即杜牧所說：「勇者，決勝乘勢，不逡巡。」（《十一家注孫子・計篇》）越高級的指揮官越需要有這種決策之勇，古代兵家學家甚至認爲將領精神面的決策之勇比身體之勇重要，如吳起說：「臨難決疑，揮兵指刃，此將事也；一劍之任，非將事也。」（《尉繚子・武議》）

道德勇氣，就是「負責知恥，崇尚氣節」，孔子說：「知恥近乎勇」（《中庸・第二十章》），「羞恥」是個人德性中的氣節修養問題，是由「愧」、「惡」兩種心意趨向所組成。羞愧者，因爲

自己不好而覺得恥辱；羞惡者，看到別人不好而覺得厭惡。知恥是良知的先導。有羞恥心的人，就會有「恥不若人」（《孟子・盡心上》），自省自勉的覺悟，遂能激發天良，產生一股勇往直前無所畏懼的力量，既能勇於負責，承擔艱難的任務，又能面對自己的過失，戰勝自我、謙和退讓，勇於改過、勇敢邁進，如越王句踐臥薪嘗膽，終於打敗吳國。故由羞恥心所昂揚的勇氣，當然可使人於艱難困苦之境，仍能「行己有恥」（《論語・子路》），不受欲望驅使，沉著堅守臨難（死）不屈，臨財（利）不貪的志氣節操。

「恥」既為勇之源，故明恥教戰為培養軍人「崇尚氣節」之良方，吳起說：「凡制國治軍，必教之以禮，勵之以義，使有恥也。夫人有恥，在大足以戰，在小足以守矣。」（《吳子・圖國》）軍民在經過教禮勵義之後，就會激出本性中的「羞惡之心」，而有恥辱的覺悟與行為，以至得出「以進死為榮，退生為辱」（《吳子・圖國》）的結論。

基於羞惡心，道德勇氣是一種揭露是非善惡真相的勇氣。申言之，就是面臨他人的詆毀、妨礙、反對、仇視，抑或是個人失敗時，仍能堅持做對的事之能力。這種道德勇氣必須克服傷害與自己相處的人、所處的單位（連隊）、組織機構（軍種、國軍）的恐懼，以便可以堅持做對的事。因為揭露是非善惡的勇氣，涉及個人與單位、機構的榮譽價值衝突以及「雙重忠誠」的考驗。許多不良的部隊風氣（性騷擾、集體舞弊）都是長期性缺乏道德勇氣而予以容忍的結果。另外，為了單位、機構利益，個人是否應該以謊言辯護其缺陷，也考驗著軍人的道德勇。軍事基礎院校榮譽信條第四條，不縱容違反說謊、欺騙及偷竊等行為，即是在培養軍校生「見義而為」，揭露是非善惡真相的勇氣。

綜合智勇之義，可知智可啟勇，勇亦可啟智。戰爭是複雜而不確定的領域，英勇的軍人必須以智慧謀略為指導，才能避免淪為蠻勇或血氣之勇。有智略的軍人若無勇氣則「不能斷疑以發大計」（《十一家注孫子・

計篇・杜牧注》），智勇兼備乃能慎謀能斷，成爲勇敢善戰，克敵致勝的軍人。

3. 信、嚴

「信」與「嚴」是統御之道，亦即軍紀的根源。

⑴信，就是誠實。信和說話有關，古人拆字爲解，有「人言不欺」之訓；信也涉及行爲，是對承諾的履行，所謂言而有信，就是「言出必行」之意。故信是一種正面的預期，認爲他人不會透過語言、行爲或決策來隱瞞事實，投機取巧；就是一個人的所有言行舉止，在任何狀況下（縱然是壓力下或缺乏所要的資源之時），仍能言行一致、遵守承諾，並坦承面對事實。信任是一個與領導有關聯的主要特質，當信任被破壞時，對組織運作產生嚴重的不利影響，若領導者與部屬間缺乏互信機制，只會陷於日常的庶務管理之中。當部屬信任領導者時，他們願意冒險以達成領導者的希望，因爲他們相信自己的權利與利益不會被濫用。

《國軍教戰總則》對「信」的解釋是：「誠實無欺，忠貞不移」，其義就是就是誠實、正直、不誇大、不護短、坦白磊落，無不可對人之事，亦無不可告人之言，所謂對上不愧、對下不怍，推及群體能團結和諧共同一致，進而發爲忠誠精實、死守善道的節操。簡言之，信（任）是軍事領導的基礎是組織文化中的資產，其背後的基礎是存在著群體共有的倫理規範。就軍事組織的人際脈絡言，涉及對上、對下、對己之關係，即所謂「三信心」——信仰長官，忠誠與服從長官所下達的命令；信任部屬，充分授權，使部屬獲得信任感，積極完成各自的任務目標；自信其爲負責任、守紀律之軍人。只要國軍官兵能建立「三信心」的共識，國軍內部關係就會和諧，組織效能就能充分發揮，自然也就會獲得社會民眾對國軍的信賴與支持。

⑵嚴，有「周密無隙」、「認眞，不放鬆」、「肅穆端莊」之義；用於治軍，就是「以威刑肅三軍」（《十一家注孫子・計篇・杜

牧注》），即是藉由周密的層級節制，法律規章、營務營規約束軍隊，使成為軍紀嚴明、規律嚴整的鋼鐵勁旅。但是軍紀嚴明的意義，並不僅止於強制性的客觀權威規範（他律），以軍隊組織的特性而言，「軍紀如山，軍紀似鐵」此乃當然之事，然而打仗不能只靠軍法，故其意義中還含有精神的要素（自主性的主觀義務規範），以使軍人能夠視令如命，此即《國軍軍語辭典》將軍紀定義為「軍隊全體心理所公認的規範」的原因。

嚴是一種管理方式，目的為求令出於一，所以要運用賞罰來達到目的，故嚴是推行紀律，維繫部屬的服從心。基於領導的需要，嚴的目的在樹立統御（指揮官）的威信與尊嚴，用以維持軍隊的紀律，保障命令的系統。然而如何才能將軍紀落實為「軍隊全體心理所公認的規範」，以威嚴肅服眾心呢？那就是「公正無私，信賞必罰」。「嚴」對己為負責、盡職與自律，對人則為公正、誠懇與中節合度，軍人必先能「嚴以律己」，而後才能「嚴以肅眾」；故「公正無私，信賞必罰」，是內在自持修身的外顯，唯有從道德上做到「公正無私，信賞必罰」，才有利於部隊的管理。

總之，信以聚眾，可集萬眾為一心；嚴以肅眾，能結合個體為整體，故立信主嚴，為指揮官律己治軍之要道，歸結其要領有三：其一是「人格的影響」。軍事領導者必先健全自己，「誠於中」（誠心修身，篤守信義），「形於外」（注重禮節，整肅儀容），後有令人「望之儼然，即之也溫」的威嚴（《論語・顏淵》）。當知指揮官的一切言動舉止、音容笑貌，幾乎無不在其部屬內心評判審察之下，如果他能經得起部下內心的嚴格品評，那他必能成為部屬的主宰，亦才能成為團結全軍的核心；能以人格為部下的表率，又能恩威並濟，才能使部下心悅誠服、樂於用命，即「子帥以正，孰敢不正？」的道理。

其二是「情分的交感」。軍紀係賴良好統御以啟發所屬人員之服從精神。軍紀之根基，即建立在長官與其所屬人員間之互信。藉由此一互信（三信心），長官部屬間得以毫不隱瞞、坦誠相對，確知彼此真實之意

圖、能力、限制，以及面臨之問題或困難，情分得以交感，並發展爲「榮譽」、「自制」、「互敬」、「互助」諸種公德，激勵高度的榮譽心與使命感，從而凝聚強固的向心力，軍紀乃能成爲軍隊全體心理所公認的規範。

其三是「一致的精神」。軍隊成於一，敗於二三，「一致」之首要意義，是指軍隊擁有共同一致的志操，就是對軍紀的自覺、認同與恪遵。試想有數千、數萬或數十萬的軍隊，在極長的戰線、不同的戰況當中，如何單憑軍法紀以及各級長官來壓迫、監督、束縛，惟有軍人於平時將恪遵軍紀視爲共同一致的志操，不要法律來束縛，亦不要受官長的監視，恰能使軍紀發生一種無形而最大的效力，此爲軍紀當中最重要的一個素質。

「一致」的另一意義就是人事制度要公正畫一。即如賞罰、升降、調遣，都必須公正嚴明，不能有所偏私，確達「人有定職、事有定規，物有定位、行動有序」的管理要領。藉由一致的精神（志操、制度的一致），方才有軍紀的精神——以軍隊全體心理所公認的規範來統一各個人的意志，統一各個人的行動。這樣的軍紀才可以鍛鍊軍人的精神，維持軍隊的秩序，保障命令的威力，此之謂眞實的軍紀。

(三) 實踐軍人武德應有的認識與方法

武德修養固然以智、信、仁、勇、嚴五德目爲依據，是一種實踐的修養，其價值在於孕育軍人魂及親愛精誠、團結互助的軍中倫理；培養服從天性與犧牲精神，建立徹底奉行命令、誓死達成任務的嚴格紀律。換言之，武德就是把智、信、仁、勇、嚴等武德內涵，貫注於每一軍人的日常生活行動之中，而不是將其視爲抽象、籠統和不易了解的一種道德律和精神律；從現實的角度、在複雜的道德情境下思考，「一個軍人應該怎樣做？」對此，必須強調的是，軍人必須要有「武德至上」的意志，對於原則問題要有「走極端」的膽識與勇氣，亦即隨時必須有爲道德操守放棄一切的準備，甚至放棄事業、放棄生命。

然而「走極端」的膽識與勇氣有賴健全的武德修養，才不會於危難困

境時有所遲疑或偏執剛愎。對軍人來說，「權變」是一個攸關生死的道德抉擇。戰場狀況瞬息萬變，必須通權達變，不可拘泥於準則，遲疑與不爲皆足以陷軍隊於危殆，《六韜‧龍韜‧軍勢》云：「用兵之害，猶豫最大；三軍之災，莫過狐疑。」《孫子‧九變》則告誡將帥：「智者之慮，必雜於利害。」即與敵爭利時要利弊兼顧、機智應變，在必要時得以「君命有所不受」；若君命不適於戰機，指揮官爲爭取決定性的勝利，可臨機權變獨斷處置之。然而獨斷專行卻是有賴於穩定的武德修養，才不致因性格偏執，剛愎自恣。而不知通權達變者，將成爲軍隊國家的災難。《孫子‧九變》謂：「必死可殺，必生可虜，忿速可侮，廉潔可辱，愛民可煩。」警示爲將者必須有均衡「中庸」的性格，避免因偏執剛愎而造成「覆軍殺將」的危害。因此武德的培養除了對德目的認知與理解外，尚要進一步透過「智、仁、勇」三者，涵蘊於每一軍人之本身，此乃軍隊中每一「個體」所必具；並將「信」與「嚴」二者，作用於軍隊全體，以結合「個體」成爲「整體」，凝聚多數具有基本德目的軍人，成爲堅強無敵的軍隊。

二、戒律守則（訓示）

　　除上述較抽象的倫理德目外，國軍尚有若干較具體的軍事倫理戒律守則；例如，《中華民國陸海空軍軍人讀訓》（以下簡稱《軍人讀訓》）、《教戰總則》、《陣中十誡》、《戰場四要》、《忠貞信條》等。比對這些條文可以發現，規定全軍於集會結束時全體循聲朗誦的《軍人讀訓》最爲完整，堪稱國軍官兵最佳的倫理典範。

　　《軍人讀訓》是蔣中正手訂，後於民國25年3月底由國民政府軍事委員會正式公布，內容從生活禮節到立身、行事、保國、衛民各方面，將軍人所應奉行踐履的言行規範，簡明扼要的歸納成十條條文。又各條條文均由三個短句組成，第一、二句爲正面表列，激勵國軍官兵應爲之事（有爲），第三句則爲負面表列，要求國軍官兵不應有之行爲（有守），可視爲實踐軍人信念、武德的具體指南及信條。

《中華民國陸海空軍軍人讀訓》條文體系

有為	正面表列 激勵國軍官兵應為之事	有守	負面表列 禁止國軍官兵不應為之事

國家 → 軍隊 → 軍人

第一條　實行三民主義，捍衛國家，不容有違背怠忽之行為。
第二條　擁護國民政府，服從長官，不容有虛偽背離之行為。
第三條　敬愛袍澤，保護人民，不容有倨傲粗暴之行為。
第四條　盡忠職守，奉行命令，不容有延誤怯懦之行為。
第五條　嚴守紀律，勇敢果決，不容有廢弛敷衍之行為。
第六條　團結精神，協同一致，不容有散漫推諉之行為。
第七條　負責知恥，崇尚武德，不容有污辱貪鄙之行為。
第八條　刻苦耐勞，節儉樸實，不容有奢侈浮華之行為。
第九條　注重禮節，整肅儀容，不容有褻蕩浪漫之行為。
第十條　誠心修身，篤守信義，不容有卑劣詐偽之行為。

外 → 內

資料來源：王俊南，〈軍人倫理教育——國軍正反案例探討〉，《陸軍學術雙月刊》第54卷第560期（2018年8月），頁39。

　　《軍人讀訓》條文體系完備，由外在宏觀總體層面的國家，逐步推展至內在微觀個體層面的軍人，期望國軍官兵於誦讀之後，體會身為軍人應有的言行特質、工作職守與責任榮譽，期收潛移默化，變化氣質的宏效，培養國軍官兵頂天立地的氣概，進而成為俯仰無愧的軍人。

　　最後，綜上所述，倫理守則只在被納入個人真實行動中，始有價值可言，而倫理規範的有效性，亦須把倫理理念融入決策及生活細節中，透過強化或反制措施之建立，以鼓勵倫理行為並抑止不道德行為。軍隊是以官兵為主體的組織，每個人要在既有的制度規章下，重視倫理、恪遵規定，發揮高度的榮譽心與使命感，從而凝聚強固的向心力，親愛精誠、團結一致，建立一支團結、鞏固與精練的節制之師。美軍將領克魯拉克（Charles Chandler Krula, 1942-）說：

　　我們正生活在「戰略下士」（strategic corporal）的時代：任何一個

單一個案都可能影響到軍隊整體，甚至是國家的形象。（Joe Doty and Walter Sowten著，黃淑芬譯，〈才德兼備〉（Competency vs. Character? It Must Be Both!）《國防譯粹》，第37卷第4期，2010年4月）

在當前資訊網路傳播迅速的時代，軍人因其特殊專業與任務使命，言行舉止受到公眾之關注更勝以往，軍人形象之維持倍感艱辛。在許多個案中，個別的軍人，即使是低階的士官兵都是軍隊顯著的象徵，其任何行為違失，只要是被上傳公諸於世，不容於「社會觀感」者，即引起社會群起的撻伐，憤怒指責往往難以平息，所帶來的影響不僅止於戰術狀況（軍紀檢討），也影響的作戰與戰略層次（高層指揮層級之調動、軍事組織規章之變更）。「專業軍人必須瞭解自己是誰，更需要瞭解社會希望你是誰」，透過各軍人倫理規範與守則來建構專業軍隊的道德框架，藉以確認自己，也告訴社會，這個軍隊是具有良好倫理精神的軍隊，這需要軍隊中每一位成員不斷地運用倫理守則自我檢驗一個問題——你是怎樣的一個軍人？

做大事其實不必然與職位有正向的關係，孫中山明指：「什麼是叫做大事呢？大概的說，無論那一件事，只要從頭至尾，徹底做成功，便是大事。」（孫中山，〈學生要立志做大事不可做大官〉，《國父全集》，秦孝儀主編，臺北市：近代中國，1989年11月），這對軍人更有激勵與自省之效果。「持志」是關鍵，必先確認「主體」、「從事事業的價值」，才得以獲得自我的肯定；相對地，「弓人而恥為弓，矢人而恥為矢」（《孟子·公孫丑上》），這樣毫無使命感，只有受役於人而任人使喚；更何況、矛盾的是，人雖不尊重自己的職業，又會以被人使喚而感到羞恥，這樣如何能適性發展呢？所以要達到才德兼備的「理想軍人」（「儒將」）之境地，就如同射箭的人般，必先「正己而後發。發而不中，不怨勝己者，反求諸己而已矣」（《孟子·公孫丑上》），一個軍人如果真誠心肯定自己的身分與角色，自然就不會惦念升遷調職之事，這就是「反身而誠，樂莫大焉」（《孟子·盡心上》）的境界。

邁向才德兼備的「理想軍人」的過程，為長期的修為過程，除面臨不

可控的命定境遇外，還須時刻「慎獨」以誠反求諸己，並以德載才，即所謂「驥不稱其力，稱其德也」（《論語・憲問》），始能成爲一個真正的軍人；軍人亦可以自省：我是個才德兼備的軍人嗎？

研究與討論

1. 才德兼備是軍人的要件，有才無德誠屬不當，而且將會是軍隊之最大威脅。試從此一論述闡釋軍人倫理的意義與內涵。

2. 服從的道德議題有二：(1)命令的合法性與正當性(2)服從與軍人的主體性。試申論其內涵。

3. 軍人是否專業之首要條件，端視其對軍事專業理念的忠誠度（即專業認同感）而定。試說明何謂專業認同感？有何重要性？

4. 軍人的倫常基礎是忠誠與服從，而此倫常基礎則有賴於各級指揮官透過指揮道德，建立命令的尊嚴予以展現與發揚。試說明「指揮道德」，「建立命令的尊嚴」的要義。

5. 戰國時期兵家吳起說：「當敵而不進，無逮於義矣，僵屍而哀之，無達於仁矣。」、試解釋這句話的意義，並從「軍事領導統御架構」，闡述領導幹部應有的認知。

6. 所謂「責任」是指：「分所應為而必求其如是。」試分析其意義。

7. 試從榮譽信條的意義，說明軍校學生考試作弊，為何被視為嚴重違反榮譽制度行為，而必須最嚴厲的處罰？並從「雙重忠誠」闡述「不縱容」這一榮譽信條的義理。

8. 「仁」為武德之中心，主要有二層意義：一是指寬惠愛人的德行，二是統攝諸德的仁。試據此申論「仁」的內涵。

9. 道德勇氣，就是「負責知恥，崇尚氣節」。孔子說：「知恥近乎勇」。而所謂「羞恥」是「愧」、「惡」兩種心意趨向所組成。試從「愧」、「惡」兩種心意趨向闡釋道德勇氣的義理。

10. 信以聚眾，可集萬眾為一心；嚴以肅眾，能結合個體為整體。故立信主嚴，為指揮官律己治軍之要道，歸結其要領有三。試闡釋其內涵。

11. 美軍將領克魯拉克說：「我們正生活在『戰略下士』的時代：任何一個單一個案都可能影響到軍隊整體，甚至是國家的形象。」試闡釋這段話的義理與心得體認。

第四章

軍隊倫理

　　軍隊作為軍事組織的形式，隨著國家歷史與傳統累積了豐富的文化內涵，其中，與倫理道德相關的軍事組織文化，即為「軍隊倫理」，內容包括以軍隊為主體所制定相關的倫理信念和規範和法規，例如軍隊精神與軍風等相關價值信念，軍紀營規等相關條文規範，提供軍隊內部管理、軍隊間互動，或軍隊與國家互動時的行為指引。

　　軍事組織是一相對且模糊的單位指稱，舉例來說，它可以泛指國軍整體，也可以指個別軍種、兵種與行政單位等。所謂「組織文化」乃指組織共有之信念、價值觀、儀式、符號、行政規範與團體意識。組織文化可建構成組織精神，形塑成員的行為。組織文化的產生，一方面是組織隨著歷史發展而積累，一方面也可以由組織主動通過一系列活動刻意建構。不論是由歷史積累或由組織刻意建構而來的組織文化，其內容都包含組織內成員共享與共同遵循的價值與規範，維繫著成員的向心力與凝聚力，形構了組織的團體意識。成員在潛移默化中不知不覺地內化和認同了組織內共有之信念、價值觀、儀式、符號、行政規範等，進而表現出與組織文化相符合的行為模式。換言之，藉由觀察成員共有的行為模式也可推測出組織文化，區辨與其他組織之間的差異。目前我國軍事組織文化的最大特色在於文人領軍的建軍型態，其信念價值展現於軍隊國家化與行政中立兩大原則上。

　　組織文化有很多部分，其中有一部分涉及成員內心所認同的實務運作程序及其外顯行動，此為「組織氣候」；若將倫理元素融入組織的實務運作和程序，就形成了組織的「倫理氣候」，泛指蘊含倫理道德之組織文化，內容涵蓋組織政策、指揮領導、管理制度、同事互動等的倫理。倫理氣候會影響成員對組織內的倫理認知、道德意圖與倫理行動。以此觀之，

軍事組織文化裡的倫理氣候即爲軍隊倫理。

軍隊倫理，其內以軍隊精神爲實務運作的核心信念，其外以軍風爲體現軍隊倫理之外顯行動的表徵。軍隊精神與軍風構成軍隊倫理的核心主幹。我國自建軍以來，軍種各自形成其特定的軍隊精神與軍風，要讓軍隊精神與軍風從傳統走向與時俱進，兼顧傳統與創新，成爲建構中的軍隊倫理傳統，有賴以下途徑：首先，發展倫理領導與管理倫理。因爲無論是組織文化或倫理氣候都是一種上行下效的過程，領導與管理階層的態度與作爲非常重要。其次，從成員間互動的倫理層面入手，善用現有的軍階倫理進行改革與創新。第三，部隊環境亦是廣義職場，軍隊職場倫理和軍階倫理重視上、下倫理關係不同，職場倫理更爲全面規範所有的職場倫理關係，故參照職場倫理的觀念，將職場倫理的信念與價值納入軍隊倫理的工作倫理之中。透過前述途徑讓文人領軍的軍事組織文化，與兼具軍隊精神與軍風的傳統軍事倫理氣候得以延續下去，爲現代化國軍的道德能力提供增能與強化。

第一節　文人領軍

我國軍隊組織文化的特色，是以「文人領軍」的型態建構軍隊，其內涵涉及的是國家與軍隊的關係與價值。國家與軍隊爲一整體，「國家」爲國軍基本信念的首要。我國在朝向民主化的進程裡，不斷的朝向「軍隊國家化」的目標邁進，不論是在政治制度或法律規範，甚至是文武關係等，都以軍隊國家化爲目標。《中華民國憲法》（以下簡稱《憲法》）第138、139條文所規範的角色與立場，已確立了軍人在民主體制中的定位，這也是國軍維護《憲法》正常運作的核心價值，這個價值不容質疑，更沒有模糊的空間。全體官兵應瞭解國軍是中華民國的國軍，也是全民的軍隊，須嚴守「軍隊國家化」的規範，確實遵守《憲法》、效忠中華民國與確保國家安全，更要堅定「爲中華民國國家生存發展而戰、爲臺澎金馬百姓安全福祉而戰」之信念，絕不會動搖。「軍隊國家化」展現在政治

作為上，則是以「行政中立」為原則，如《國防法》第6條即以此原則明言：「中華民國陸海空軍，應超出個人、地域及黨派關係，依法保持政治中立。」

一、理想的文人領軍型態

　　軍人是國家合法暴力的管理者，故「監督軍隊」一直是民主國家「文武關係」（亦稱「軍文關係」）中的核心課題。國家與軍隊的關係經過長期演變發展，「軍隊國家化」、「政治中立」、「文人領軍」、「軍事專業」，已成為現代民主國家文武關係的規範，亦即是專業軍隊的標準。軍隊以服務國家為存在之目的，為盡可能地提供服務，軍隊及其領導都必須成為國家政策的有效工具，也是軍事專業的立論基礎。根據軍事專業化的立場，戰爭是一種政治作為，是國家意志遂行的政治手段；相對地，軍事專業既從屬於政治，更必須接受國家政策的指導。具體而言，戰爭指導（「和」或「戰」的決策）由政府（總統、統帥）決策制定，軍事組織則在不涉及政治立場下進行專業知能的發揮，以遂行軍事任務。民主國家之傳統文武關係理論對於「理想的文人領軍型態」有兩種設想：（洪陸訓，〈我國國防兩法通過後文人領軍的觀察〉，《國防政策評論》，1:2，民90.01）

　(1)主觀的文人控制：基於對軍事專業主義的注重而使軍人或軍官團遠離政治事務。

　(2)客觀的文人控制：採取文人權力極大化的方式，使軍人順服於文人的政策。

　　由此可知，文人領軍的文武關係具體落實於政治體制中，乃是以「文人控制軍隊」的原則加以落實。「如何控制軍隊」此一命題隱含著兩個目的：（洪陸訓，〈我國國防兩法通過後文人領軍的觀察〉，《國防政策評論》，1:2，民90.01）

(1)消極的避免軍隊失控濫用其暴力專業與手段。

(2)必要時如何使軍隊暴力專業與手段能充分有效的發揮。

這兩命題之間存在著某種的辯證關係：一方面文人希望軍人都是值得信任的好人，能自律的遵守倫理道德規範，而不會對國家社會造成危害；另一方面，文人也期待軍人都是能人，能忠誠的執行與完成國家社會託付的責任。

二、落實文人領軍之法律政治面與實際運作面的倫理意涵

㈠法律政治面

文人領軍落實在政治層面，強調以「民選的文職官擔任軍事決策總領導」為根本原則，這一根本原則是為了保障國家的價值、目標、制度及其發展，都建立在人民意志的基礎上，而不是由軍隊將領來決定。為了落實文人領軍的文武關係，我國已於民國89年1月15日經立法院通過《國防法》和《國防部組織法》修正案（以下簡稱「國防二法」），並於民國91年3月1日付諸實施。依據「國防二法」，我國以文人領軍為原則，將軍事制度建立為「總統──國防部長──參謀總長──三軍」的軍令指揮系統，由文職官的國防部長兼負軍政、軍令、軍備之全責，掌理全國國防事務。

文人領軍的原則，不僅表現在由文職官擔任國防部長，更要求國防部文職官員不得少於三分之一，目的是為了監督和控制軍隊。文人領軍的職權行使原則為：總統為全軍統帥，可以行使統帥權指揮軍隊；總統指揮軍隊的方式是直接責成國防部長，授予國防部長指導、管理軍隊與國防體制的職權和責任。換言之，文人領軍的意義，突顯軍隊指揮權的行使，是透過文職的國防部長以命令的方式下達給具有軍事專業的參謀總長來執行；在軍隊指揮的部分，則是由部長命令參謀總長指揮陸、海、空各軍種執行任務。

㈡實際運作面

　　然而就實際運作層面來看，文人政府欲藉由各項制度來控制軍隊，這個理想在現實層面中其實是沒有辦法徹底落實的。因為在許多軍事事務的細節上，不論是文人透過制度管控，或文人派代理人到軍隊中進行監督，都存在著許多力有未逮、無法控制細節的困境，要彌補文人控制軍隊的困境，最好的方式是透過軍事倫理教育，改良軍隊內部的組織文化，讓軍人以自覺與自律的方式將軍事倫理內化於心中，以此建構軍隊組織的倫理氣候。國父孫中山先生云：「國者人之積，人者心之器。」軍隊唯有建立起專業的軍事倫理，以良好的組織文化、遵守文武關係的規範，進而培養軍人珍惜這些價值的習性，實為獲致文人政府與社會高度信任的良方。是以，良好的文武關係依賴三項條件：（洪陸訓，〈我國國防兩法通過後文人領軍的觀察〉，《國防政策評論》，1:2，民90.01）

⑴以嚴謹的規範限制軍人的政治活動。
⑵以司法明確界定文官與軍事的行政體制。
⑶軍人社會角色必須明確被界定為保家衛國，防禦外侮。

如能滿足此三條件，良好文武關係必能達成：軍隊強大到足以完成文官行政所要求的任務，而軍隊只服從文官依據《憲法》所要求之命令。以文人領軍所建構的軍事組織文化，明確地界定了軍隊在國家中的位置，向整體國軍傳遞以文人領軍為核心價值的軍隊認同感，整體國軍成員也因著這樣的認同感產生對國軍身分的承諾，這無形中提升了社會系統的穩定，讓整個國家更為安定團結。

第二節　軍隊精神與軍風

　　雖然軍事倫理守則、紀律、規範等能將軍人言行控制在規定範圍內，但這些對軍人的品格影響有限，若要發揮潛移默化之效，善用軍事倫理氣候的影響力是很好的方式。因為紀律規範約束軍事行為，而倫理氣候卻能

改變軍人的價值信念，使其自動自發的踐行軍事倫理。軍隊精神是軍隊倫理的核心，是軍隊倫理文化的骨幹；軍隊倫理氣候中的願景、價值信念與目標等都須參照軍隊精神而設立。軍隊裡的軍隊精神與整體的倫理氣候所呈現的外顯樣貌或表徵即是軍風。

　　無論是軍隊精神或軍風，甚至是整體軍事倫理都可視爲國軍的精神戰力。現代戰爭對戰力的理解與要求，早已不僅是武器裝備等有形戰力而已，軍隊的信念、戰鬥意志與革命情感等無形戰力，有時更是勝利的關鍵。無論是備戰或作戰，都需要綜合發揚無形戰力與有形戰力，力求全民力量與軍事武力的相互結合，眾志成城。無形戰力是一種精神戰力，故對精神戰力的理解即如《國軍教戰總則》所言：

　　　　精神戰力爲我革命戰爭之決勝因素。蓋戰場常爲情況不明、恐怖、危險、疲勞與匱乏等狀況所交織，惟賴我軍人發揮智慧、勇氣與堅強意志諸精神力以克服之。凡我官兵，必須堅定信仰、砥礪武德、精進武藝，唯精神戰力凌駕敵人，始可發揮有形戰力於極致，以寡克眾。（第五條）

針對戰場的瞬息萬變，要以智慧的精神戰力應對；面對恐怖、危險的戰爭情勢，要鼓起勇氣的精神戰力勇敢作戰；面臨士氣低迷、疲勞與匱乏時，要能以精神戰力堅毅地戰到最後一刻。擁有精神戰力才能建立必勝信念，國軍的必勝信念以「精誠團結、同仇敵愾之精神、互信互賴」等軍隊倫理爲基礎，以此內化爲具體戰鬥的攻擊精神。

　　國軍的精神戰力，須透過各軍種的軍隊精神與軍風進行整備，其中，軍隊精神除植基於國家歷史與文化背景，也植基於各軍事校院對各軍種核心信念與思想的培訓。我國各軍校皆以「親愛精誠」爲共同校訓，說明國軍整體合一的軍隊精神，係以「親愛精誠」爲核心，進而開展出各軍種各自不同的軍隊精神。「親愛精誠」作爲國軍共同軍事倫理規範，強調所有國軍、不分軍種，都要以同胞與同袍的情誼之愛合爲一國軍整體。「精」是「精益求精」，「誠」是「誠心誠意」，勉勵所有國軍不論是在部隊

出操、戰技訓練、演習、勤務等，都需要以誠心誠意的態度，要求自己在各方面都要精益求精。至於「軍風」則是軍隊組織文化的體現，是軍隊群體的核心思想、價值、風格與態度等方面的總體面貌。從軍隊組織層面來看，「軍風」可以被理解為「組織文化」的外在表徵，是官士兵長期在部隊環境中逐漸形成的整體精神狀態，其內涵包括：核心信念、中心思想、價值取向、傳統、演訓習慣、工作態度等。我國依建軍備戰之需求，逐漸從陸軍發展出海軍、空軍、後備、憲兵等軍種，並形成各具特色的軍風；又除各軍種有其軍風外，各軍之兵種亦在該軍種的組織風氣下，頒訂兵種特色的軍風。因此，整備國軍的精神戰力，適可從打造軍風、落實各軍種的軍隊精神開始做起，以下謹以我國陸、海、空軍為例，介紹國軍的軍隊精神與軍風。

一、陸軍的黃埔精神與忠誠軍風

陸軍是國防的主力，三軍的骨幹，無論外敵由空中、海上或陸地入侵，最後都必須依賴地面決戰獲得勝利、結束戰局；因此，陸軍之於整體國防中的關鍵地位，可見一斑。我國陸軍依《憲法》、國家目標及全民福祉，以「實現三民主義、維護中華民國國領土、主權完整，確保國家安全」為基本使命；現階段之任務為「平時戍守本島、外島各地區，以建置基本戰力與整備應變制變能力為主，執行應急作戰任務，協力維護重要基礎設施安全，並依令支援反恐行動及主動協助地區災害防救；戰時聯合海、空軍與地面兵力，遂行聯合國土防衛作戰」（《2019中華民國國防報告書》，以下簡稱《108國防報告書》）。為完成上述任務，須不斷充實教育與訓練以生產陸軍戰力之泉源，無論是基礎教育、進修教育或深造教育，均須以實踐「忠誠軍風」來發揚陸軍的「黃埔精神」；無論是教育或訓練，都需要以「犧牲的精神」、「團結的精神」、「負責的精神」為核心，建立「科技化、專業化、全民化」及「質精、專業、力強」之戰力，爭取並創造相對戰略優勢，並依「防衛固守，重層嚇阻」的軍事戰略指導，發展「戰力防護、濱海決勝、灘岸殲敵」的整體防衛構想，達成

「迫敵奪臺任務失敗」之作戰目標（《108國防報告書》）。

　　回顧黃埔建校初期的學生們在接受軍事教育之際，也實際參與戰鬥，首役即爲撫平廣州商團之役。此後數年間，包括二次東征勝利、參與北伐成功，黃埔校軍由黨軍改稱爲「國民革命軍」，皆憑藉著「以一當十、以一當百」，和「犧牲」、「團結」、「負責」的黃埔精神，先期校友英勇犧牲、忠誠於國家的軍風，終爲後期所景仰追隨。又如民國47年爆發的「八二三砲戰」，更是一個傳承黃埔精神的最佳典範：

1. 犧牲的精神：八二三砲戰期間，國軍爲了突破反封鎖的英勇表現，最足以彰顯國軍官兵冒險犯難，視死如歸的犧牲精神。黃埔精神所講求的犧牲，並不是做無謂的犧牲，仍要運用諸般手段，盡可能地以「保全軍隊」的方式達成任務。若不講求解決問題的方法，僅強調犧牲奉獻，徒然浪費精神體力，甚至白損生命。

2. 團結的精神：團結是群體的凝聚，可以透過基層瞭解團結的實義與面向。曾經歷八二三砲戰的官兵曾從戰時經驗反思「如何團結」？雖然有時戰爭危險情境，也能激起部隊的團結意識，然而單憑危疑存亡戰爭情境並不必然可以引發團結意識，誠如許多參戰官兵提到，連隊的精誠團結必須透過卓越領導才有可能實現，唯有基層幹部照顧官兵、在連隊中不分彼此，使連隊生活融洽、甘苦共嚐才有可能團結。

3. 負責的精神：負責以服從爲根本，要認清上級賦予的職權與任務，戰場狀況瞬息萬變，遲疑與不爲皆足以陷軍隊於危亡，所以必須有「獨斷專行」的負責精神，才能有效完成任務。儘管如此，戰場上的「獨斷專行」，亦可能會面臨「服從」與「抗（違）令」的兩難情境，擔任軍事指揮官者尤應多加注意。

　　黃埔精神是國軍官兵從戰爭中瀝血形塑出來的組織文化，黃埔精神的感召與啓示，對於國軍而言，實有其無可磨滅的重大意義。黃埔精神三內涵（犧牲、團結、負責）相互關連，綜合成爲能無私無我，不畏艱險（犧牲）；協調合作，義共患難（團結）；貫徹命令，不到成功，決不終止（負責）的陸軍倫理。陸軍的忠誠軍風展現爲，不但要忠誠於國家，亦要

忠誠於犧牲、團結、負責的黃埔精神，並且也要從軍服佩戴的軍徽中時時以忠誠自勉。

　　按軍徽是軍隊組織文化的象徵符號，軍徽凝聚軍隊精神與軍風的核心價值，是軍隊倫理的表徵。軍隊徽章產生的精神動員效能，來自於部隊官兵對徽章所代表的歷史傳統、延續價值與象徵意義的認同。軍隊整體有共同價值觀與信仰，但不同軍種又有各自差異性與特殊性，透過軍隊徽章即可以觀察不同軍種軍事文化的影響內涵。

　(1)青天白日國徽：提醒自己，身為陸軍要忠誠的對象為中華民國。

　(2)一刀一槍：步槍表示陸軍主要武器，指揮刀代表指揮官權責，二者合而為陸軍之象徵。提醒自己，身為陸軍，要藉由指揮官權責與武器武力的途徑忠誠捍衛國土社稷。

　(3)雙穗嘉禾：嘉禾象徵陸軍對北伐、抗戰、戡亂所建立之豐功偉績，並示寓兵於農之意。嘉禾每穗各七粒，合為雙七，「七七」含有抗戰建國紀念暨發揮抗戰建國精神之意。提醒自己，身為陸軍須時時謹記先烈所傳承的忠誠軍風與發揚黃埔精神的使命。

對當前國軍而言，黃埔精神正是代表著國軍整體的精神信念。對當前陸軍而言，實踐忠誠軍風、發揚黃埔精神，更是陸軍的學校教育與部隊訓練所須完成的終極目標之一。特別是部隊訓練，固重精神、學術、膽識與戰鬥技能之養成，更要以忠誠軍風來展現犧牲、團結、負責的黃埔精神；換言之，欲使部隊訓練有效，須以忠誠的核心價值來提高軍人素質，以犧牲、團結、負責的精神與態度來精實部隊戰力。

　　承上，陸軍應實踐忠誠軍風、發揚黃埔精神的精進作為，用以健全幹部學能、達成建軍備戰的教育使命。此外，陸軍的相關兵種，亦在陸軍

忠誠軍風的薰習下，依據各自不同的兵種特色發展出獨具特色的軍風，例如：陸軍步兵特別強調「臨陣當先」是步兵本色，亦為步兵各級幹部朝夕惕勵的傳統校訓。陸軍裝甲兵則以「誠」、「愛」、「熱」（相對以「紅」、「黃」、「藍」三色）來強調其傳統軍風。至於陸軍航空特戰部隊，則是標榜源自過去傘兵時期「忠義驃悍」、「勇猛頑強」的優良軍風及精神。

二、海軍的錨鍊精神與忠義軍風

海軍部隊任務是，「平時負責臺海偵巡、維護海域安全及主動協助護漁與地區災害防救；戰時聯合陸、空軍部隊遂行反制與阻敵對我之海上封鎖或武力進犯，以維護對外航運暢通，爭取海上優勢，為聯合國土防衛作戰創造有利態勢」（《108國防報告書》）。自古以來，海軍就是國際性的軍種，在艦艇上所施行的各項典禮、儀式都有其緣由與典故，形成了海軍的組織文化。建立在海軍傳統和習慣基礎上的海軍禮儀，不僅形構了海軍的軍隊倫理，更深刻地影響海軍思想、軍事素養，以及精神紀律。海軍是一支講求團結合作的軍種，其團結合作的精神展現於使軍艦能順利遂行作戰任務；亦即海戰發生時，船上任何部位都可能遭受攻擊，因此在各部位需要支援時，官兵必須不考慮自身安危，完全以軍艦的順利運作為念，這就是同舟共濟的「錨鍊精神」，亦是海軍「忠義軍風」的根源。

海軍的「錨鍊」，象徵著各年班間所重視的環環相接、群策群力的傳承精神，而「錨鍊精神」亦稱為「九二精神」，此一精神的具體展現，即是民國47年9月2日臺海戰役的勝利。當時海軍「沱江」軍艦受共軍砲火重創，各部位官兵弟兄展現「忠義」特質：「艦砲的操作人員有死傷，立刻有人不畏危險遞補操作，使該艦的反擊砲火能不斷地向對方射擊。」這種同舟一心的錨鍊精神，正是海軍作戰獲致勝利非常重要的特質，不僅成功粉碎共軍於「八二三砲戰」期間截斷金門運補線的圖謀，更使金門得以運補不輟，令士氣得以維持，亦為奠定臺海和平契機的重要關鍵。故海軍軍徽所象徵的意義，即在提醒海軍官兵不忘錨鍊精神與忠義軍風：

(1)國花梅花：象徵梅花精神，代表中華民國
海軍在最惡劣的環境中仍能如梅花般堅
韌，期許海軍官兵有克服自然堅忍不拔之
毅力，為救國戰勝一切的本能，贏得最後
之勝利。此象徵意義是提醒海軍官兵要以
克服萬難、堅忍不拔精神為國盡忠，為同
袍、為任務盡義的忠義軍風。

(2)青天白日國徽：象徵效忠中華民國，保護國土與領海之意。提醒海軍
官兵盡忠義的對象為中華民國。

(3)嘉禾：象徵祥瑞及豐收戰果之意。激勵海軍官兵忠義行動之後必有祥
瑞與豐盛戰果。

(4)雙銀錨：代表海軍艦隊及陸戰隊，雙錨交叉象徵海軍同舟共濟、團結
合作的錨鍊精神。勉勵海軍要以實踐忠義軍風來落實錨鍊精神。

　　對當前海軍而言，實踐忠義軍風、發揚錨鍊精神，實為海軍之學校教
育與部隊訓練之重要方針，其具體作為乃是在各種演訓過程中，不斷傳達
「同舟共濟、萬眾一心」的信念，強調在軍艦上的官兵弟兄要時刻謹記：
彼此海上一家、相互扶持、砥礪面對險惡風浪，目的是為了有效運用兵力
控制海洋與運用海洋，即有效「制海」並獲取「海權」。此外，海軍的相
關兵種，亦在海軍忠義軍風的薰習下，發展出獨具特色的軍風，例如：海
軍負責兩棲作戰的主要部隊——海軍陸戰隊，秉持著「永遠忠誠」的隊
訓、「不怕苦、不怕難、不怕死」的三不怕精神，以及「一日陸戰隊，終
身陸戰隊」的精神標竿，這些構成了海軍陸戰隊的整體軍風，促使其成為
捍衛國防安全的主要力量之一。

三、空軍的筧橋精神與忠勇軍風

　　近代戰爭中空軍一再扮演重要角色，因現代戰爭的空中任務增加，除
對空作戰、電子作戰外，尚須支援陸、海軍作戰，遂行偵察、發揮管制、

空運及救援等任務，空軍在支援這些任務時發揮其強大功能。空中武力發展至今，已成為一支具有戰略攻擊能力之軍隊，在歷次戰爭中，許多戰略性任務都交由空軍執行，若能先掌握「制空權」、掌握「空優」，就能優先取得陸上、海上之行動自由及機動性，如此就能影響戰爭之發展和結局並縮短戰爭時間，甚至不必進行陸、海面戰爭，敵人便已投降。我國空軍的任務是：「平時負責台灣海峽偵巡、維護臺海空域安全，堅實戰備整備及部隊訓練任務，充實戰力完成戰備，主動協助災害防救；戰時全力爭取制空，並協同陸、海軍遂行各類型聯合作戰，以有效發揮空軍作戰之效能。」（《108國防報告書》）

抗日戰爭中，我國空軍僅有飛機314架，與日本陸軍與海軍航空隊共有2,700架的兵力相比，完全無法匹敵。當時我國空軍在飛機性能、數量與人員訓練、後勤補給方面，皆不如日軍；再加上當時我國沒有航空工業，飛機無法自行製造生產，耗損無法補充，中日之間的空戰是一場完全不對等的搏殺！但我方處於弱勢空軍卻展現勇敢大無畏的氣勢，憑著勇敢與機智，在「筧橋空戰」及「南京空戰」中，共擊落日本「九六式」重轟炸機20架。尤其是在空戰中，我國飛行員常奮不顧身，纏鬥時不惜撞向敵機、同歸於盡，先烈憑其高昂的士氣，展現「我死國生、有我無敵」的忠勇軍風，以堅苦奮戰、慘烈犧牲的具體行動，樹立了空軍的「筧橋精神」：以寡擊眾、以弱抗強、臨危不亂、忠勇愛國。民國27年8月13日淞滬戰役爆發，空軍於次日拂曉出擊上海日軍據點及海上船艦；其後，日軍以精銳海軍航空隊，襲擊杭州及廣德機場，我空軍第四大隊大隊長高志航率隊升空迎戰，卒以6比0首創擊落敵機之全勝紀錄。為紀念這場震驚中外的空戰勝利，國府於民國29年特別將「八一四」定為空軍節，藉此表彰空軍健兒們視死如歸、忠勇衛國的貢獻。從歷史光榮事蹟中所開展出的筧橋精神與忠勇軍風，成就了空軍的軍隊倫理，並以軍徽凝聚精神與軍風。故空軍軍徽所象徵的意義，亦提醒空軍官兵不忘以忠勇軍風傳承筧橋精神：

(1)銀色國花：代表克服困難、堅忍不拔之毅力，爲救國戰勝一切的本能，贏得最後之勝利。此象徵意義提醒空軍官兵要克服萬難、堅忍不拔，以「有我無敵，冒險敢死」的精神爲國盡忠。

(2)青天白日國徽：象徵效忠中華民國，保衛疆土。提醒空軍官兵盡忠的對象爲中華民國。

(3)銀色鷹翼：代表「有我無敵，冒險敢死」之精神。勉勵空軍要以實踐忠勇軍風來落實筧橋精神。

(4)銀色嘉禾：代表祥瑞及豐收戰果之意。激勵空軍官兵忠勇行動之後必有祥瑞與豐盛戰果。

未來，空軍將承接先烈的忠勇軍風，**繼續傳承「有我無敵，冒險敢死」的**筧橋精神，依打、裝、編、訓原則，以建立「早期預警、防敵奇襲、遠距接戰」之空軍戰力，打造「質精、效高、戰力強」的現代化空軍，確保臺海領空安全。

　　軍隊精神與軍風成了軍隊倫理的核心，要使傳統的軍隊倫理得以延續下去，必須在軍事政策、領導原則、軍事行政等各方面，都要以軍隊倫理的信念與價值爲依據；而指揮階層隨時視需要檢視軍隊倫理並適當調整，持守合乎軍隊倫理的要旨。各軍種與兵種的成員若深刻認知並較高認同其軍隊倫理，會鮮明地降低他們進行不道德的決策和行爲的可能性，並且對於軍事組織的承諾也會提高；更重要的是，成員會比較容易適應其軍隊組織文化。若要系統地實踐軍隊倫理的傳統，並且因應時代需要而不斷創新開展，可以分別從以下途徑開展建構中的軍隊倫理傳統：(1)領導倫理與管理倫理、(2)軍階倫理、(3)職場倫理。

在軍隊裡，指揮階層的領導風格是決定軍隊組織文化與倫理氣候的主要關鍵，要使傳統的軍隊精神與軍風延續至當前文人領軍的組織文化裡，首先要做的是，建立指揮階層的倫理領導，以上行下效之姿營造軍隊裡的倫理氣候。其次，將管理倫理的觀念納入軍隊管理之中，以倫理的態度與價值信念建構軍隊管理的內涵；指揮階層踐行倫理領導，除了在專業知能上要熟悉領導的知識與技術，更基本的與更根本的前提是：指揮階層必須先具備軍人倫理。指揮階層要將軍人讀訓與軍人武德內化成品格特質，並應要求自己成為有為有守的軍人；基於自身的軍人品格鍛鍊指揮道德的修為，而後以倫理領導他人，建立軍隊裡的倫理願景、信念與決策，影響他人追隨，共同營造軍隊裡的倫理氣候，由此踐行軍隊倫理。

一、以倫理領導營造軍隊倫理氣候

所謂「倫理領導」，是指有倫理特質的領導風格，領導者要修練指揮道德，而成就指揮道德必須以具備軍人倫理為根基。領導者具備軍人倫理必須熟悉「軍人倫理的內涵與倫常基礎」、掌握「軍人專業責任要義」，以及遵守「軍人專業倫理規範與守則」，藉以養成自身軍人德行與品格。故軍人倫理的內涵要求軍人應文武合一、才德兼備，軍人的倫常基礎是忠誠與服從，軍人的專業責任以其被賦予之「保國衛民」的「使命」與「任務」為依歸，為了確保軍人實現德行，將國軍建軍宗旨與信念以軍事倫理規範的形式制定出明確具體的道德準則，作為軍人行動準據。

具備軍人倫理、以軍人倫理為根基向上提升至領導軍隊，便要修練自身的指揮道德與倫理領導。所謂「指揮道德」，係指揮官遂行軍隊指揮所應具之道德修養與行為規範，當指揮階層愈高、統率部隊愈大，對指揮官完美人格與指揮道德之期許亦愈為殷切，其個人之一言一行，對部隊士氣之振奮與精神戰力之提升，均足以產生重大影響。一位具「指揮道德」的指揮官，可以透過以下七種途徑自我修練：（沈介文，《企業倫理：商業世界的道德省思》，雙葉書廊，2018.03）

⑴具備堅強品格特質與成熟道德推理能力。

⑵具備做正確事情的傾向和熱情，認同倫理優先的價值排序。

⑶具備高度倫理敏感度，敏捷洞見倫理危機並提早預防。

⑷周延考慮利害關係人的利益，謹慎預防潛在的利益衝突。

⑸體認自身對組織倫理氣候的影響力，真誠領導組織營造高品質的倫理氣候。

⑹讓施政決策公開與透明，鼓勵利害關係人瞭解與評論施政作為。

⑺整體與全面地審視組織倫理氣候，將倫理價值納入各項管理機制中。

軍事指揮官（領導者）參照前述七種途徑自我訓練，鍛鍊自身的指揮道德能力，以此進行軍隊的倫理領導。倫理領導的關鍵取決於領導者的道德成熟度，當領導者自發地鍛鍊自身的指揮道德，將領導動機與目標朝向他人利益、組織利益，以及社會責任時，才符合倫理領導的本質。

　　然而不容否認的是，就實質面看倫理領導其實是一種模糊的構想（construct），若要講述倫理領導的本質與內涵，首先須透過各種面向探討「領導」的意涵，而後方能掌握倫理領導的精隨。依據美軍《陸軍領導手冊》（Army Field Manual FM 22-100，*The U.S. Army Leadership Field Manual*）對領導的定義：

　　領導是經由提出目的、方向與激勵，並透過行動來影響人們去達成任務與改善組織。（轉自陳勁甫、許金田，《企業倫理：內外部管理觀點與個案》，信義文化，2015.12）

這樣的「領導」具有兩層意涵：首先，領導是完成組織任務與維持凝聚力的一個角色行為；其次，領導是一個影響歷程，透過一系列的計畫、行動與言論，藉以影響部屬的價值觀、信念與行為，從而完成組織的目標。從影響歷程理解領導的概念，因為與經營管理的概念有重疊的部分，很容易造成混淆，致使許多人不區分領導與管理，認為二者是同一組概念；惟由

執行對象來看，二者其實有所區別（詳後）。必須注意的是，唯有當領導者表現於外的動機與行動，能被部屬知覺為具有倫理或道德的意涵，他們的角色行為或影響策略才具有合法性與有效性，也才能持續影響部屬，而這樣的領導風格才可稱為倫理領導（陳勁甫、許金田，《企業倫理：內外部管理觀點與個案》，信義文化，2015.12）。

　　一位倫理領導者，特別是高階倫理領導者會透過經營決策將倫理道德價值融入組織文化中，設計建立模範的活動提供成員學習，進而形塑組織的倫理氣候。倫理領導者可以藉由以下幾種途徑設計建立倫理氣候的活動（《企業倫理：商業世界的道德省思》）：

　⑴應樹立榜樣，以身作則。
　⑵清楚向部屬傳達對倫理價值的重視和要求。
　⑶提供部屬道德推理與倫理決策的教育訓練。
　⑷公開與公平的獎懲倫理行為。
　⑸建立防範機制，提供部屬倫理諮詢顧問、倫理稽核人員等。

　　具倫理領導的指揮官或隊職幹部若能善用前述五種途徑，在不同的軍種或兵種中清楚地傳遞其軍種或兵種的軍隊精神，建立該軍種或兵種的軍風；如指揮者要身先士卒為部屬表率，在領導統御的言語與賞罰制度中，清楚表示軍隊倫理的願景與核心價值信念，訓練部屬學習道德推理與倫理決策的技巧，讓部屬參與決策討論，學習承擔責任及後果，建立部屬的責任心與榮譽感。具倫理領導的指揮官或隊職幹部亦要以公開公平的機制，嚴肅軍隊紀律並戮力戰備訓練；照顧官兵雖然是領導幹部的基本職責，但照顧不是鄉愿與放任，而是訓練軍人有符合倫理的態度和行為。

二、以管理倫理建立軍隊倫理

　　建立軍隊裡的倫理氣候，除了要延續傳統軍隊精神與軍風的軍隊倫理之外，還要透過倫理領導與倫理的管理制度來經營軍隊的倫理氣候，讓

軍隊倫理與時俱進，利用各種活動活化軍隊精神成為建構中的軍隊倫理傳統。因為軍隊裡的倫理氣候需要透過倫理領導依據軍隊精神訂定軍隊願景、信念與相關決策，並且還需要建立合適的管理制度加以施行，透過獎勵、懲處、任務等軍事管理作為，促進軍人的倫理認知與倫理敏感度，提升他們的道德動機，甚而以軍隊精神做出倫理行動，終能以整體軍風之姿示現於眾人。

「『管理』」者，藉由群體合作，完成共同任務或目標之系列活動。申言之，管理是領導者為完成共同之任務或目標，在其業務功能內，運用規劃、組織、指導、協調、管制等管理功能，從事各種資源之獲得、分配與運用之活動」。（轉引自洪松輝、洪陸訓，〈軍事領導與軍事管理〉，《復興崗學報》第78期，2003.9）因此，管理作為一種活動，必須有管理者和被管理者合作，管理的活動內涵包括：規劃、組織、指導、管制與規範被管理者，而管理者必須善用各種組織資源來從事管理活動，至於管理的目的就是為了達成組織賦予的任務。

惟必須指出的是，管理與領導是兩個密切相關、但意義不同的概念，如果以「軍事管理」和「軍事領導」來看，二者的區別更為鮮明。簡言之，「軍事領導」負責制定決策、決定目標，而「軍事管理」負責執行領導者的決策，以實現領導者交代的任務和工作目標；「軍事領導」負責全盤性的協調與指揮，「軍事管理」負責局部性的協調與指揮。若以管理的角度觀之，「軍事領導」可視為較高層次的管理，負責整體的、全盤的運籌謀畫；反之，若以領導的角度觀之，「軍事管理」可視為較低層次的領導，負責局部事務性規劃與執行，包括基層官士兵的相處、武器裝備、財經糧餉等事項，二者相輔相成。

「軍事管理」的運作，必須透過分層授權的原則、制度化的行政體系、系統化的參謀體系，以及後勤制度等，妥善管理「作戰」、「後勤」、「科技」與「社會」等軍事面向。有別於過去軍事管理的發展，係著重於建立科層管理體系，以專業化與科技化的方式發展軍事管理知能；近年來則逐漸往「軍事管理的倫理化」進程發展，將「管理倫理」的概念

逐步納入軍事管理的體系中。所謂的「管理倫理」是針對管理活動中所形成的各種倫理關係進行界定和規範，訂定協調和處理這些倫理關係的原則，其本質在於將管理倫理的作用與管理實踐活動進行整合，以倫理的信念與價值變革整體管理的方法和形式。

「管理倫理」與傳統管理之最大變革在於，傳統管理將被管理者視為工具，視為達到組織目標的手段；但「管理倫理」修正此一觀點，強調人性化管理，重視被管理者的尊嚴，引導被管理者以「自我實現」的態度完成任務。換言之，傳統管理模式強調「他律」，而管理倫理的模式，則重視引導被管理者以「自律」的方式面對管理中的指揮與管制。故「（軍事）管理倫理」與「領導倫理，領導品格」的概念相輔相成，重視管理倫理的部隊有助於營造良好人文環境，能激發親愛精誠的精神，一旦團體的凝聚力與向心力增強了，認同感也會被加深，精神戰力也就自然提升了。

近年來國軍軍事管理的倫理化表現在「優化人力素質」、「推動業務簡化」、「完善官兵照顧」與「落實人權保障」等軍事職務上，透過這些職務之具體施政措施可以瞭解軍事管理倫理的發展進程。管理倫理重視以人性關懷與引導自律的方式管理，故國軍的施政措施轉而重視提升官兵素質，將被管理者視為人才，以「優化人力素質」為施政重點。其次，過去軍隊行政效率不彰是軍隊管理中亟待改革的課題，國軍以「簡單程序、縮短時程、減少頻次及節約成本」為原則，推動業務簡化政策，提升行政品質與效能。其三，管理者不僅重視優化人力，亦關注完善官士兵的照顧，以增進人員對軍隊的認同與向心力，進而能愛護軍隊，達到自我管理的目的。管理者不僅妥善照顧現役軍人、安定其家庭與眷屬，亦照顧退役軍人，使官兵無後顧之憂，專注戰訓本務。最後，鑑於過去國軍不當管教之風氣為國人所詬病，故國軍參照《公務人員保障法》研訂軍人保障專法，建立軍人權益救濟制度，期以周延官兵權益保障，進而能建構完整法務運作與司法聯繫機制，落實軍人的人權保障。為了提升官兵法治素養，國軍一方面落實法規檢視，檢討應修正、廢止或停用之法令，另一方面則加強人權教育、「依法行政」等法治教育，深化官兵知法、識法及守法觀念。

必須肯定的是，法律是倫理道德的最低標準，軍隊倫理需藉由法律強制落實，官兵若能知法、識法與守法，必有助於提升整體軍隊倫理的品質。

又軍隊精神與軍風，固是從戰爭瀝血中形塑出來，但亦要展現在平時戰備整備的過程裡，即藉由倫理的管理制度，使傳統的軍隊精神凝聚成為軍隊裡的倫理氣候，營造出具軍隊倫理的團體意識。要做到倫理領導，必須先做到軍人倫理且具備指揮道德，而要做到管理倫理，也必須先做到軍人倫理且具備管理知能。熟悉管理知能者皆知：管理首重設立目標與訂定計畫，而設立目標必須熟悉組織願景與組織倫理氣候，故軍隊管理階層的隊職幹部們得熟悉軍隊組織文化、軍隊的傳承事蹟、軍隊精神、軍隊的信念，以及基本方針等軍隊倫理的內涵，才能設立正確的目標與執行計畫，再透過各種符號象徵、儀式、活動以及語言意象等，將這些倫理信念傳遞給軍隊裡的人員，營造軍隊裡的倫理氣候，而後透過獎懲等管理制度來鼓勵軍隊人員遵循，以期在各項任務中展現鮮明的軍風。

再者，具管理倫理的管理者，如果要讓組織成員願意按照所設定的目標和計畫執行，除了必須讓執行的目標與計畫以單一命令的形式下達，避免多人下命令讓部屬無所適從，妥善規劃任務編組，亦要依據計畫排定分配工作與分層負責，明示每一成員要執行的工作、責任、權限，明確界定成員間工作的相互關係，給予合理的編排。此外，除管理者執行計畫時，除要像樂團指揮般統制全局，根據需要隨時機動調整，更重要的是，讓部屬知道所執行的計畫與軍隊組織文化、軍隊精神的關聯；特別是與軍隊所持守的信念、願景之間的關聯性，協助部屬理解計畫執行的意義和價值，讓部屬覺得自己正在完成有意義的、榮譽的使命，而不僅是一份工作。最後，管理幹部們要檢視工作是否有依照計畫進行、要記錄工作進程，工作進程如果發現偏差需要導正，具管理倫理的管理者要調度變化的情況，使工作進程不偏離任務和使命，亦需要兼顧軍隊成員彼此間的倫理關係，才能使軍隊組織的運行更加靈活。

承上，具管理倫理的管理者亦需要了解軍階倫理，將倫理的管理制度向下延伸至軍階倫理之中，將軍階管理視為軍隊管裡的一環，並且將軍階倫理視為管理倫理的延伸，使軍隊組織架構能更為嚴密周全的建立軍隊倫理。

軍中的管理制度以軍階制度和階職制度具體運行，按管理倫理強調要依據工作需要適度賦予下屬權限，盡可能讓階級明確化，並令工作能分層負責，故軍隊即由此發展出系統化的軍階制度與階職制度。尤必須指出的是，就領導統御的面向而言，軍隊的倫理領導需要藉由階職管理制度來加以運行，故需要發展與階職制度相符應的軍階倫理，並藉此將倫理領導之上與下倫理規範延伸至軍階倫理之中。換言之，軍階倫理是軍隊裡階級關係的倫理原則與規範，瞭解軍隊裡的階職制度與軍階倫理，有助於善用現有的軍階倫理進行傳統軍隊倫理的改革與創新。

一、軍隊組織的獨特性：軍階制度與階職制度

(一) 科層體制

科層制度的產生，係由於分工和專業化，分工愈細、工作愈專業，就愈加需要科層制度。科層設置的主要任務是監督下級人員的工作活動，避免因人員的沒有倫理而導致組織損失。設計這種監管制度的目的之一，是為了獎勵努力的人，並懲罰推卸責任的人；而另一目的，則是為了改善管理機制，增進組織效率。不過，科層體制也有許多缺點，例如：權威階層可能導致上司、下屬間的溝通障礙和衝突；法規條例可能養成人員消極被動、工作形式化、缺乏彈性；專職分工可能使人員覺得自己只是大機器中的小螺絲釘而喪失成就感與工作熱忱；不講人情可能造成成員關係的冷漠；支薪用人上，相較於成就，年資可能會是更重要的加薪或升級因素，因而導致失去認真工作的動力。

軍隊是一種具有高度科層化和制式化的組織，強調層級節制與專業分工，權力層級化的科層體制是軍事組織的骨幹，在軍隊中即以階級與階職

制度的形式運行；故前述科層體制所可能產生的缺點，亦會是軍隊階級制度隱藏的風險。

(二) 軍階制度

軍隊由科層體制設立系統的階級制度，是爲軍階制度。我國於民國45年制定《陸海空軍軍官任官條例》統一三軍官制，又於民國69年制定《陸海空軍軍官士官任官條例》（現行條文爲108年12月4日修訂），增補士官的任官體制。隔年頒定《陸海空軍軍官士官任官條例施行細則》（現行條文爲109年6月18日修訂），詳細說明官階之初任、晉任、轉任、敍任的資歷與停年等施行辦法，以及追晉、追贈、免官、復官所需的條件和具體做法，並且也提供俸級晉支的法源依據與相關施行原則。

我國現行軍階制度，係依據《陸海空軍軍官士官任官條例》與《常備兵補充兵服役規則》，軍官分爲將官、校官、尉官共3級10官階，士官分爲士官長、上士、中士及下士共4級6官階，士兵分爲上等兵、一等兵及二等兵3級。軍、士官分別在其官階前冠以其所屬軍種，陸軍及海軍校、尉官在軍種後須再加官科，例如：陸軍一級上將、海軍財務上校、空軍中尉、陸軍裝甲兵上士等。由此可知，軍人官階的任免與晉用等相關人事管理的倫理規範已系統化與法制化地歸建於上揭二法中，是故，依法行政即是在踐行軍階人事管理的倫理規範。

(三) 階職制度

階級是軍事科層體制運行的核心，透過日常生活、訓練、勤務等一切活動，將代表階級意義的象徵符號融入人際互動中，隨時隨地對官兵的角色模塑；相對地，官兵不論是生活、演訓或勤務等一切活動，都必須符合其階級應之分際。軍隊科層體制的組織文化就是一種以階級爲基底，從而形成的特定生活方式，也是一種價值、規範與象徵符號的結構體系；不論是規範／紀律或是控制／懲處，都是以階級爲基礎。階級、權力和服從貫穿了整體軍隊生活與人際互動，以階級權威和服從爲經，以制式齊一爲緯，交織成天羅地網的軍事社會生活。（錢淑芬，〈國軍軍官人事行政

「階職制度」的分析——從唐代武官考銓制度的啓示談起〉，《復興崗學報》第66期，1999）。

軍隊裡，「階級」與「角色」關係緊密，「階級」既是軍事社會化的核心骨幹，「階級」也是模塑軍人角色的關鍵要素；換言之，就組織結構來說，階級與權力的結合形成一套配合作戰與訓練目標的「階職制度」。在軍隊高度支配與監控的運作下，這套「階職制度」強調的是權威與層級。根據《中華民國軍士官任官任職條例》，「階」是指「官等官階」，「職」是指「職等職位」；個人依年資與績效晉階與升俸，然後依階派職。「階職制度」中，階／職在層級結構上的位置是相對應的；每一官階都有與其對應的職務、職位、職權、職責與倫理。階職制度以職務分工（分層負責）與層級節制爲基礎，以集權化（指揮權統一）爲原則，故官階係指個人在軍事科層體制上的地位，隨著地位而來的預期行爲模式則稱爲「角色」（錢淑芬，〈國軍軍官人事行政「階職制度」的分析——從唐代武官考銓制度的啓示談起〉，《復興崗學報》第66期，1999）。由此可知，官兵的正式「角色」是指「階職制度」中的「階」和「職」，他們都依據階職制度來認識與模塑自己的身份與角色，以此培養團體意識，使軍人逐漸一致化而爲一整體。軍事管理透過階職制度，可以更爲權責分明，有利於管理者靈活運用軍事行政，搭配相符應的軍階倫理，推動軍事倫理的教育與訓練。

二、由軍階制度與階職制度所生的軍階倫理

爲維護軍階制度而創設的價值與規範，得而總結構成了「軍階倫理」的內涵：部隊裡位居於同等階級的一群人，因爲權力、義務和勤務的內容相同，所以被要求在行爲、態度與觀念等表現上，皆必須要符合其階級分際。其中，「價值」是指受到軍隊或軍人所推崇的榮譽、勇氣、忠貞……等；「規範」是指軍隊爲激勵官兵實踐價值，或是防止官兵做出違逆價值的行爲或態度，從而得有成文與不成文的規定，這些規定成爲「軍階倫理」具體施行的細則。（錢淑芬，〈階級、符號與角色：軍事社會化的

模塑技術〉，《復興崗學報》第96期，98.12）。是以，軍隊倫理中的犧牲、團結、負責或忠誠、忠義、忠勇等價值信念，可以藉由各軍隊裡的軍階倫理由上向下逐層傳遞、並且可以透過各階職的任務逐一踐行其軍隊精神與倫理信念。不同階級者在人際關係與互動行為上，該如何演出自己的角色，軍隊早就依照軍階倫理為他們設定好，軍人大都懂得依照這些已經設定好的角色模式來扮演自己的角色；軍人依照階級體制上的地位，恰如其「分」地扮演好他的角色，履行其軍階位份上的義務和職責，就是「軍階倫理」。

軍隊是一個重視象徵符號的組織，要瞭解軍階倫理對人際互動的強力掌控，可以透過階級符號來分辨和識別來者的身份，例如要看懂配件，要懂得觀察周遭環境中別人的姿勢符號。如果不能正確解讀這些符號的象徵意義，就難以表現出「恰如其分」的言行，而「恰如其分」正是一種「軍階倫理」的表徵。然而，對軍階倫理與人際互動的理解，必須要放在軍事社會化的脈絡情境裡，才能真實且完整的呈現出背後的真正意義。軍階倫理的價值與規範，往往是透過部隊裡的象徵符號來傳遞，舉凡是不同階級、軍種、兵科、軍團等都各有其象徵符號，這些象徵符號不僅傳遞軍階倫理，也傳承了單位特性、傳統組織文化與倫理氣候。甚至，不論是部隊裡的出操、戰技訓練、演習、勤務、公差、生活作息等，或官兵宣達指示、分派工作、查察勤務、請示或報告上級等，象徵符號都成為這些溝通與互動上的重要媒介。軍階倫理也透過軍人禮節的明文規定，藉以落實於軍隊組織文化中，官兵的言行進退都必須依照一定的禮節，如「行禮」是部隊常見的「符號姿勢」（symbolic gesture）。（錢淑芬，〈階級、符號與角色：軍事社會化的模塑技術〉，《復興崗學報》第96期，98.12）。國軍除了以正式規範的方式訂頒《中華民國軍人禮節》之外，還鉅細靡遺的要求官兵應依照官階、官等在各種場合裡應有相對應的舉止和儀態，以符合自己的階級與身份，故軍人禮節也具有維護軍階倫理與穩定權力結構的意義。

軍隊組織之主文化的軍階倫理，首重「服從」：低階必須服從高階，

下屬必須服從上級，官兵必須服從法紀。「服從」是一種精神，也是一種言行和態度；在重視軍階倫理的軍事組織文化裡，尊重與服從高階者是重要的倫理規則。簡言之，軍中人際互動的行為模式透過軍階倫理的結構，往往將關係簡化成「上對下」或「下對上」的兩種模式，故軍階倫理亦能直接理解為階級服從或職務服從。（錢淑芬，廖帝涵，〈軍隊的階級倫理如何框住人際互動：憲兵義務役士兵的軍事社會化經驗〉，《復興崗學報》第96期，98.12）。其次，高階者的軍階倫理首重「自律」，晉升高階者往往在晉升之初即開始學習自我要求，並且認同自己有教化低階者的義務，亦肯定了軍階倫理對軍隊其正面影響力。

此外，「階職制度」也衍生出非正式關係的軍階倫理，亦即軍事社會中存有一層非正式的「學長／學弟」的關係，甚至包括義務役士兵，都以非正式關係的軍階倫理約束彼此的人際互動。如義務役士兵不適用軍、士官任官任職條例，但是在士兵同儕間還是會依照服役年資的深淺，形成一種非正式的「階」和「職」，資深士兵與資淺士兵之間所扮演的學長與學弟角色，類比於高階與低階之間的倫理關係，可以制約士兵同儕間的人際互動，也是一種團體內部的分配機制。（錢淑芬，廖帝涵，〈軍隊的階級倫理如何框住人際互動：憲兵義務役士兵的軍事社會化經驗〉，《復興崗學報》第96期，98.12）。資深學長擁有較多的非正式權力，資淺學弟通常要對學長表示尊敬與敬畏，扮演吃苦耐勞、勤奮做事的角色，一肩扛起較為辛苦的差事；另一方面，資深對資淺人員則要負起教導、照顧之責。這種非正式關係的軍階倫理一旦被違反，例如資深人員不但沒有負起教導、照顧之責，還可能產生欺侮、霸凌資淺人員，甚至衍生軍中不當管教的情事，故需要透過管理倫理的教育訓練來維護這種非正式的軍階倫理。

軍隊裡的各種象徵符號與禮節不僅有助於維護軍階倫理，亦可作為踐行軍隊精神的重要途徑，而軍階倫理以外的軍隊倫理也能實踐於軍階與階職的倫常關係，如軍隊精神與軍風，除憑藉部隊裡的象徵符號、軍人禮節以教育訓練和傳遞外，亦能透過「低階服從與尊重高階」、「高階自律與自我要求」的倫理原則，讓各軍種的軍隊精神持續成為軍隊倫理裡重要的

核心信念，並藉由軍階倫理中的高階自律與低階服從的倫理氣候，展現出各軍種或兵種的軍風。

第五節　職場倫理

　　所謂「職場倫理」，係依據職業需要與工作邏輯建立相關行為準則，或依特定專業領域或職場之人際關係而建立相關規範，特別是就法律規範所未及之人際關係進行限制。廣義的「職場倫理」，應衡量專業能力並認清職場角色定位，在組織現有體制中尊重主管決策，制定相關準則與規範；而「軍隊職場倫理」亦是從各軍種單位之執業環境層面，規範職場裡的各種應對進退之道。一般而言，廣義職場倫理側重職場上的人際關係，主要在規範三種基本關係：與顧客和合作廠商的關係、與老闆及主管之間的關係、與同事及部屬之間的關係；對軍隊而言，國軍的顧客就是廣義的國家人民，但也包括狹義之鄰近軍營的社區居民，國軍的合作廠商則是指依其職務需要而與民間企業連結互動的廠商，部隊職場中的老闆或主管是指各層階級的長官，同事及部屬是指你的同袍弟兄與部屬。

　　整體言之，軍中雖有其特殊的軍階倫理，但軍階倫理僅規範了階級關係的倫理，沒有全面地從職場面向規範軍事行政的倫理行為，有些各行業所遵守的職場倫理課題仍具有參照的價值。因為各行各業屬性及要求雖有不同，不同行業的職場倫理會有差異，但是仍有些基本課題是眾多行業都共同遵守的，即使是軍隊職場也仍然適用。再者，傳承軍隊精神不分戰時與平時，能從職場的面向將軍隊倫理信念融入於軍隊職場倫理之中，必然更有助於落實軍隊倫理。

一、職場新鮮人倫理

　　職場新鮮人的倫理規範相當具體，包括注重服裝儀容、認真接受職前訓練、不遲到早退，盡可能及時回覆訊息，任務來臨時要問清楚「時間：何時之前要執行完畢」、「作用：這份工作的目的和作用，與其他工作的相互銜接與關連性」等；執行工作時新鮮人應格外關注執行工作所需的程

序和步驟，並爭取見習的機會、確實做好工作備忘錄，要學習正確提問：「先做過功課再提問，而不是想到什麼就問什麼？」等正確的工作態度。事實上，由於軍隊輪調制度，使得軍人每至新職即成為該單位的新鮮人，所以熟悉職場新鮮人倫理，亦有助於提升軍隊輪調的品質。因為，前述內容可提醒輪調新職的軍人，幫助他們盡早適應新環境與盡早融入新環境裡的組織文化與倫理氣候。

二、職場基本倫理素養：尊重他人

「尊重他人」是最基本的職場倫理素養，可以從三方面具體落實於職場中：其一，尊重對方的職位與職權：面對技不如你卻職位高於你的人，仍要因為尊重他的職位及職權而尊重他；面對資淺且經驗不如你多的人，也要因為他的職位與職權而尊重他。其二，尊重對方的名譽與形象：不論對方的職位高低、能力高低、人品高低，面對職場同事都要秉持隱惡揚善的精神，尊重同事的名譽與形象。其三，尊重對方與自己之間的差異：面對飲食習慣、衛生習慣、做事習慣、人際交往方式，以及休閒生活方式和你不同的人，你都要尊重對方與你之間的個別差異；不因對方跟你的飲食或衛生不同，又或是做事習慣、人際交往方式等與你不一樣，就說三道四、給人壓力、迫使別人與你一致。另外，除了「尊重」，諸如避免浪費公家資源、避免公器私用、避免利益衝突，要做到公私分明、利益迴避、嚴守職場機密等，也都是職場中最基本的倫理素養，同樣也適用於軍隊職場中。如能落實前述職場基本倫理，亦將有助於提升軍隊專業的品質。因為，如果連尊重他人等基本職場倫理素養都做不到，其他軍人倫理與軍隊倫理恐怕也都只能做到表現形式而無法真正內化成為品格。人必須先成為好人，才能成為好軍人；沒有好軍人，也不會有倫理的軍隊。同樣，不具備職場倫理基本素養，也無法在軍隊諸般行政事務裡產生倫理作為。

三、職場之關係倫理

職場上有四大群人際關係群，分別是顧客、主管、同事、供應商或合

作夥伴。關係倫理要求學習察言觀色的能力，以謙遜與關懷的態度瞭解不同關係群的個別需求，以尊重的態度照顧不同關係群的需求使之滿足。雖然良好的人際關係有時可以幫助我們建立廣大人脈，但是人脈廣大不代表有良好人際關係，有時很可能到緊要時這些人脈是沒有幫助的。所謂經營職場人際關係不等同於交際應酬或逢迎巴結，這些行為可能有助於建立良好公共關係，卻不一定能建立良好人際關係，重點在於要懂得分清「權力關係」（power relationship）、「人際關係」（interpersonal relationship）的差異。「權力關係」指因個人在群體中的身份地位而與他人建立的關係，特別是指因職場職位互動所建立起來的關係，例如：長官與員工的從屬關係；「人際關係」則是指人與人非因利害、從屬、血緣等任何因素所建立起的關係，人際關係通常憑靠互相尊重與接納而建立。

（曾啓芝，《人際關係與溝通技巧》，台北：五南，104.08）

承上，職場中的關係倫理，是在權力關係的基礎下所開展的一種倫理規範，惟不管是哪一種職場關係倫理都非常忌諱「倚老賣老」或「賣弄權勢」，「倚老賣老」或「賣弄權勢」的行為容易得罪人，會在職場中成為不受歡迎的人；相對地，職場中若有人「倚老賣老」或「賣弄權勢」容易破壞職場倫理，會破壞團隊成員的向心力與努力工作的意願，妨礙成員發揮實力與貢獻。軍隊相較於其他職場是一個更講求階級倫理的職業，因此也更加重視職場中權力關係的相關規範，但也更容易產生「倚老賣老」或「賣弄權勢」的行為，所以更加需要對「倚老賣老」或「賣弄權勢」的行為制定有效的規範，進而開展出具軍隊專業特色的軍階倫理。職場之關係倫理比軍階倫理更為完整與全面，即軍隊精神中的各種價值信念，除了透過軍階倫理加以落實之外，亦可藉由軍隊職場中與民眾的軍民倫理、與供應商之間的合作倫理，抑或是廉政倫理來加以落實。由此可知，軍隊職場是軍隊倫理的實踐場域，軍隊職場倫理是軍隊倫理實踐的途徑，善用軍事職場倫理的輔助，可以讓軍隊倫理的落實有更多創新的途徑和可能性；亦即如何在軍隊職場關係與執行各種任務與計畫的過程中，將國軍重視的犧

牲、團結、負責等軍隊精神，以及忠誠、忠勇、忠義等核心信念化爲工作態度與維護職場關係的倫理原則與行動，是未來軍隊倫理值得探究及思考的發展方向。

研究與討論

1. 請分別就法律政治面與實際運作面來闡釋落實文人領軍的倫理意涵。

2. 試論證：軍隊倫理與國軍精神戰力的關聯性。

3. 請闡釋陸軍的軍隊精神與軍風。

4. 請闡釋海軍的軍隊精神與軍風。

5. 請闡釋空軍的軍隊精神與軍風。

6. 何謂「倫理領導」？書中內容提到國軍指揮階層的領導者如何以「倫理領導」營造軍隊倫理氣候？

7. 「軍事領導」與「軍事管理」的差別為何？書中內容提到國軍的隊職幹部如何運用「管理倫理」來建立軍隊倫理？

8. 何謂「職階制度」？何謂「軍階倫理」？書中內容提到隊職幹部（或領導者）可以怎樣運用「職階制度」與「軍階倫理」來建立軍隊倫理？

9. 試闡釋職場最基本的倫理素養，並說明職場基本倫理素養可以為軍隊倫理帶來哪些益處？

請沿虛線剪下

第五章

廉政倫理

　　「廉政」一詞最早出現在《晏子春秋・問下》，文載：「景公問晏子曰：『廉政而長久，其行何也？』晏子對曰：『其行水也，美哉水乎清清，其濁無不霉途，其清無不灑除，是以長久也。』」引文述齊景公問晏子：「廉潔正直而能保存自身長久的人，他們怎麼行事呢？」晏子回答：「他們行事像水一樣清明。」在古代「政」與「正」相通，如《論語・顏淵》云：「政者，正也。」故「廉政」意指「廉潔正直、行事清明」。「廉潔正直」的反義是「貪腐」，「廉政」是一種與腐敗相對立的概念。又此後的「廉政」所指涉內容多半與公權力聯繫在一起，因為沒有公權力所帶來的腐敗現象，也就沒有需要講求廉政的課題。再者，「廉政」既是政治倫理裡面相當重要的概念，及至今日主要是指政府工作人員在履行其職能時，不以權謀私、辦事公正廉潔；因此，現代「廉政」中的「政」具有政治上的意涵，意指廉潔政府或廉潔政治。本章所探討的「廉政倫理」是為防止「軍事貪腐」而論，是為了回應國家廉潔政治而提出的國軍廉政建設，即國軍必須具體建置廉政倫理的體制、執行要點、倫理規範和行為準則。

　　軍隊存在是為保家衛國，然而不受控制的軍隊，也可能破壞當初由軍隊協助建立起來的國家；故軍隊作為國家合法暴力的管理者，國家如何「監督」軍隊？國家如何管理非軍人和軍隊之間的關係？軍隊又該如何維持與國家，以及其與人民之間的關係？這些都是文武關係之重要課題，這些課題指出民主國家與軍隊均有責任使「國家與軍隊」、「公民社會與軍隊」維持一種適當關係，善盡軍隊與國家的「倫理責任」。簡言之，軍事專業從屬於政治，必須接受國家政策指導，更要確保軍隊接受「文人領軍」原則，除了令軍隊內部透過教育訓練，致力於將「軍隊國家化」、「國軍行政中立」的價值觀內化至軍人基本價值之外，「文人領軍」的原

則還需要藉由政府與公民社會裡的各種組織來加以監督與「問責」；其中，所謂「問責」（accountability）是指願意向相關利害關係人辯護與解釋行動的正當理由，亦譯為「課責」或「當責」，而對民眾與其他利害關係人能公開，或用明顯可見的方式來行動，即是「透明」之謂。

　　承上，國家須以尊重軍事專業為前提，藉由政府與公民社會的專業監督，確立軍隊接受政府與公民社會的監督與「問責」，以此增進提供國防經費的全體納稅義務人對國軍的信任；相對地，國家也有責任督促軍隊加強推動國防政策，或令國防施政「透明」，使政府與社會各界也能參與國防事務，期望能達到理想的與適當的「民主軍文關係」（democratic civil-military relations）。

第一節　廉潔治理

　　「廉政」不僅是要求個人要廉潔正直、行事清明，在當代更是政治管理層面的要題之一，要求公權力的施行須廉潔正直、行事清明；因此，無論是對政府或軍隊而言，「廉政」是一種新興的、具有倫理訴求的政治管理理念，也是一種新興的管理模式，即以「治理」的形式呈現。不同於過去威權與官僚的「統治」型，「治理」訴求行政資訊透明、公務人員接受監督問責、廣納社會參與治理，以及接受社會與國際評鑑等。軍事倫理受到當代廉政倫理思潮的影響，配合政府治理模式的創新，不斷從體制、典章制度、教育訓練等各方面改革軍事行政，使廉潔治理之軍事倫理的理念具體落實到軍事行政的各個層面。

一、從統治到治理
㈠統治意涵下的公共行政與軍事行政
　　不管是政府或軍隊都需要一套內部控制與管理的機制，稱之為「行政」。「行政」，指的是管理組織的技術和系統，行政活動必然涉及組織內的各單位實體、發生於其各項流程之中，包括物資、組織結構以及人員的管理和訓練，都是行政運作的一部分。其中，政府為了管理公共事務或

執行公共政策而採取的行動，稱之為「公共行政」。這些公共事務或公共政策如與軍事與國防相關，特別是《憲法》賦予軍隊執行「國家防衛」所需的事務管理、政策執行，則稱之為「軍事行政」：

軍事行政是軍事部門、機構、各軍種部隊所使用有關管理部隊的技術及系統。軍事行政描述的是除了作戰，發生於軍事組織內部的各種過程，特別是軍事人員的管理、訓練與服務的提供。軍事行政涉及軍隊的所有組織實體，而這些實體係確保各級部隊在人員、物資、結構及其他軍事相關責任領域的運作能力。（陳俊明等，《廉政：從觀念到實踐》，國防部政風室，2019.1）

軍事行政的目標是要建立軍隊、裝備軍隊、訓練軍隊，重視並提升國防效率；而從事軍事行政的人員除了官士兵之外，也包括文官與約聘雇人員。在許多方面，軍事行政的角色、功能、體制以及運作模式等，都與公共行政相類似；而一個能發揮效能的軍事行政機制，通常也會顯示與公共行政相類似的特徵（《廉政：從觀念到實踐》）：

1. 設有施政準則、行為規範、教育訓練、經費資源以及組織性的支持有關人權與法治運作的具體作為。
2. 一個納入個人與指揮責任、命令確實符合國家及國際法的有效指揮鏈。
3. 一個能夠平衡問責、正義以及軍紀需要的司法體系。
4. 一個能夠承認（有權利）拒絕不法命令，並促進非歧視工作環境的內部監督及申訴系統。
5. 一個使用功績為基礎的績效評估，以及不因性別、族群、宗教或社會地位而有歧視的甄拔、訓練與升遷體系。
6. 非常清楚地瞭解保護各層級人員人權的職務、責任以及義務。
7. 瞭解服從文人控制以及尊重民主與法治的義務。

支持人權與法治的施政準則、行為規範與教育訓練，以司法保障平衡問責與正義、公平的甄拔與升遷體系等，這些軍事行政特徵不但蘊含軍事行政倫理的內涵，且落實於國防部組織架構中，國家亦訂立《國防部組織法》，以法律保障行政施行、組織職掌、權責分工的合理性與強制性。關於組織更新、行政制度與運作模式的創新等方面，許多時候都是由公共行政先行，而後軍事行政參照辦理；惟在參照辦理的過程中須根據軍事特性與需要，從而發展出相符合的行政模式，期能發揮軍隊效能。

(二)新興的公共管理與國防治理

無論是傳統的公共行政，抑或是軍事行政的運作模式，多半受到「科層體制」的影響，強調縱向的層級節制與專業分工。行政組織的結構像金字塔般分層辦事，以權力制定規則和指令，以權力統治、控制、管理和監督。傳統軍事行政的缺失也一如公共行政所可能有的缺失，這是因為科層體制的官僚作風、缺乏監督與問責、效率不彰，以及容易衍生貪汙、腐敗等問題，長年來為民眾所詬病。其中，軍事行政過於強調威權、人治與僵化的行政流程，從而導致效能更為不彰，這些讓人詬病的狀況又比公共行政更為嚴重。有鑑於前述行政困境，民間一些非營利的公民社會組織興起多種新公共管理模式，特別強調外在的控制與監督，其中最重要的兩種機制是：「政治問責」（political accountability）與「管理問責」（managerial accountability）。按「問責」是倫理、政治和法律的概念，旨在處理倫理關係、政治關係和法律關係中，有關責任、擔當、罪責的分配，以及對相關情況做出解釋的責任。換言之，「問責」基本上是一種追究（責任）的活動，「政治問責」即是透過政治機制，例如：監察施政不善的公職人員並進行懲處，目的是要使政治領袖能夠系統性地回應人民期待、為其施政向人民負責；「管理問責」主要記錄與評估政府是否有效率、有效能的執行任務，目的在使獲得授權的公務員能依據法規行政、為其行政作為向人民負責。

1990年代之後，這些新興的公共管理模式提出一套更為成熟的行政

管理政策或原則，稱之為「治理」（governance）。治理除了承繼前述新興公共管理的理念，更強調公民參與行政的理念，要將公民納入政策的「合產者」（co-producer），並使人民有權利問責政府，要求政府就「何以採取」或「何以未能採取」某些行動的緣由加以說明（《廉政：從觀念到實踐》）。換言之，「治理」是以各種利害關係人（行動者）之間的合作關係，取代傳統階層式的「國家──社會」統治關係：

> 一群具有相依關係的行動者所組成的執行機制，經由交換資訊、共享資源、改變行動等過程建構共識，並藉由共同承擔風險與責任，提升達成目標的能力，並透過對制度安排（institutional arrangement）推動政策。」（陳恆鈞，〈參與治理是趨勢？或是迷思？〉，《文官制度季刊》（考試院八十周年慶特刊），2009.12）

政府為協調政策與解決複雜環境中公共問題的施政能力，藉由「治理」此一新興的管理機制，將傳統過度仰賴技術與專業的行政模式，轉為使公民能夠經由對聚焦的議題委身投入，相互誠信的進行對話，從而做出公共決策，而非僅交由公部門決定政策。

這一波新興的治理理念與管理機制，也逐漸影響到軍事行政，為軍事行政帶來一波又一波地改革行動。基於治理理念與管理機制，對於國防、安全的管理或軍事行政的做法，政府允許公民社會組織或私人企業參與軍事行政，這部分亦受到《國防法》明確規範：

> 國防部得與國內、外之公、私法人團體合作或相互委託，實施國防科技工業相關之研發、產製、維修及銷售。國防部為發展國防科技工業及配合促進相關產業發展，得將所屬研發、生產、維修機構及其使用之財產設施，委託民間經營。（第22條）

藉由國防治理的新理念與新作為，在維護軍事機密的前提下，強化資訊

公開透明的各項機制，減少軍事官僚制度僵化所導致之績效不彰、績效成長緩慢，甚至停滯的問題。國防治理在提升國軍廉潔度的政策方面，致力於使國防科技工業相關之研發、產製、維修，以及銷售的規劃流程等各方面，都納入外部監督機制（例如：臺灣透明組織）、內部行政監督機制（政風室與總督察長室）雙管進行，以此嚴謹的監督與問責機制，提升國軍廉潔度。

二、國家廉政倫理的發展：從公共行政的廉潔發展至軍事行政的廉潔

㈠公共行政之廉政倫理的建設與發展

我國為展現政府打擊貪腐的決心、回應民眾期盼，落實《聯合國反貪腐公約》之各項反貪腐措施，首先，在體制上成立反貪腐的專責機構；其次，以制定法律明確規範反貪腐機構的職權；第三，擬定反貪腐的行政方案；第四，擬定行政人員的廉潔倫理規範，執行廉潔倫理的教育訓練。

在設置反貪腐的專責機構上，民國100年成立法務部廉政署，作為廉政專責機構，實為複合式機關，兼具「預防性反貪」與「專責性肅貪」雙重功能。廉政署的業務是，規劃與推動以「防貪、反貪與肅貪」為核心的廉政政策：

1. 防貪：充分結合各機關政風機構，致力建構政府部門「透明問責」的公務環境，藉由強化內稽內控及推動作業流程透明，降低貪腐發生率。

2. 反貪：強化公務機關廉政宣導、協同各政風機構，擴大社會參與反貪腐工作，將企業、社區、社團、學校均納入廉政夥伴團隊，使全民正確認識貪腐之危害，建立貪腐零容忍之信念。

3. 肅貪：結合檢察、調查、政風及其他政府機關，積極偵辦貪瀆，遵守程序正義，落實保障人權，提升定罪率。

又政風機構的主要任務既是預防、發現與檢舉政府機關內的貪瀆事件，但因政風人員不具有司法警察權，通常遇有貪瀆嫌疑案件時，實務

上仍須由中央或地方主管機關政風機構陳報至廉政署肅貪組，或北、中、南調查組立案進行偵查作業，再移由各轄屬地方檢察署檢察官依法提起訴訟。

　　整體而言，除肅貪治標、防貪治本外，廉政工作要反貪更有賴於推動全民廉潔教育；特別是為與國際反貪腐趨勢接軌，兼顧公私部門廉潔倫理規範，中央廉政委員會參考《聯合國反貪腐公約》及國際透明組織相關倡議，擬定《國家廉政建設行動方案》（以下簡稱《行動方案》），揭示目標為：

1. 不願貪：形塑誠信反貪意識，健全國家廉政體制。
2. 不必貪：完善員工福利待遇，激勵提升服務品質。
3. 不能貪：強化公私部門治理，促進決策程序透明。
4. 不敢貪：打擊公私部門貪腐，維護社會公平正義。

行政院更為確保所屬公務員執行職務時，能廉潔自持、公正無私、依法行政，並提升國民對政府之信任與支持，爰參美、日、新加坡等國家公共服務者之行為準則，訂定《公務員廉政倫理規範》，其內容係以公務員面對公務活動相關之飲宴應酬、受贈財物、請託關說、兼職、出席演講等涉及公務之行為，明定各類標準及處理方式，提供公務員利益衝突時明確指引與保護，避免影響特定權利義務，進而建立公務員廉潔風氣。

(二) 軍事行政之廉政倫理的建設與發展

　　國防部為配合政府發展廉政，參照政府廉政的建設與發展，體制上以政風室與總督察長室，作為軍方反貪腐的專責機構；其次，制定法律明確規範軍方反貪腐機構的職權；第三，擬定《國防部對國家廉政建設行動方案具體執行要點》（以下簡稱《廉政執行要點》），以為軍事人員反貪腐具體行動；第四，擬定軍人廉潔倫理須知與行動指南，施行軍人廉潔倫理的教育訓練。其中，《廉政執行要點》旨在督促國軍各級單位，依其職權推動國軍清廉透明作為，藉以達成以下四項目的：

1. 不願貪：形塑誠信反貪意識，健全國家廉政體制。
2. 不必貪：完善官兵福利待遇，激勵致力戰訓本務。
3. 不能貪：完備法令規章制度，促進決策程序透明。
4. 不敢貪：司法行政肅貪併行，維護社會公平正義。

　　至於國防機關應採取的具體策略，包括：
1. 強化機關廉政經營責任制度，落實風險控管作為。
2. 促進公開透明，防止利益衝突。
3. 參與國際評比，掌握民意脈動與國際趨勢。
4. 端正廉能軍風，落實陽光法令與倫理行為規範。
5. 鼓勵全民參與監督國防，建立完善國防廉政體系。
6. 深化官兵法治教育，凝聚廉潔共識。
7. 查辦貪腐事件，強化肅貪能量，落實揭弊者保護。

　　上述七項策略，交由國防部政風室、各單位政風室、總督察長室、政治作戰局、主計局、國防採購室、軍備局、司令部、指揮部等各單位承辦執行。各主辦單位得自行訂定細部執行計畫，由國防部政風室擔任督導考核之責，未來除定期檢討評估各項執行措施落實情形、具體成效外，亦應依各項措施的執行率、缺失進行滾動式修正，以確保各項工作的可行性與有效性。

120

第二節　設置國軍廉政專責機關

　　我國為系統地建設廉政，特地發展一條鞭之廉政運作機制。按「一條鞭」一詞源於明朝萬曆年間，將丁役、土貢方物等各種原有稅賦，悉併於田賦一條並計畝徵銀；因其立法行政頗為方便，故後世用「一條鞭」比喻化繁為簡，或事權統一的行政作為。國家將政府與軍隊的廉政，以法務部廉政署為統籌負責的機關，專責負責政風業務的規劃、協調及指揮監督，將現行各級政府人事、主計、政風單位皆採一條鞭之運作機制；其特點在於：

1. 有特別法規範其運作。
2. 有特定的主管機關。
3. 主管機關對該體系人員有任免、考績、獎懲與指揮監督之主導權。
4. 運作功能強調層級節制，並對所在機關具有制衡與防弊的作用。
5. 一條鞭體系之機構設置與員額編制等，多另以法規規定而自成體系。

國防部即依此建置各級廉政機制，並另以法規訂定機關之間分工合作的職權。

一、建置「政風室」與「總督察長室」爲複式監督的廉政機制

國軍爲貫徹「廉能政府」政策、符合社會期待，除了加強既有的督察與保防系統、嚴肅軍紀與機密安全之外，並以「政風室」與「總督察長室」建構爲複式監督廉政機制，執行肅貪、防弊及整飭軍隊風紀任務，落實「強化反貪共識、健全防弊機制、精準打擊貪腐，形塑國軍廉能軍風」願景（《廉政：從觀念到實踐》）。

(一) 政風室

1. 室徽與政風精神

政風室之室徽，頗能彰顯政風之精神及所屬廉政工作之擘劃與推展，爰以國防部本部部徽爲設計發端，擷取向上發展延伸，並左右環繞之「嘉禾」爲基礎，象徵「愼始、周全、祥瑞與豐收」，梅花則代表軍人效忠國家與不怕苦、不怕難、堅忍不拔的毅力；復爲標榜國軍人人「清清白白，崇廉尙潔」之武德中心理念，爰於刀槍、

船錨、雙翅（代表陸、海、空軍）交會處鑲以青、白之篆體「廉」字樣，彰顯清廉不分時空之設計意涵。

2. 政風室簡介

政風室受國防部長指揮及法務部廉政署督導，屬國防部一級單位，依據《政風機構人員設置管理條例》設綜合科、預防科及查處科；並依據

《國防部處務規程》規範，制定與推動國防廉政政策，負責貪瀆與不法事項的處理。又為因應「國際透明組織」有關政府「國防廉潔指數」評鑑工作，成立「廉潔評鑑專業小組」（以下簡稱「廉評小組」）專職負責。另外，政風室還設置「國防部廉政工作會報」，聯結政治作戰局、主計局、法律事務局、總督察長室、國防採購室、政務辦公室、參謀本部等一起進行。

3. 業務職掌

秉持「興利優於防弊、預防重於查處、服務代替干預」之工作原則，以及超然獨立之立場，政風室具體推動之廉政建設的工作項目，包括防貪與維護兩大業務：

(1)防貪業務：包括制定與執行財產申報、制定與執行迴避利益衝突、制定請託關說登錄查察流程、制定與執行「國軍人員廉政倫理須知」、持續進行廉政研究、以推廣廉潔品格教育從事社會參與、制定遊說法、推行廉潔教育、研訂廉潔教育政策、從法規、制度與執行三面向訂定完整的防弊措施等。

(2)維護業務：主要有維護公務機密與反賄選兩大項。

(二)總督察長室

1. 總督察長室簡介

國軍為建構完整軍事督察體系，由國防部督察室整合原施政督察與研考、聯準室之戰技術督察、總政戰局之軍紀監察，以及主計局之內部稽核等業務，編成「總督察長室」，強化國防部超然客觀之全方位督察體系，遂行各項督察任務。

2. 業務職掌

(1)施政督察：業務包括國防督考政策與制度、施政風險管理制度等之研究、規劃、督導、評核、執行及建議；國防施政列管案件之督導、國防施政研考與研究發展等計畫至執行之督考成效評估、制度革新及年度國防施政督考總報告之編纂。

⑵戰技術督察：國軍戰術、技術督察政策及督察會報之規劃；執行航行、地面及裝備安全事件複查；作戰時納編指揮中心作業及督導執行三軍聯合作戰。

⑶軍紀督察：包括國軍監察人員人事、教育、軍風紀維護及監辦之政策擬定；國軍軍紀教育之規劃、督導；國軍各級部隊軍紀安全評核審查及績點核撥；受理重大軍風紀、申訴、陳情、檢舉及輿情案件之分辦；重大採購、研發、生產軍事投資案件之監辦與協調、督導及考核。

⑷內部控制：包括國軍財務專案督察之規劃、執行、考核及建議。

二、建置廉政機關之分工合作網絡

㈠政風室與總督察長室之法定廉政業務的分工合作

國防部政風室與總督察長室之業務職掌劃分（國防部政風室）：

單位	業務職掌
國防部政風室	1. 預防科：以防貪和反貪為主軸，執行廉政宣導、預防措施、公職人員財產申報、貪瀆風險業務清查等。 2. 查處科：奉部長之命執行本部暨所屬機關、部隊貪瀆與不法事項之處理。 3. 綜合科：執行維護業務、政風人事、採購兼辦及綜合業務等。 4. 廉評小組：負責國防廉潔指數評鑑整備工作及政風業務聯繫事宜。
國防部總督察長室	1. 平時軍風紀維護，如國軍軍紀教育之規劃、督考及平時軍紀狀況統計分析、軍紀要求及指示訂頒作業。 2. 策畫與執行年度風紀維護專案督導並評核國軍各級部隊軍紀安全。 3. 監辦工作，國軍各項基金概述、營運計畫及採購倉儲、生產、公安環保、研發、工程、資產、財務、會計、人事、總務等各項作業監辦。 4. 案件管制防處，如兩性案件管制防處，重大軍（風）紀、申訴、人民陳情、檢舉及輿情案件之分辦。 5. 與民意代表、監察委員諮詢或約詢有關軍（風）紀事項擬答資料之綜合及審查事項等。

單位	業務職掌
國防部總督察長室	6. 軍（風）紀督訪與統計分析報告等，其他軍（風）紀預防工作。 7. 案件調查、各類型有關國軍軍（風）紀案件查處業務。 8. 監察（軍紀督察）綜合業務，如：國軍現行監察編制員額研擬暨監察人事任免、調遷作業事項。 9. 各類軍（風）紀維護準則、規定研訂、研修；策畫與執行各項監察會報、分區座談事項。

(二) 政風室與政治作戰局（保防安全處）之法定廉政業務的分工合作

　　維護公務機密安全的部分，國防部政風室與政治作戰局（保防安全處）共同建構國防廉潔教育與反貪腐的綿密網絡，共同推展國軍廉潔的組織文化，以此厚植國防整體戰力，提升國際社會對我國國防廉政的評價（國防部政風室）。

單位	業務職掌
國防部政風室	1. 公務機密維護： 　(1) 公務機密維護業務，如新（修）訂公務機密維護規章或措施。 　(2) 研編公務機密維護（含資訊稽核）專報。 　(3) 辦理公務機密維護宣導與洩密案件查處。 2. 機關安全維護： 　(1) 機關安全維護業務，如新（修）訂預防危害或破壞事件規章或措施。 　(2) 研編機關安全維護專報。 　(3) 研編重大或一般危安狀況資料。 　(4) 辦理機關安全維護宣導及危安案件查處。
國防部政治作戰局	1. 機密維護：（不含國防部公務機密維護） 　(1) 擬定國軍保防安全工作政策與法令。 　(2) 規劃、執行與督導機密維護事項。 　(3) 國軍洩（違）密案件之情報蒐集、調查、處理及機密資訊鑑定。 　(4) 蒐集、研析、處理及運用足以影響國家安全或利益之資訊。 　(5) 督導國軍密碼保密與本局所屬保防安全機構及部隊相關業務等。

單位	業務職掌
國防部 政治作 戰局	2. 安全維護： ⑴ 規劃、執行與督導特種勤務危安目標情報作業。 ⑵ 安全防護、諮詢與佈署。 ⑶ 全國保防工作會報分工事項之規劃、督導及與各保防體系之協調。 ⑷ 國家情報協調會報分工事項之規劃及執行。 ⑸ 防諜情報蒐集與敵諜案件之調查與處理。

㈢ 成立「國防部廉政工作會報」的機制

國防部除了明確劃分各廉政機關分工合作的原則之外，在執行面上，為貫徹廉能軍風、有效推動廉政政策，故於民國98年5月設置「國防部廉政工作會報」；又為了落實公民參與、廣納外部專家學者建言，以精進廉政工作推行，組成委員除了國防部內部相關業務主管外，遂於107年增設專業學者及社會公正人士1-3人，並以建立透明化人事制度、提供完備檢舉管道、嚴密內部清查作業、重懲不法貪瀆人員為目標。另依《國防部廉政工作會報設置要點》，此一「工作會報」機制設有「廉政建設行動小組」，控管前述各廉政機關之分工合作的具體施行。

「廉政建設行動小組」共分9組，分別是：反貪督察組、法律事務組、人事紀律組、採購紀律組、財務紀律組、後勤紀律組、國會事務組、防貪情蒐組、新聞文宣組。從「廉政建設行動小組」的編組可知我國國防廉潔治理的整體施行架構，藉由這9組整合國防部所屬各廉政機關執行廉政政策，以及重大措施之規劃事項等任務。

第三節　國軍廉政倫理規範

國防部配合《行動方案》而訂定《廉政執行要點》，明揭「端正廉能軍風，落實陽光法令與倫理行為規範」，並編訂《國軍人員倫理指南》（以下簡稱《倫理指南》），指引國軍人員施行能彰顯廉能軍風的行政作

為。又全面性地就國軍人員在執行業務活動所可能遭遇的各項倫理問題訂定《國軍人員廉政倫理須知》（以下簡稱《倫理須知》），期許國軍人員以「公共利益」爲依歸，廉潔自持而爲規範。《倫理須知》乃國防部參照《公務人員廉政倫理規範》而訂定的國軍廉政倫理規範，係因軍事特性與軍事需要而爲之，故要認識國軍廉政倫理規範，須先就其屬性有基本的理解，從而完整地掌握核心精神。

一、國軍廉政倫理規範的屬性

(一)國軍屬於身分公務員

我國目前對「公務員」的認定，係以《刑法》第10條第2項最廣義的公務員做基準：

稱公務員者，謂下列人員：一、依法令服務於國家、地方自治團體所屬機關而具有法定職務權限，以及其他依法令從事於公共事務，而具有法定職務權限者。二、受國家、地方自治團體所屬機關依法委託，從事與委託機關權限有關之公共事務者。

依據第一款前段之內容，國軍人員屬於「身分公務員」類型，因爲軍人依法令服務於國家所屬機關而具有法定職務權限（《廉政：從觀念到實踐》），負有忠實、服從之義務，並依法令從事及接受國家人民委託國家安全事務。另依據司法院大法官會議第455號解釋：「國家對於公務員有給予俸給、退休金等維持其生活之義務。軍人爲公務員之一種，自有依法領取退伍金、退休俸之權利」，軍人具公務員身分的認定有其法源依據。

(二)界定國軍廉政規範所適用之職務行爲

國軍廉政倫理規範之旨，是爲防止「軍事貪腐」，所有軍事貪腐的發生均來自於其職務行爲；事實上，職務行爲是貪瀆犯罪之共同基礎要素，無論是公務員的收賄與圖利，甚至是勒索或詐取財物等，均與職務行爲有一定程度之關聯性。至於「職務行爲」的界定，包括：

1. 法定職務權限行為：公務員依法令具有法定職務權限範圍內所應為或所得為之事項。
2. 職務密接關聯行為：公務員利用其職務地位所實施之行為。該行為形式上具有公務性質，且對原本職務執行之公正性具有實質影響力。

故「職務行為」的判準是，該公務員對該職務有具體影響，或有具體影響之可能，並有履行賄求對象之特定行為（《廉政：從觀念到實踐》）。

(三) 依法行政

「依法行政」是指，行政工作應受到法律的限制，行政權力的行使必須依據法律規範為之。國軍貪瀆不法之肇生，往往在於辦理業務、使用經費等從事職務行為時，因為不熟悉法令、不遵守法定程序所致；過往國軍的倫理信念總以為，只要是「公款公用」，沒有圖一己之私利即符合倫理規範、即屬廉政作為。然而，爰於依法行政的施行，強調要將以往「公款公用」的概念修正為「公款『法』用」，這樣才是真正落實「依法行政」原則，即行政權之發動、職務行為之執行，皆須有法律明文或法律授權始得為之。換言之，就積極面而言，要求國軍從事的職務行為必須有法律依據，而消極面的部分，則是要求國軍從事的職務行為不得牴觸法律；亦即一切行政權之行使，抑或是或職務行為之執行，均應受現行法位階之拘束：首先應受憲法的直接約束，其次應受一般法律原則之拘束，其三應受行政法規與施行細則之拘束。

(四) 從貪瀆之屬性認識廉政倫理

廉政（廉潔）的對立面概念為「貪瀆」，認識「貪瀆」屬性有助於更為廣泛的理解廉政倫理，從「貪瀆」來瞭解國軍職務行為的倫理意涵，更有助於國軍落實廉政倫理。

公務員的身分，具有「受人尊敬」、「職業活動」、「受人信賴」等特徵，而公務員的貪瀆，就倫理層面而言，是因其貪汙而有虧職守，虧缺了其作為公務員身分的那些特徵。就法律層面言之，在犯罪學分類上，公

務員的貪瀆屬於典型的「白領犯罪」：

> 由個人或機構所從事之有計畫的詐騙性或非倫理行為，通常是社會上層或受人尊敬之人為了個人或機構利益，在合法的職業活動過程中違反受託人責任或公共信用的行為。（《廉政：從觀念到實踐》）

至於軍職人員涉犯貪瀆案件，則有稱「卡其領犯罪」（Khaki-Collar Crime），其語意源自於早期美國陸軍之土黃色制服，名稱雖有別於前述公務員的「白領犯罪」，但有高度的同質性（如受人信任與尊敬）。從貪瀆屬性及其倫理意涵觀之，貪瀆乃虧缺了利害關係人的信任、違背利害關係人的託付；甚者，貪瀆更突顯其對立面之廉政的意義與價值：使國軍受人尊敬與信任。這樣的概念也反映在《陸海空軍刑法》的處罰概念中：沒有善盡軍人職責，即是違背國家與人民的託付與信任，這是一種罪。參照《陸海空軍刑法》在其分則處罰類型中，有所謂「違反國家『職責』罪章」（第一章）、「違反『職役』、『職責』罪章」（第二章）、「違反長官『職責』罪章」（第三章）、「違反部屬『職責』罪章」（第四章）。總之，面對國軍之貪瀆情事，可視為沒有善盡職責的作為，除了有其瀆職的倫理責任之外，亦將在法律上求處《陸海空軍刑法》之刑責（《廉政：從觀念到實踐》）。

二、國軍廉政相關倫理規範

㈠《倫理指南》

　　為建立國軍人員廉潔與法紀認知，強調機先預防之重要性，特別以防貪策略為主軸，故國防部編有《倫理指南》，針對採購、副食品備辦、伙食費管理，以及其他涉及財物之行政事項等，除提供同仁執行職務應有認識與應遵循行為的規範，並作為內部人員辦理業務之參據，從而落實廉潔的核心價值。《倫理指南》除了提供指引，亦是國軍施行廉潔教育的重要教材，目的在深化廉潔意識與防貪於未然，從而營造出國軍行政組織的廉

潔文化。

　　《倫理指南》的內容，首先，引介基本概念與《貪汙治罪條例》，提醒國軍人員切勿以身試法；其次，則為面對疑似貪瀆情境而徬徨不知所措的國軍人供諮詢管道；其三，針對貪瀆高風險之業務提供案例分析，幫助從事相關業務之國軍人員做出合乎倫理判斷的抉擇。其中，這些案例乃政風室人員蒐整近年國軍人員涉犯貪瀆、並受判決或起訴之案件，依據業務屬性將案件分為「採購」、「副食品供應」、「伙食費」與「其他」等。

　　此外，在上述案例文末，《倫理指南》亦提供兩份附錄，其一是「廉政風險態樣及自行檢視事項一覽表」，將前述各案例涉及之風險態樣，以及預防性檢視事項臚列成表，再針對每一個案例逐一研析相關法令，並就個案癥結臚列「自行檢視事項」。又「自行檢視事項」，係業管單位針對案例違失癥結提出之防貪指引，承辦人員在業務過程如遇有類似情形即可逐條進行檢視，以降低違失風險，達成機先預防目的。惟因人事時地物的不同所產生之差異，在個案適用上可能未能盡數與檢視事項相符，承辦人員僅須檢視符合需求之項目即可；如在引用本書案例及其防制作為而有疑義時，仍應參照相關法令規定或徵詢業管單位意見。其二是「國軍人員廉政倫理須知概述」，此一概述藉由程序規範保障國軍人員得以依法行政，進退有據，並回應民眾對國軍人員廉潔自持之期待。

　　國軍人員在從事相關職務時可以直接以「採購」、「副食品供應」、「伙食費」與「其他」等個案類型進行查閱，期以書中違失案例之討論深化國軍人員廉潔意識，精進與改善內部管理流程，為各項國防事務建立更為透明、更有效率的廉能治理機制。

㈡《倫理須知》

　　除《倫理指南》外，《倫理須知》（共18條）則旨在揭示軍事廉政的核心價值，即「以公共利益為依歸」，若知有利益衝突，應即自行迴避；此外，《倫理須知》更基於樹立廉能政治新典範的初衷，企求國軍人員執行職務時務必要廉潔自持，公正無私與依法行政，依此建立國軍之清

廉及崇法務實形象。

1. 規範對象

《倫理須知》所規範的對象為「國軍人員」以及「與其職務有利害關係者」：

(1)國軍人員：係指國防部及所屬機關（構）、部隊、學校（以下簡稱「機關」）之政務人員、現役軍官、士官、士兵、文（教）職人員、學生及聘雇人員（包含編制內、編制外之聘雇人員）。

(2)與其職務有利害關係者：指個人、法人、團體或其他單位與國軍人員之服務機關或其所屬機關間，具有下列情形之一者：

①業務往來、指揮監督或費用補（獎）助等關係。

②正在尋求、進行或已訂立承攬、買賣或其他契約關係。

③其他因國軍人員之服務機關或其所屬機關業務之決定、執行或不執行，遭受有利或不利之影響。

所謂「職務上有利害關係」，可依事件類別判斷，看是「業務往來」或「指揮監督」（具有上下階級之軍階倫理關係），或「費用補（獎）助」或其他契約關係（如醫病、租賃、承攬等），或者更為廣義的，包括其他因國軍人員之服務機關，或其所屬機關業務之決定、執行或不執行，遭受有利或不利之影響者，都屬於《倫理須知》所規範的對象。

2. 適用範圍

相對於《倫理指南》是針對從事貪瀆高風險之業務的國軍人員，令其在執行業務時提供指引與規範，《倫理須知》的適用範圍，則是廣泛地就國軍人員在業務活動中可能遭遇之「贈受財物」、「飲宴應酬」、「請託關說」、「出席演講、座談、研習及研審」、「利益衝突」及「其他」，例如不當借貸、賒欠、擔任財務，或身分之保證人等，提供應採行之措施的相關規範，並具體提出踐行所需的相關程序，以供國軍人員遵從。

為了盡可能地讓國軍人員都能嚴格遵守《倫理指南》與《倫理須知》，而不是將其視為倫理勸說、沒有強制力的道德規範而已，國防部特別將《倫理指南》與《倫理須知》條文納入《國軍軍風紀維護實施規

定》，特別是第三篇以「廉能風尚」爲名，將《倫理須知》納入第一章第二節，以軍紀維護的形式強制執行肅貪防弊，提升國軍弊絕風清之純良風尚，維護政府清廉形象。

第四節　國防廉政之具體行動策略

　　若謂軍隊的倫理責任與廉政倫理的重要性，實是關乎國家安全，因爲國防部門掌握武力及龐大政治、經濟資源，並同時擔任資源權威分配的角色，如若軍隊不受文人政府控制（軍隊沒有善盡文武關係的倫理責任），即有可能成爲危害國家的武裝力量；而武器採購若因貪腐而採購性能不佳，或不符需求的武器裝備（軍隊缺乏廉政倫理），除可能造成官士兵傷亡，貪腐的軍備採購不僅浪費國家經費，甚至危及國家經濟與安全。目前政府貫徹廉政倫理的核心策略爲「透明」與「問責」，兩者互爲表裡，亦即只有行政程序與內容透明，才算是接受問責與監督；而爲了能有效執行問責與監督，則必須讓行政程序與內容透明。故近年來國防部以「防貪、反貪、肅貪」三大面向，推動肅貪、防弊及整飭軍隊風紀任務，致力於內控機制與廉潔教育等作爲，戮力建構國軍廉能的倫理形象。

　　國防部在廉政建設之具體行動策略方面，首先，接受政府運用行政、立法、司法三院，以及監察院審計部等機關的各項施政措施監督軍隊行政，藉此強化國防廉政機關之廉潔治理的責任制度，落實風險控管；同時也促進國防施政透明，有效防止利益衝突。其次，國軍也以接受民間專業組織問責軍隊的方式，鼓勵全民參與監督國防，建立完善國防廉政體系。其三，國防部並以專責機構的制度，主動參與國際間國防廉潔施政的評比，掌握民意脈動與國際趨勢。

一、政府促進國軍公開透明

　　國軍爲貫徹政府廉政倫理的政策，在體制和具體施政上，除要做到「透明」，更重要的是「問責」；換言之，當代國軍應負責的對象，已不僅是過去對上級長官的命令服從而已，廉政倫理所涉及的問責關係，還包

括對文人政府負責、對公民社會負責、對長官和下屬負責,對整體工作團隊及其成員負責等。因此,爲防止國軍人員濫用其分配權力將公有資源變成私人財產,除了以問責機制強化內在制約的倫理規範與準則外,立法、司法、審計等外控機制,亦因具有落實保障問責機制而應同時被要求。

㈠政府以「行政控制」監督與問責軍隊

對國軍施行監督與問責機制的首要,爲政府的「行政控制」。政府「行政控制」的施行原則載於《憲法》與《國防法》,如《憲法》規定三軍統帥爲國家元首,總統任命文人國防部長,總統和國防部長在國家安全會議裡爲具有指揮權的上級決策者,可以對所屬的軍隊施行行政控制;《國防法》則明確地界定我國的國防體制,以及指揮與問責的規範:

中華民國之國防體制,其架構如下:一、總統。二、國家安全會議。三、行政院。四、國防部。(第7條)

總統統率全國陸海空軍,爲三軍統帥,行使統帥權指揮軍隊,直接責成國防部部長,由部長命令參謀總長指揮執行之。(第8條)

行政院制定國防政策,統合整體國力,督導所屬各機關辦理國防有關事務。(第10條)

政府基於《憲法》與《國防法》所賦予的權利層級節制,透過行政院制訂國防政策、督導行政部門所屬機關對軍隊進行行政控制,以監督問責軍隊,避免軍隊濫權與濫用國家資源;相對地,軍隊有責任接受文人政府的控制,故國防部必須執行行政院所制定的國防政策,「國防部主管全國國防事務;應發揮軍政、軍令、軍備專業功能,本於國防之需要,提出國防政策之建議,並制定軍事戰略」(《國防法》第11條)。此外,國防部應根據國家目標、國際一般情勢、軍事情勢、國防政策、國軍兵力整建、戰備整備、國防資源與運用、全民國防等,主動定期提出國防報告書,接受政府的監督與問責。

㈡ 政府以立法機關監督與問責軍隊

在政府「行政控制」之外，尚有賴國會（立法院）監督與問責軍隊。按國會擁有界定軍隊組織，或其他國家安全機構之組織架構的立法功能，其監督與問責的職權和範圍受法律保障：

國防部應定期向立法院提出軍事政策、建軍備戰及軍備整備等報告書。為提升國防預算之審查效率，國防部每年應編撰中共軍力報告書、中華民國五年兵力整建及施政計畫報告，與總預算書併同送交立法院。前二項之報告，得區分為機密及公開兩種版本。國防部應於每任總統就職後十個月內，向立法院公開提出「四年期國防總檢討」。（《國防法》第31條）

又立法院有「外交及國防委員會」，能為國防支出把關、發揮防止國軍濫編預算等事前監督的功能，能為公民有效率的檢視與監督軍隊裡的預算用在何處？何時動用？亦能主動要求國防部進行施政報告，有效地問責國防施政成果。

㈢ 政府以司法機關監督與問責軍隊

除了行政與立法機關外，司法機關亦須有監督國防及安全部門是否確實遵從相關立法之能，當國防與安全部門違反人權，或者其施政作為與各項根本的憲政原則有所衝突時，則須採取必要行動。惟相對於行政機關的行政控制，以及立法機關的主動監督與問責，司法機關無權主動對軍隊或安全部門直接加以問責；為使司法機關瞭解軍事勤務與管理具有不同於其他公、私部門的特殊性，國防部主動建立現役軍人涉法案件通報司法機關的做法，積極回應司法機關的問責。

㈣ 政府以監察審計機關監督與問責軍隊

監察院所屬之審計部為一獨立機關，其監督與問責軍隊的相關作為，包括受理並調查來自各方對國防及安全部門濫權的申訴、控制與評估國防

預算的執行。按審計部作為「政府財政問責機制」，乃根據立法機關授予的查核權利，一方面可以要求國防檢送資料備查，一方面也可以到國防部所屬機關直接辦理查核，然後再向立法院提出查核報告。必須指出的是，審計部對國防預算與國防施政的審核報告，會納入立法院「外交及軍事委員會」審查預算的參考，也是立法委員問政質詢與調整國防預算的相關資料，是一種有效協助立法院對國軍進行監督與問責的輔助工具。

二、國軍鼓勵全民參與監督國防

軍隊接受公民社會監督與問責的過程中，常遭遇與「軍事機密」相衝突的阻礙；事實上，軍事武力是每一國家安全政策的重要工具，也必然與機密緊密相連，「國防機密應依法保護之」（《國防法》第32條）。惟如若軍隊凡事皆以國防機密為由規避監督與問責，恐怕是對「保護國防機密」的嚴重誤解，亦不利於文武關係與公民社會的信任，甚者亦將與法律相牴觸，

中華民國之國防，為全民國防，包含國防軍事、全民防衛、執行災害防救及與國防有關之政治、社會、經濟、心理、科技等直接、間接有助於達成國防目的之事務。（《國防法》第3條）

條文明確規範全民國防的概念，包含直接、間接有助於達成國防目的之事務，授權公民有權監督國防事務，並問責國防施政是否濫權與濫用國防資源。再者，國防機密有等級之分，從事及參與國防安全事務者均應接受安全調查，如《國防法》即明確指出：

國防機密應劃分等級；其等級之劃分及解密之時限，以法律定之。從事及參與國防安全事務之人員，應經安全調查。前項調查內容及程序之辦法，由國防部定之。（第32條）

國防部非但不應以國防機密爲由規避監督與問責，更要主動訂定安全調查機制，提供國防政策、軍事支出、軍事能力等相關資訊給政府與公民社會，使之有充分資訊對軍隊進行監督與問責，讓國防資源更有效的分配與運用。

至於公民社會監督與問責軍隊則有兩大途徑：一是透過專業組織對軍隊進行監督與問責的工作；一是與軍隊合作，以參與國防廉潔教育的方式進行監督與問責。

㈠公民社會以專業組織監督與問責軍隊

1.「臺灣透明組織」（**Transparency International Chinese Taipei, TICT，或簡稱TI-Taiwan**）

除了政府藉行政、立法之權責向軍隊進行監督與問責之外，國際間亦有專業的非政府組織協助民主國家監督和問責軍隊，如「國際透明組織的國防與安全專案小組」（Defence & Security Programme, TI-DSP）主張，作爲21世紀眞正負責任的軍事強權，必須接受公民社會對國防部門的監督與問責，並且應主動以資訊揭露的方式提升國防行政的基本透明度，在不危及國家安全機密的前提下，主動將國防行政中可能涉及貪腐風險的相關資訊透明化。「國際透明組織」（Transparency International, TI）是目前國際上唯一專門致力於抑制貪汙貪腐的非政府組織，扮演著反貪課題的觸媒角色，將廉潔價值凝聚爲國際間的共同承諾，並且獲得廣泛地認同與採納。鑑於臺灣在這一波全球反貪腐運動中不能、也不該缺席的理念，我國成立「臺灣透明組織」（Transparency International Chinese Taipei, TICT，或簡稱TI-Taiwan），並申請爲國際透明組織的臺灣分會，以推動臺灣政府透明與社會廉潔爲重要使命，專門從事協助臺灣公民社會發展外部監督與問責國軍的相關活動；該組織秉持「監督有權者、改變臺灣心」的理念、把握「全球思維、在地行動」的原則，並與國際反貪腐組織結盟，再藉由臺灣民間力量的實際支援，推動反貪腐的社會改造運動。

2018年3月，法務部廉政署發表《中華民國聯合國反貪腐公約首次國

家報告》、8月並舉辦國際審查會議，實為我國廉政發展之重要里程碑，從中除展示廉政現況與政策，並有「臺灣的反貪腐改革」47點結論性意見作為重要參據，藉以突顯檢視法規制度與改進缺失的決心。此外，尚有建立行政機關的廉潔評鑑制度、重視國防廉潔評比、制定揭弊者保護法、推動廉政平台與廉政細工等作法，目的皆在防微杜漸，朝建構零貪腐的廉潔政府方向努力。

2. 「政府國防廉潔指數」（**Government Defence Anti-Corruption Index, GDAI，簡稱GI**）

有鑑於全球各國軍購具有高度機密性與巨額性，而貪汙弊端亦層出不窮，因此TI近年來大力推動各國國防與安全事務之廉潔與透明化，2013年1月更首度推出「政府國防廉潔指數」（Government Defence Anti-Corruption Index, GDAI，簡稱GI），這是由國際透明組織首度推出的跨國測量貪汙指數，主要調查對象為各國的國防部門，透過檢驗國防部門貪腐問題、監督軍購流程透明度等作出評比。該項指數是國際上第一個檢驗國防部門貪腐、監督軍購流程透明度的評鑑機制，該指數透過問卷（77道題）測量5個和清廉與否相關的領域（包含政治、財務、人員、軍事行動及採購等領域），根據各國國防部門的表現，進行貪腐風險的分析評比，按照評比結果從A級（表示最清廉）到F級（清廉表現度最差），針對世界各國的國防部門進行貪腐漏洞的檢驗。

2013年第一次公布全球82個國家「政府國防廉潔指數」，臺灣被評比為低貪腐風險B級，與英、美等國並列為全球前10%的國防清廉國家，代表著臺灣國防清廉程度已獲得國際肯定。2015年為第二次發布。在受評的17個亞洲國家中，臺灣受評列等為B等級（代表貪腐風險低），與2013年受評等級相同。此一結果顯示臺灣的國防組織，從國際角度觀察是透明的、而且受到有效率的監督；在亞洲國家中，國軍在廉潔與透明度上亦居於前段班，持續受到國際肯定。專業的監督與問責組織成為有力量、能發揮功能的「公民控制」，不僅能直接進行監督與問責軍隊的工作，有時更能對民主國家的軍人與文人政府發揮有效的監督與問責功能，

間接促進軍隊接受政府與人民的監督與問責。

㈡公民社會以參與國防廉潔教育監督與問責軍隊

　　TI-Taiwan除了透過「政府國防廉潔指數」的評鑑機制來監督國軍之外，亦與國防部合作，協助國防部宣導與教育國軍「廉潔國防」的概念，幫助國防各部門理解：國家推動反貪倡廉不僅是在爭取國際排名，更是要順勢將資訊揭露、資訊透明、問責、社會參與、國防法治等價值信念，內化至軍人基本價值中，藉此重塑軍人廉潔文化。

　　為此，臺灣透明組織與國防部合作，聘請「國際透明組織的國防與安全專案小組」成員來台，為國防安全的高階主管，包括：國防部長、參謀總長在內近三十位將領，逐一講解國廉潔指數的77項指標所代表的意涵，使國軍自上至下清楚意識到防治貪腐與公共服務價值間的關係。其次，2015年，TI-Taiwan邀請當時TI的主席來台至國防大學戰爭學院發表專題演講，並藉此機會與教師、學者就廉潔反貪的教育與研究等相關主題進行交流；又TI-Taiwan也趁此機會與國防大學簽訂《廉潔教育合作協議書》，秉持雙方互惠平等的精神，在遵守保密規定、維護國防機密與安全的前提下，共同合作推動廉潔教育、傳授相關知識、宣導廉潔觀念等事宜，並且積極建立合作關係，加強雙方各項訓練課程的資訊交流，共同推動廉政教育相關之國內外交流合作計畫。

　　TI-Taiwan與國防大學的廉潔教育合作協議，為國軍與公民社會合作發展國軍廉潔教育奠定堅實基礎，具有國軍接受公民社會以參與國軍廉潔教育的方式監督與問責軍隊的重大意涵，並且也代表國軍願意與民間組織合作，共同強化國防廉潔素質。事實上，雙方的合作不僅有助於提升國軍的廉潔素質，TI-Taiwan透過與國防大學的交流與合作，也大大增進公民社會之非營利組織在國防廉潔專業的學術涵養，這樣的交流模式對促進全民國防也相當有助益。

三、國軍主動參與國際國防廉潔評比

㈠專責整備評鑑任務的組織與研討工作

　　國防部在有關「如何平衡軍事行政透明與國防機密」這個課題上的努力成果，可以從國防報告書中所揭臺灣參與「政府國防廉潔指數」的評鑑結果得知。臺灣的國防廉潔度所以明顯優於東亞其他國家，是因為國軍瞭解：為求維護機密而犧牲行政透明，很可能遭致重大國防貪腐的風險；國軍也明白：若要公民社會能順利進行監督與問責軍隊，則必須是國軍有意願、甚至積極主動配合，才得以真正提升國防廉潔程度。此外，國防部為確實掌握民意脈動與國際趨勢，主動在政風室成立「廉評小組」，專司負責參與「政府國防廉潔指數」評鑑的整備任務。「政府國防廉潔指數」是透過檢驗國防部門貪腐問題、軍購流程監督透明度等問題做出評比，是全球第一個評估各國國防與軍購透明度的權威指標。

　　除了「廉評小組」之外，為提升國軍廉政成效，國防部數次舉辦「政府國防廉潔指數」部外專家預評暨單位輔導研討會，模擬評鑑外部評核人員立場，檢視國防部參與評鑑的77題受評資料，並研提興革意見，俾利發掘受評鑑資料弱點與改善方向，適時強化其周延性與專業性。

㈡評鑑面向與施行國防廉潔的重要指標

　　「政府國防廉潔指數」測量5個與清廉相關的領域（包含政治、財務、人員、軍事行動及採購等領域），透過這些領域內的測量指標，有助於理解施行國防廉潔的具體方針。例如：

1. 政治面向：評鑑指標有「國防暨安全政策、國防預算、國防與國家資源關係、情治單位之控制、輸出管制」，可以鼓勵各國軍隊分別以此六項施政方針具體去改善軍事國防的廉潔度。
2. 財務面向：評鑑指標有「資產處置、機密預算、軍工企業、非法私有企業」，要求軍方檢具事證據實回應，檢測國防部門的財產是否有接受獨立透明監督機制的控管，監督國防部門的機密預算的廉潔度。
3. 人事面向：評鑑指標有「領導行為、薪資、升遷派任及獎勵、兵役制

度、薪資發放、價值觀與標準、行賄習性」，要求國防部長，或軍事單位首長必須公開承諾反腐敗和廉潔的措施，督促國防機構給予弊端揭發者足夠的保護，鼓勵建置完善、獨立、透明而客觀的中高層軍事管理人員的選拔制度，以期能夠增進國防人事的廉潔度。

4. 軍事行動面向：評鑑指標有「對軍事行動貪腐漠視、軍事任務涉及貪腐、軍事行動相關契約、軍事行動中私有企業」，旨在監督軍事行動中的貪腐情況，幫助國防部更明確的杜絕貪腐。

5. 採購面向：評鑑指標有「政府政策、技術需求與規格、投標管理、評鑑及審核、履約及制度性措施、代理及仲介、財務報表、分包廠商、賣方影響力」，令國防部衡量軍事行政現狀、編訂《倫理指南》，透過各級政風單位教育訓練相關國軍人員，以期能在採購方面提升國軍廉潔度。

研究與討論

1. 請分別解釋:「政治問責」、「管理問責」以及「治理」。

2. 試說明:國防機關為推動「國軍清廉透明」採取哪些具體策略?

3. 請從政風室的室徽來闡釋政風精神。

4. 請闡釋何謂「依法行政」?

5. 我國為展現政府打擊貪腐的決心,落實《聯合國反貪腐公約》之各項反貪腐措施,施行了哪些做法?請說明之。

6. 請試從規範對象與適用範圍兩方面來介紹《國軍人員廉政倫理須知》的內容。

7. 公民社會監督與問責軍隊有兩大途徑:一是透過專業組織對軍隊進行監督與問責的工作;一是與軍隊合作,以參與國防廉潔教育的方式進行監督與問責。請簡述這兩大途徑。

8. 何謂「政府國防廉潔指數」?國防部有哪些專責整備評鑑任務的組織和作為?

9. 試闡釋「政府國防廉潔指數」的評鑑面向與施行國防廉潔的重要指標。

第六章

軍事倫理規範與實踐的法制化

在本書第一章第六節論及軍事倫理的功能與價值時，曾指出軍事倫理在本質上必然具備規範的性質，以爲軍隊使用武力提供合法性的合理依據。一般來說，就規範的性質而言，軍事倫理的規範可大致區分爲「強制性的客觀規範」與「自主性的主觀規範」等兩種類型；如就規範的形式而言，則可區分爲「外部的倫理控制」與「內部的倫理控制」等兩種類型，分別發揮了軍事倫理規範的「他律」及「自律」作用，其間差異如下表所示（王俊南，〈析論軍事倫理之要義〉，《陸軍學術雙月刊》第511期，2010.6）：

軍事倫理規範的比較及差異

區分	外部倫理控制（他律）	內部倫理控制（自律）
形式	外在力量的強制約束	個人內心的自我要求
性質	強制性、客觀性、權威性的規範	自主性、主觀性、義務性的規範
內容	軍紀營規、法律條令、戰爭公約	軍人誓詞、武德信念、戒律守則
作用	具體地以法規來規範軍人的行爲	抽象地以道德來規範軍人的行爲
目的	消極的目的─監督防弊（避惡）	積極的目的─保國衛民（揚善）

要特別提出的是，在王俊南列出的比較表裡，將法律條令與戰爭公約視爲倫理規範，實屬混淆了倫理與法律。雖然外部倫理控制包含強制性的規範，但仍與具有公權力性質之法律規範不同；依據上表可知，內部倫理控制則是一種不具備強制性的規範，這些規範始於信念，成於各種規則與紀律。此外，若進一步針對各種外部倫理規範（他律）、內部倫理規範（自律），運用在團體（軍隊）及個人（軍人）的不同，也可依其性質不同劃分爲下圖所示的四個象限。

	外部倫理規範（他律）	内部倫理規範（自律）
專業軍隊（團體）	**象限一：團體** 國軍教戰總則 國防部對國家廉政建設行動方案具體執行要點 國軍人員廉政倫理須知 誡律守則	**象限二：團體** 國軍軍事倫理思想 各軍種精神、軍風 國軍三大信念 軍校校訓
專業軍人（個人）	**象限四：個人** 軍人誓詞與任職誓約 國軍軍風紀維護實施規定 國軍内部管理工作教範 國軍内務教則 國軍人員倫理指南 軍人讀訓	**象限三：個人** 普世倫理價值 家庭倫理與職業倫理 四維八德等人際關係的規範與準繩 信條與座右銘 軍人武德

（作者自行整理繪製）

在前面幾章中，已分別對内、外部倫理規範的部分種類，包括軍人誓詞、武德信念、軍隊精神與軍風等加以闡述。軍事倫理的實踐通常會以倫理守則等指示性條文爲起點，以教化人心的方式教育軍人信守奉行；之後，透過制訂軍紀要求、工作教範或準則等規範性條文要求軍人必須遵守，違者，就軍事管理的層面予以懲處。對於軍事倫理中最基本且核心的部分，則以政府公權力的形式訂定法律條文，要求軍人務必遵守，違者，透過法庭給予相對應的罰責。本章的主題乃就軍事倫理實踐層面，特別是就軍事倫理的法制化此一主題來加以闡述。首先探討倫理與法律的屬性與相互關聯，論述倫理守則的功能及重要性，進而指出軍事人員應遵守的各項倫理守則，並置重點於法制化的軍紀營規、法律條令，以及說明我國自102年後的軍事司法制度及變革情形。其次，也會以專節針對與廉政倫理相關的法規條令做進一步的說明，期使國軍官兵、軍事校院的同學們明瞭軍事倫理規範的要義，進而力行實踐，以獲取國人的支持與肯定，形塑軍人的榮譽與價值。

第一節　倫理與法律的關係

一、倫理與法律的區分

　　人類在原始未開發之時代，因管理社會之制度尚未完全建立，人類在模仿他人行為中成長而融入社會，因此當時社會尚無法律制度，只由一般習俗負規範之責，其中具有社群規範之習俗稱之為「倫理」。而隨著社會之發展，社會各種制度逐漸建立，於是倫理朝兩方向分化：

㈠內面性發展：道德。將倫理習俗朝人類的內部心理上發展者，就成為內在於人格的道德；

㈡外面性發展：法律。將倫理習俗朝外在於個人的國家社會發展，訂定明確條文加以規範，違者施予相對應的懲罰，就成為法律秩序。

　　將倫理習俗內化為個人的價值信念，使之成為自身人格的一部分，稱之為倫理的內面性發展。倫理以團體社會的風俗價值為規範的對象，道德則強調個人品格的修持，二者通常可以混用或合用。(尤淑如等，《哲學概論》（五南，2019.09）)至於強調用外在於個人的國家公權力，將良善風俗與倫理價值明訂為法律條文，強制要求個人必須將自己的言行限制在法律規範之內，否則即按違犯程度施以相對應的懲罰，這屬於倫理的外面性發展。法律作為倫理的外面性發展，以公平正義為存在的基礎，以保障人民權益及維持社會秩序為目的。如採廣義定義，法律含括憲法、法律及命令，其具備以下幾項要素（陳怡如，法學入門㈠，台灣法律網：https://is.gd/XxMeEQ）：

㈠法律是一種有形的社會生活規範；

㈡法律是以公平正義為基礎，也是人們行為的準繩；

㈢法律是以保障人民權益及維持社會秩序為目的；

㈣法律是以國家的強制力為施行方法。

　　倫理習俗與法律都是維繫社會安定的力量，彼此相輔相成。倫理和法律都是為了限制個人在社群或團體中的行為規範，兩者雖關係密切，在制定方式、運用對象、作用、內容，以及制裁力上仍有所不同：

區分	倫理	法律
產生不同	來自風俗習慣、人性與理性。	由國家機關制定，或由社會的不成文規定以公權力的方式加以施行，而這些都是基於經驗之事實而成立。
對象不同	倫理追求理想的典範價值，期待人們成為聖賢，不以平均人為規範之對象，而純粹是以平均人仍難以遵守之理想的完人為要求之對象。	法律所規範者，以現實已實施或可能實施之事實為內容，其規範標準係以最低限度或最基本要求為主。訂立與倫理道德相關的法律時，最合適的界線，就是讓它接近目前社會共識下最低的倫理道德標準。
作用不同	倫理有教化人心的作用，期待個人將倫理的價值信念內化成自己人格的一部分，具有成就「道德的內面性」的作用。	法律所支配之領域為人外在行為的作為與不作為，具有成就「法律之外面性」的作用。
內容不同	倫理的目的是為了追求幸福、實現理想的自我典範。為此，倫理的內容以價值信念為主，倫理所建立的規範、責任與義務，如孝親、仁慈、講信、犧牲小我、殺身成仁等，都是為了實現這些價值信念，實現幸福與理想的自己。 倫理的內容相對模糊，不明確，鮮少對於違反倫理者有明確界定懲處的規範。	法律所制定的內容包括權利與義務，人在何種情形下可享受權利、應負擔義務都有明確界定。法律基於事實、明確界定行為及其範圍，而後給予明確的規範，對於違反規定者也有明確的懲罰規定。
制裁不同	倫理往往委之於各人良心之自我判斷與反省，最多透過社會之清議與輿論以為制裁，其效力較弱。	法律具有強制性，而此強制性往往透過國家機關的公權力予以實現，其效力較大。

（作者自行整理繪製）

從上述論證可知，以倫理道德預防惡行比法律更有積極的意義，法律的作用是阻止惡，而倫理道德則是提升善；誠如《論語·為政》：「道之以政，齊之以刑，民免而無恥；道之以德，齊之以禮，有恥且格。」用刑罰可以阻止人犯罪，但不能令他有羞愧之心，只有道德教化才可培養他的品德。

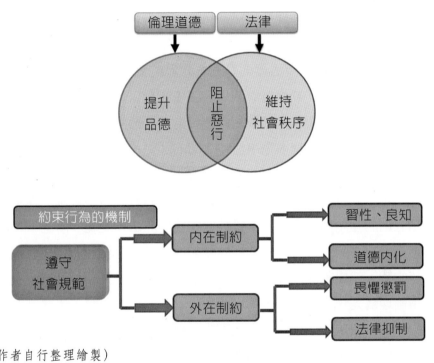

（作者自行整理繪製）

倫理道德、法律的異同及約束行為的機制

　　法律的精神與目的，在定紛止訟以實現公平正義，只有當其他的社會規範均無法發揮作用時，最後不得已才動用具強制性與破壞性的法律。在此必須指出的是，法律固是解決社會生活紛爭的最後手段，惟因其強制性與對社會關係帶來的破壞性，亦使得法律無法成為普遍性規範。人在社會生活中與他人有不協調或產生紛爭時，通常應先從法律以外的其他社會規範（習俗、道德、倫理、感情等），尋求應對的行為準則，透過相互關

懷、自制、退讓、寬恕爲內涵的社會規範，安排或處理與他人的互動；但是，只有在充分衡量法律以外各種社會規範，仍無法有效處理與他人社會生活上的互動時，法律才適合發揮功能，亦即孔子所說「必也使無訟乎」（《論語‧顏淵》）的最高境界。

二、軍事倫理與軍事法律

綜上所述，道德、倫理與法律在作爲社會規範的目的和功能上，是相輔相成的，也各有其先天的優勢與限制，道德偏重於「個人」層面，倫理偏重於「社會」層面，而法律則是社會規範的底線，三者有其異同。其中，倫理與法律具有互補性質的關係，法律規範係用來補強倫理規範的不足，倫理規範則用來緩和法律規範的破壞力，互補兩者間的不足與缺陷。

由此延伸至軍事倫理與軍事法律之間的關係，簡言之，軍事倫理的實踐一方面透過軍事倫理守則與紀律的方式，以軍事內部管理來加以實施，另一方面也透過軍事法律（軍法），以公權力的方式強制實施，惟軍事上此兩項守則的強制性，均高於一般社會的倫理與法律規範。承上，軍事法律與軍事倫理之間也具有某種互補的關聯性，當軍事倫理的內在規範無法達成目的時，就由軍法來補充，尤其是軍法的懲罰嚴厲於一般刑法；若能以軍事倫理爲先、軍法爲後，軍人能內化軍事倫理的規範，也就無須藉由他律的軍法—嚴刑峻法來嚇阻軍人不法行爲。這兩把內、外在的尺，將可使得軍人成爲有紀律、有節制的戰士。

第二節　軍事倫理守則與軍事法律條令

軍事倫理的理論、價值與信念通常以倫理守則與法律條文的形式來要求軍事人員實踐。軍事組織及其成員應有的倫理守則（code of ethics），大致可區分爲「強制性的客觀規範（他律）」、「自主性的主觀規範（自律）」。強制性的客觀規範以軍紀營規爲主；而自主性的主觀規範較屬於個人道德或倫理守則層次的規範，包含：軍人誓詞、武德信念、誡律守則、軍人讀訓等。除此之外，軍事倫理的實踐亦透過法制化的方式，亦即

以訂定法律規章的形式明確且嚴謹地要求軍人一定要遵守執行。

一、倫理守則的定義與性質

　　依據國家教育研究院的解釋，所謂「倫理守則」是指：「由工會、學術性學會、政府機關、或法人團體等專業組織，依據該機構成立的專業精神或道德準則所訂立一份規範性文件。積極目的在鼓勵會員或員工發揮專業精神，消極目的則是在預防發生不專業行為，影響組織的專業形象。」無論何種專業，其倫理守則通常會包含總則、守則條文、附則三部分。在總則的部分明確定義該專業的專業倫理以及定義守則的意涵、適用對象、倫理守則所要捍衛的核心價值，以及核心倫理原則等。第二部分為倫理守則條文，條文通常是簡短文字陳述，內容以鼓勵與教育為主，並且會明確地將該專業的專業責任、倫理責任與法律責任明確地限定。雖然守則內容不及法律條文來的嚴謹周密，但確可對專業人員產生指導目的。

　　倫理守則通常是以系統性的方式界定可接受的行為，對成員提供行事對、錯的指引，其內容大多是為原則性的專業規範，文字清晰簡短具鼓勵性，不像法律條文講求周密嚴謹；至於實施方式是透過組織將倫理規範書面化、公開化施行，並以明確的資訊、行為標準，以及可能的懲戒手段，從而達到規範其成員行為的目的。故倫理守則是一種倫理規範的約束，也是改善組織人員倫理行為的重要方法。

　　美國學者馬克・法蘭克（Mark S. Frankel）認為倫理守則可以分成三種形式（詹哲裕，《軍事倫理學：軍事專業倫理的理念與培塑》，文景，2003）：

類別	意義	例示	運用
鼓勵性	揭櫫一種崇高的道德理想，鼓勵大家去努力遵循。	國家、責任、榮譽。	被多數專業組織所採用。
教育性	解釋說明道德的標準與行為的基本規範。	愛的教育、鐵的紀律。	被多數專業組織所採用。

類別	意義	例示	運用
規定性	應遵守的規範有詳細的敘述，並對違反者有一定的裁決。	如美國違反律師學會專業倫理的律師，可處以吊銷執照。	因涉及了裁決的客觀性及效力的問題，故較少採用。

　　又埃菲‧奧茲（Effy Oz）認為倫理守則可以阻礙不倫理行為，可以從兩方面觀點來說：一是影響個人的倫理覺察（ethical awareness），一是可以達到懲戒認知（perceived sanction）的效果（Ethical Standards for Information System Professionals: A Case for a Unified Code, *MIS Quarterly*, 1992.12）。而史特勞比等進一步強化了這兩個觀點，一是增強理論（reinforcement theory），認為個體對行為後果的看法才是影響行為的主因，另一則是遏止理論（general deterrence theory），主張倫理守則的目的是營造出對某些不法行為的懲戒氣氛，以增加個人對法律懲戒的認知，這對一般人會有遏止的效果；同樣地，組織中若存在對不倫理行為的懲戒氣氛，當組織成員感知到這種氣氛時，對於不倫理的行為亦會有遏止的效果（Straub, D.W., Carlson, P.J., and Jones, E.H., Deterring Cheating by Student Programmers: A Field Experiment in Computer Security, *Journal of Management System*, 5:1，1993）。

　　因此，將倫理內涵典則化或法理化，是進一步確保倫理責任的要件，這樣可使相關從業人員有較明確的倫理方向可資遵循；換言之，各種職業倫理規範或服務守則的建立，旨在便於職場上人與人之間的互動，用以形塑團隊精神與一種無形的約束力量，從而對組織及成員間產生自律的作用。

二、軍事人員應遵循的倫理守則

　　軍事人員應遵循的倫理守則，除屬於個人與團體的自律性內部倫理規範，例如戒律守則、軍人誓詞、武德信念、軍隊精神與軍風外，尚有屬於他律性的倫理規範，例如軍紀。《國軍教戰總則‧嚴肅軍紀》云：「軍紀

為軍隊之命脈，軍隊必須有嚴肅之軍紀，然後部隊之團結得以鞏固，軍民之合作得以增進，戰力之持久得以確保，而服從尤為軍紀第一要義。……而軍紀之要素，端在全軍一致之三信心……。務須於平時生活管理，教育訓練中養成之，以發揚我國民革命軍之光榮傳統。」（第3條）軍紀要求，首應從日常生活中貫徹軍中倫理觀念，才能養成服從命令之習性，發揮部隊整體戰力。又軍中之服從，或因指揮者與被指揮者之階級、職務、資歷或任務需求有差，故過往《國軍內務教則》（以下簡稱《內務教則》）即規定：「軍人依其職務及軍階，有長官與部屬之別，長官承上級授權下達命令，部屬須服從長官命令，徹底執行，以圖滿達成任務。階級低的應服從階級高的，職務低的應服從職務高的。無隸屬關係時，軍階資歷淺的應服從資歷深的。任務狀況不熟悉的，要聽從任務狀況熟悉的」。

值得注意的是，部屬如果對長官下達的命令有疑義，是否仍應無條件絕對服從？此一問題取決於受令部屬是否具備專業倫理判斷能力，能不能看出長官的命令是否符合「正當性（legitimacy）」及「合法性（legality）」？因為民主國家的「憲法」蘊含立國精神與原則，具備最高正當性，亦是各項法令的根源，故專業軍人應以遵行憲法為上、法律次之、命令再次之；如長官命令牴觸憲法、法律，即嚴重危害民主憲政法治精神，受令部屬要有「道德勇氣」拒絕服從。

總之，軍人的服從命令，不是絕對的服從命令，而是相對的服從命令，端視其有無正當性與合法性。為使專業軍人更加理解強制性的客觀權威規範，以下就軍事人員應遵循的倫理守則中屬於強制性規範的軍紀營規部分加以深入探討。

有形的軍紀係將軍人應遵守的事項，甚至其相關的獎懲辦法，用文字書寫、逐條規定，使軍隊成員知所遵循，以嚴明號令、齊一進退。例如，國防部歷年來頒布的《國軍軍風紀維護實施規定》（以下簡稱《軍風紀維護規定》）、《內務教則》、《國軍內部管理工作教範》（以下簡稱《內部管理教範》）、《中華民國軍人禮節》、《國軍人員廉政倫理須知》、《國軍人員性騷擾處理及性侵害預防實施規定》（以下簡稱《性騷擾處理

及性侵害預防規定》）等，均屬規範軍人行為的具體文件，其內容對軍事倫理的範疇亦有所界定。此外，各級軍事單位主官基於內部管理的需要，經常會對所屬律定相關的營規命令，其中涉及軍人行為者，亦可視為他律性、強制性的倫理規範。

雖說軍紀營規屬於他律性的規範，然而必須以「自律」作為實踐之基石，而「三信心」—「信仰」（長官）、「信任」（部屬）、「自信」（其為負責任、守紀律的軍人），即為「自律」的表現，亦為「軍紀」之根源，進而建構「互信機制」，於此對軍隊團結及其戰力發揚極為重要。整體來說，「自律」依靠的是精神軍風、武德信念，以及戒律守則等個人內心的自我要求，因以建構而成的道德規範；而「軍紀」則須仰賴軍人誓詞、軍紀營規、法律規章等外在力量來建構牢不可破的強制約束。

㈠《國軍軍風紀維護實施規定》

《軍風紀維護規定》內容區分五篇，分別為〈總則〉、〈軍紀維護〉、〈廉能風尚〉、〈案件調查與申訴處理〉、〈防範傷亡〉，為國軍現行維護、執行軍風紀工作的最重要參考依據，且仍持續順應需要，不斷研修；例如在最新修訂版本中，參考立法院針對酒駕案件朝提高刑度修法（酒駕零容忍），以及配合國防部108年4月11日修正發布之《性騷擾處理及性侵害預防規定》，分別修正調高國軍官兵酒後駕駛交通工具懲罰基準（第24條），及增訂性騷擾申訴（復）案件之反映程序（第40條）。

此外，為明定權責單位，在《軍風紀維護規定》中明定了國軍各級軍紀督察單位，國防部為總督察長室軍紀督察處，三軍司令部及後備、憲兵指揮部為軍紀督察組，軍團級（含比照）為督察室監察官，聯兵旅、群級（含比照）則為監察官（第2條），舉凡生活紀律、工作紀律、訓練紀律、戰鬥紀律等均為其軍紀維護要求目標（第17條）。此外，在第16條中也明確指出，軍紀及軍紀維護的定義為：

> 軍紀，包括紀律與紀綱兩層意義，亦即軍隊全體心理所公認之規範，

蓋軍隊成員來自民間，具有不同之身分、知識與習性，欲使之維持軍隊秩序，保障命令貫徹，全有賴於紀綱、紀律以維護，方能鞏固團結；國軍軍紀維護，旨在澈底貫徹命令、嚴肅軍隊紀律、防杜意外傷亡、健全領導統御、培養廉能風尚、確保官兵權益、促進和諧團結，鞏固國軍戰力。

　　唯有建立嚴明的軍紀，才能維持軍隊的秩序，確保命令的貫徹，如「軍紀歌」歌詞中所傳唱的「國家有綱常，軍隊有軍紀，軍紀是軍隊的命脈」一般，此亦為倫理守則與規範對軍隊、社會及國家重要性的再次表述。

　　但軍紀營規的施行，必須依據合法、明確的規定，不可無限上綱、因人設事。例如107年媒體曾報導，海軍陸戰隊某士兵因違犯酒駕案件，單位營長下達「軍紀操」指示，並由連長與士官長負責執行「操練」，要求該名士兵全副武裝進行長達4小時戰鬥操練，事後還要該名士兵爬進餐廳戴著鋼盔吃飯。該名營長雖表示為了整飭軍紀才會下達「軍紀操」之要求，然其作法已違反《陸海空軍懲罰法》及《內部管理教範》的規定；事後陸戰隊便以違反《陸海空軍懲罰法》為由，火速將執行「軍紀操」的營長、連長跟士官長施以記過2次及記過1次不等的處分，並移送法辦。但由於「酒駕零容忍」是社會共識，且有立委認為國防部於102年廢除軍法系統後，基層常反映軍紀整治無力，僅能以「操演」、「訓練」作為紀律約束的手段，如果這次嚴懲軍官，將使部隊基層對軍紀整飭的唯一手段更加生怯，因此當時有立委提案要求凍結國防部高達1,025萬元經費，並獲朝野共識後無異議通過；其後在108年經檢方審理後，對這些軍官做出不起訴的處分，因此陸戰隊重開人評會，將營長、連長及士官長等3人的記過處分改為申誡，且當年度考績均維持甲等定案。

　　從上述案例可知，不論政治及社會情勢如何變化，朝野上、下對軍隊紀律維持的必要性，仍是具有高度的共識。又如國防部為使各級幹部對「體罰、凌虐、謾罵」釋義有共同認識，以杜絕不當管教情事發生，業於107年修頒《軍風紀維護規定·健全合理管教》（第35條）與〈體罰、凌虐、謾罵釋義與防範〉（第36條），特就其界說如下：

1. 體罰：凡高階或高職者，以己身肢體、器械或物品，觸擊低階、低職者，使其身體易傷、易痛作爲懲罰手段，或借助第三人行使者。如：用手掌、拳頭擊打或用手肘觸擊受罰者身體各部位，作爲處罰手段者。

2. 凌虐：凡高階或高職者，以逾越教育、訓練、勤務、作戰或其他軍事之必要，使軍人受凌辱虐待之非人道待遇行爲（據《陸海空軍刑法》第44條第3項），加諸低階低職者，使其身心遭受欺凌及虐待作爲懲罰手段，或借助第三人行使者。如綑綁、繩吊、罰跪、罰兩腿半蹲彎、身體倒掛、口含石頭、自我掌嘴等。

3. 謾罵：凡高階或高職者，以言詞辱罵損傷他人人格者，或辱及其親族者。如惡言咒罵辱及尊嚴及尊長者，以及以低等動物影射或辱罵侵害他人人格者。

　　另《軍風紀維護規定》亦爲落實國軍官兵基層合理管教作爲，擬定行政懲處規定（第39條）：

1. 對違反管教規定人員，依「刑懲併行」原則，由單位詳實調查後，依《陸海空軍懲罰法》及其施行細則檢討違失人員重懲；如涉刑事責任者，當事人一律移送法辦。

2. 發生不當管教及資深欺侮新進事件，按「國軍軍紀事件反映規定表」，立即回報國防部；隱瞞不報或致生後遺者，依《陸海空軍懲罰法》及其施行細則懲處。

　　「愛的教育、鐵的紀律」是國軍在部隊管教上的一貫要求，不僅是要鍛造出紀律嚴明的鋼鐵勁旅，更是要成爲團結和諧的仁義之師。然現今基層單位部分幹部在情緒管控不佳，以及上一級領導幹部未予適切指導下，易造成管教失當行爲；又根據歷年紀錄顯示，當部隊接受戰（演）訓任務或時序進入夏季時，往往在任務壓力或是炎熱高溫下，更易使人產生浮躁及不安情緒，致肇生不當管教情事比例升高。因此，如何健全合理管教、促進團結和諧，就成爲國軍幹部在執行管教工作上，必須嚴肅面對的課題，其中，健全合理管教更是維繫軍事倫理體制不可或缺的一環。

㈡《國軍人員性騷擾處理及性侵害預防實施規定》

　　國軍近年因應人力結構及組織調整，女性同仁投身軍旅逐年增加，然少數官兵性別分際觀念偏差及漠視法規，違犯「性騷擾」、「婚外情」、「過度關懷衍生踰矩」及「營區內未遵分際」等案件，嗣經媒體披露渲染，造成社會大眾不良觀感與訾議，嚴重斲傷軍譽。為因應此情勢發展，國防部依《性別工作平等法》第13條，以及《性騷擾防治法》第7條第2項規定，訂定《性騷擾處理及性侵害預防規定》，內容除詳列各項行為規範外，並精進性騷擾事件處理時效等相關做法，同時要求務必落實性別平等座談及教育訓練作為，以防治性騷擾事件，確保官兵權益；並明揭國軍人員共同執行任務、訓練、辦公、工作、日常營區生活時均應遵守本規定，秉相互尊重之精神，行為舉止發乎情、止於禮，不得有逾矩行為。

　　惟近年國軍官兵仍因個人行為不當，肇生多起婚外情、性騷擾事件，例如108年11月間，國防部接獲檢舉，指稱某大隊所屬林姓少校與已婚謝姓少校私下交往甚密，經該部主管約談時雙方雖予以否認，但該部仍於108年12月將謝姓少校調離現職，並告誡雙方務必嚴守分際；惟兩人私下仍繼續往來，甚至相約前往民宿同住，遭謝員妻子偕同警方與徵信社查獲，國防部獲報後即完成調查，並依違反《軍風紀維護規定》及《陸海空軍懲罰法》的規定召開人評會，予以大過乙次處分，並將兩人納入汰除對象，以嚴正紀律，杜絕類案。

　　又108年1月陸軍某男性士官長因酒後亂性，竟當眾脫除1名男性士兵的衣褲，並作勢親吻；此事件一開始單位欲息事寧人，未進行任何懲處，直到向上呈報到軍團層級時，長官認為事態嚴重，要求重新判定涉案人的處分，並要求該單位自行召開檢討會，最後依照兩性營規，認定該名士官長妨害性自主，予以大過乙次處分，並列為汰除名單，相關失職幹部也遭記過、調職，全案也在移送憲兵隊調查後，送交司法單位審理。

　　國防部嚴德發部長於民國109年05月06日列席立法院外交及國防委員會，專案報告「國軍軍風紀案件之處置、反霸凌、性騷擾與自殘防治等相關作為」時表示，國軍軍風紀案件雖已逐年減少，惟仍有少數官兵漠視營

規要求，以及幹部輕忽危安警訊，肇生霸凌、性騷擾與自殘等情事。在這份報告中還指出，近年有關性騷擾案件統計與分析，在分析國軍性騷擾案件之態樣，主要為「未遵國軍人際關係行為規範—異性獨處一室」、「法紀觀念不足—不當肢體碰觸」及「未落實性別平權—男女分際失當」等因素；經統計近4年性騷擾案件，計106年29件、107年36件、108年27件，109年迄今計2件，涉法者均移送法辦，違紀者核予重懲列汰。所有國軍官兵應引以為戒，切勿因個人一時不察或行為失當而斷傷軍譽，甚至葬送自己及他人的前程及家庭。

㈢《國軍內部管理工作教範》

前揭《內務教則》，現已納入《內部管理教範》相關規定中，其訂頒主要是國防部為落實國軍內部管理實務工作，期以嚴肅部隊紀律、健全法紀觀念，並有效規範官兵生活行為，藉「一級督（輔）導一級」之思維理則，由各級逐級實施定期及預防性督（突）檢，以確保部隊純淨安全。

《內部管理教範》開宗明義即列述「幹部須知」六點，分別為：

一、狀況反映，實情實報，不瞞上欺下；
二、財務經費，依法使用，不虧空浪費；
三、視導檢查，驗證實效，不誇張掩飾；
四、基層管教，合理合法，不體罰凌虐；
五、教育訓練，確實落實，不陽奉陰違；
六、端正品德，存誠務實，不虛偽造假。

其內容則區分人、事、時、地、物等五定義面，包括了內部管理、營規及事務管理、戰備訓練管理、後勤管理、通資作業管理、資訊安全作業規定、財務管理、醫療服務與預防保健、申訴處理與輔導服務，幾乎將國軍現行所有相關規定均納入，對軍事幹部來說，可謂是一本軍隊管理的百科全書。

近年來，我國兵制的重大變革，即逐漸朝向以募兵制來取代徵兵制，亦對部隊實況產生影響，如沈文堯〈國軍行政類勞務委外承包可行性之研究〉（國防大學政治作戰學院政治學系政治研究碩士班碩士論文，2018）指出，在目前徵、募並行的制度下，因部隊人力減少，造成基層部隊常有一人身兼多項業務的情形，在長官求效率、求快、求好的心態下，使基層人員不得已去做假資料，或者非專注戰訓本務工作，反而做一些掃地、刷漆、割草等浪費人力的雜事，造成國人從軍意願低落而影響募兵成效。此外，部隊雖有表排各項訓練課程，卻似乎永遠有打掃不完的環境整理工作、長官將招募、展演等工作看得比戰備訓練本務還要重要，造成官兵苦不堪言、士氣低落，進而影響部隊管理者的領導統御，肇生多起因內部管理不善而引發的軍紀違失案件。

事實上，近期國軍某單位在春節戰備留守期間，爆發在營區飲酒作樂事件，重創國軍形象；此事經媒體報導後引發國內輿論批評，國防部長嚴德發下令嚴懲，要求重新律定營內飲酒的規定。為此，國防部重新頒布國軍人員營區內「禁止飲酒規範」，只要未經核准帶酒進營區將予以「申誡2次」處份，未經核准在營內喝酒予以「記過1次」處份，並啟動「連坐處份」制度，如果在酒後發生影響軍譽事件則是予以「大過以上」之嚴懲。及後國防部更修訂《內部管理教範》，新增國軍人員營區內「禁止飲酒規範」，只要是未經核准攜帶酒精性飲品入營，志願役「申誡2次」；義務役則是「罰勤1至5日」。如果是未經核准營內飲酒，志願役「記過1次」；擔任單位主官（管）、士官督導長、教職人員、管理幹部、或執勤人員「記過2次」；而義務役則是「禁足1至5日」、「悔過1至5日」。至於不管是否經過核准，凡是飲酒後於營內肇生行為不檢、危安或有損軍譽事件，志願役「大過1次至2次；有損軍譽將視情節加重處分」；義務役則是「禁足5至10日」、「悔過10至15日」。此外，營區內飲酒而衍生行為不檢、危安或有損軍譽事件，直屬主官（管）及營區最高指揮官納入疏責檢討。

軍隊管理概念亦同於企業管理，就對象來說，企業以服務顧客為導

向，而軍隊是以服務官兵為取向，其思維面均是以解決問題為共同目的，並講求其技巧與方法。尤須強調的是，軍隊管理是以「人」為本的管理基礎，唯有領導者採取以身作則、公正無私方式，而被領導者對其擁護與尊重，再透由組織內部良好溝通技巧、環境以及科學化管理，減少不必要的衝突、摩擦，維持良好官兵關係，才能創造良好軍隊環境。

三、軍事人員應遵循的法律規章

軍事倫理的實踐除了制訂倫理守則之外，亦擬定一套套法律規章，確保軍事倫理守則能被軍事專業人員嚴加遵守。舉例來說，為了讓嚴守軍紀、服從、守密等軍事倫理能夠落實，特別制訂相關法條予以保障，例如《國防法》謂：「現役軍人應接受嚴格訓練，恪遵軍中法令，嚴守紀律，服從命令，確保軍事機密，達成任務」（第15條）；《兵役法》亦揭：「凡入營服役及接受常備兵役軍事訓練者，應履行下列義務：一、宣誓效忠中華民國；二、遵守軍中法令；三、對公務有保守祕密之責任；除役後，亦同」（第45條）。承上，《兵役法施行法》明定有入營新兵宣誓誓詞「……效忠中華民國，保衛國家人民，恪遵軍中法令，服從長官命令，盡忠職責，嚴守祕密，如違誓言，願受嚴厲之處分」（第49條）。

一個國家具有多種不同的法律，且所有法律間亦相互關聯，並非獨立存在；把法律橫的關係與縱的關係組織起來，並加以系統化，使法律與法律間的關聯明顯化，這就是法律的體系。「法的金字塔」最能表現我國法的體系與架構，一個國家法的位階，自上而下依序為基本規範、一般規範及個別規範，下級規範不得牴觸上級規範，如有牴觸者，則下級規範無效。

在生活中我們常有以「法規」稱者，泛指所有規範的合稱，又有稱「法令」者，是指法律與命令的統稱，按《中華民國憲法》（以下簡稱《憲法》）謂「法律與憲法牴觸者無效」（第171條）、「命令與憲法或法律牴觸者無效」（第172條），又《中央法規標準法》明揭：「法律不得牴觸憲法，命令不得牴觸憲法或法律，下級機關訂定之命令不得牴觸上

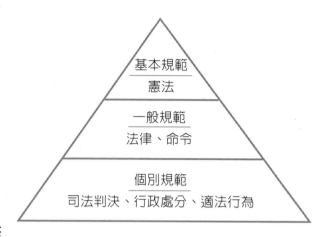

法的金字塔

（郭雪真等，《軍事倫理學》，翰蘆，2013.8）

級機關之命令」（第11條），則我國法規可以區分爲憲法、法律與命令，其位階係憲法高於法律，法律高於命令，而命令又以上級命令之效力高於下級命令。據此，我國有關國防事務及軍事人員的相關規範，則分見《憲法》、《國防法》、《國防部組織法》及其他「軍法」。

按《憲法》中有關國防的規定計有十三條，分別爲：

第9條：人民除現役軍人外，不受軍事審判。

第20條：人民有依法律服兵役之義務。

第36條：總統統率全國陸海空軍。

第38條：總統依本憲法之規定，行使締結條約及宣戰、媾和之權。

第39條：總統依法宣布戒嚴，但須經立法院之通過或追認。立法院認爲必要時，得決議移請總統解嚴。

第41條：總統依法任免文武官員。

第58條：行政院院長、各部會首長，須將應行提出於立法院之法律案、預算案、戒嚴案、大赦案、宣戰案、媾和案、條約案及其他重要事項，或涉及各部會共同關係之事項，提出於行政院會議議決之。

第63條：立法院有議決法律案、預算案、戒嚴案、大赦案、宣戰案、媾和案、條約案及國家其他重要事項之權。

第107條：國防與國防軍事事項，由中央立法並執行之。

第137條：中華民國之國防，以保衛國家安全，維護世界和平為目的。國防之組織，以法律定之。

第138條：全國陸海空軍，須超出個人、地域及黨派關係以外，效忠國家，愛護人民。

第139條：任何黨派及個人不得以武裝力量為政爭之工具。

第140條：現役軍人不得兼任文官。

而《國防法》則是依據《憲法》第137條制定之，是國家安全的基本法，概括規畫了國防的體制、整備，以及全民防衛與軍人權利義務；《國防部組織法》則規範了國防部的組織與職掌，成為我國建國及建軍史上首次法制化的國防軍事機構的法源。

就當代軍人的責任而言，軍人並不只是服從其長官的命令；換言之，一旦當個人價值、團隊信念或法律要求相互間無法相容時，個人將會面臨不同權威間相衝突的難題，而作為「軍人」者又該如何抉擇？如慮及軍人與國家間具有「軍事勤務關係」，屬於廣義的公務員，本質上屬於公法關係，假使違反法律則既以軍法論處，則「依法行政」會是最佳的解答；故現代民主社會下的軍人，必須具備基本的法律素養，如此才能辨別欲執行的命令是否符合法律上的規定。

有形軍紀的最高形式即為「軍法」，如我國現行的《陸海空軍刑法》、《軍事審判法》、《陸海空軍懲罰法》、《妨害兵役治罪條例》，以及已廢止的《戰時軍律》、《妨害軍機治罪條例》等；其中，《陸海空軍刑法》規範具體犯罪行為，《軍事審判法》規範執行程序，《陸海空軍懲罰法》陳明懲罰違失行為，其所揭「軍法體系」嚴格規定軍人不得違犯的行為，否則將施予嚴屬的處分，論其性質為他律性的具體規範之屬。

(一)《陸海空軍刑法》

《陸海空軍刑法》分「總則」、「分則」及「附則」三編,其中,分則共條列〈違反效忠國家職責罪〉、〈違反職役職責罪〉、〈違反長官職責罪〉、〈違反部屬職責罪〉、〈其他軍事犯罪〉五大項罪章。

國家之所以必須在普通刑法以外另行設置軍事刑法,除適用對象身分與一般國民不同外,主要目的在確保軍事單位的戰鬥機能與內部秩序。首先,因為軍人負有遂行軍事任務的義務,有時為了要完成使命,難免必須做出與普通刑法規定相違背的行為,所以軍事刑法中通常會設有調整固有刑法的規定,在阻卻違法事由、罪責或量刑上予以放寬;如《陸海空軍刑法》規定:「戰時為維護國防或軍事上之重大利益,當事機急迫而出於不得已之行為,不罰。但其行為過當者,得減輕或免除其刑」(第12條),顯示軍事刑法其實有限制普通刑法處罰範圍的效果。相對地,為確保軍隊順利完成戰鬥任務,軍人不會臨陣脫逃甚至叛敵,軍事刑法中自然對此等行為必須嚴加處罰;前揭〈違反效忠國家職責罪章〉與〈違反職役職責罪章〉,即對於內亂、利敵、洩密、投敵、抗命,以及各項未盡軍事職責的行為,設有比普通刑法更嚴厲的處罰。

此外,軍事刑法的另一項重要功能則比較貼近我們一般的理解,也就是維持軍紀。中外亙古之理,只有軍紀嚴明的軍隊才能克敵致勝,因為軍隊建立在階級分明的制度上,以上欺下或以下犯上的行為都不應該被容許,《陸海空軍刑法》亦有〈違反長官職責罪章〉與〈違反部屬職責罪章〉。如在102年時發生的陸軍542旅「洪仲丘禁閉致死案」中,該連士官督導長范○○上士就因「對部屬施以法定種類、限度以外之懲罰」,被以《陸海空軍刑法》第45條第2項「違法懲罰罪」起訴(後因該年8月《軍事審判法》修正,最後依《刑法》第302條第1項「剝奪他人行動自由罪」,處以有期徒刑1年2月,緩刑2年定讞)。

此外,軍法尚有所謂「紀律性懲罰」,為行政罰之屬,以《陸海空軍懲罰法》(詳後)為例,前述洪員乃於被送至禁閉室悔過期間喪命,而「悔過」處分即是規定在此法的第13條中。軍隊重視階級,強調命令與

服從，內部的違規行為應優先以「紀律性懲罰」處理，只有情節重大，其不法性超過紀律不法、直達刑事不法程度的行為，才應該動用軍事刑法處罰；換言之，原則上僅重大的軍事義務違反行為，才應該被納入軍事刑法之中。

㈡《軍事審判法》

軍人為穿著制服之公民，除受法律限制外，其人身自由、生存權、工作權、財產權、訴願權、訴訟權、參政權等基本人權，理應與一般人民同受憲法之保障。惟軍人負有保衛國家的神聖使命，軍隊以克敵致勝為首要，服從軍令亦是理所當然；而軍事審判具有貫徹軍令、嚴肅軍紀之特殊目的，自應與一般司法審判有所差異，故軍人在平時犯《陸海空軍刑法》及其特別法之罪，一向依據《軍事審判法》審問處罰。

所謂的「審判權」，是指法院審理裁判司法案件的司法主權。司法主權屬於國家，與其他國家之司法主權相對，本國之司法主權不受其他國家之干涉；另外，司法主權亦與國內其他權力相對，不受行政或立法之干涉。《憲法》規定：「司法院為國家最高司法機關，掌理民事、刑事、行政訴訟之審判及公務員之懲戒」（第77條），突顯了司法主權的意義，而審判權即為國家在主權所及範圍內所行使的司法權力；至於軍事審判權，乃指軍事法院對於現役軍人犯罪作審問、處罰之司法權。

《軍事審判法》分「總則」、「初審」、「上訴」、「抗告」、「再審」、「非常上訴」、「執行」，以及「附則」等八編，係按審判程序編列條文內容。在歷次對本法的修訂中，其中最重要的就是102年8月6日立法院三讀通過「《軍事審判法》部分條文修正案」、「《國家安全法》第8條修正案」，除直接影響現役軍人在平時觸犯《陸海空軍刑法》的審判權歸屬外，亦實質上使我國常設軍事法院走向終結。（詳後）

㈢《陸海空軍懲罰法》及其施行細則

《陸海空軍懲罰法》分「總則」、「懲罰種類及違失行為」、「懲罰程序及救濟程序」、「懲罰之執行」，以及「附則」等五章；「為維護軍

紀，鞏固戰力，兼顧人權保障，導正陸海空軍現役軍人之違失行為，特制定本法」（第1條），即揭示了其立法目的，另有《陸海空軍懲罰法施行細則》，作為國防部對本法規之實行細則或補充事項。

值得一提的是，《陸海空軍懲罰法》針對軍人的「服從命令」做出了妥慎解釋：「屬官對於長官監督範圍內所發之命令有服從義務，如認為該命令違法，應負報告之義務；該管長官如認其命令並未違法，而以書面下達時，屬官即應服從；其因此所生之責任，由該長官負之。但其命令有違反刑事法律者，屬官無服從之義務。前項情形，該管長官非以書面下達命令者，屬官得請求其以書面為之，該管長官拒絕時，視為撤回其命令」（第6條），以及明定了對軍官、士官及士兵的懲罰種類：

> 第12條：「軍官懲罰之種類如下：一、撤職。二、降階。三、降級。四、記過。五、罰薪。六、申誡。七、檢束。」
> 第13條：「士官懲罰之種類如下：一、撤職。二、降階。三、降級。四、記過。五、罰薪。六、悔過。七、申誡。八、檢束。九、罰勤。」
> 第14條：「士兵懲罰之種類如下：一、降級。二、記過。三、罰薪。四、悔過。五、申誡。六、禁足。七、罰勤。八、罰站。」

惟須特別注意的是，本法規部分或全部條文至今尚未生效，包括第12、13條中對軍官及士官的「降階」懲罰，及第18條對「降階」的實行方式，其施行日期仍待行政院以命令定之。

㈣《妨害兵役治罪條例》

我國自民國107年1月1日起，開始實施完全募兵制，非志願役而達到役齡的常備役男性則改服4個月軍事訓練役（訓期改前5週新兵基本訓，後11週初級至中級專長訓，無須下部隊，仍會抽籤分配至外島受訓）；另外，一般替代役役期從1年又15天縮短至6個月，研發及產業儲訓替代

役役期則由3年縮短至1年半。雖然役期已大幅縮短，但根據統計資料顯示，近年因逃避兵役，或於動召、教召、勤召、點召時無故不到，因而違反本法人數仍逐年上升；根據《妨害兵役治罪條例》規定：「役齡男子意圖避免徵兵處理，核准出境後，屆期未歸，經催告仍未返國，致未能接受徵兵處理者，處五年以下有期徒刑」（第3條第7款）。

如109年時高雄一名未服兵役的36歲陳姓男子，早年時以遊學名義出境前往日本後，就未再返國，後來陳男在日本娶妻生子，並在當地工作，在區公所寄發通知，催促他返國服兵役時，他卻稱「要上班，沒辦法」；其後陳男被檢方起訴，高雄地院法官審理後認為，陳男妨害國家對於兵役事務的有效管理，且破壞國家對於徵兵制度執行的公平性，損及潛在國防動員兵力，遂依上揭法條以妨害役男徵兵處理罪判他3月徒刑，得易科罰金9萬元，可再上訴。

㈤《國家安全法》及其施行細則

近期有關《國家安全法》的相關訊息，在新聞媒體及網路上的討論可謂引起了各方極大的關注，主要因為中共第十三屆全國人民代表大會（2020.5.28），表決通過了《全國人民代表大會關於建立健全香港特別行政區維護國家安全的法律制度和執行機制的決定》（簡稱「全國人大涉港決定」），其後又在十三屆全國人大常委會第二十次會議（2020.6.30），表決通過《中華人民共和國香港特別行政區維護國家安全法》（又稱「港版國安法」），大幅壓縮了香港言論自由和司法獨立，甚至影響到了他國公民之自由權利，此舉引發全世界一片撻伐聲浪，包括蔡英文總統也透過臉書表示：隨著中國打破「50年不變」的承諾，香港的情勢惡化，也對區域的和平穩定造成衝擊，中華民國有責任與國際民主陣營的夥伴們攜手合作，「我們不會坐視民主、自由、人權在香港倒退。」

事實上，為確保國家安全，維護社會安定，世界各國多有《國家安全法》或相關法律條文，我國即訂頒有《國家安全法》（以下簡稱《國安

法》）、《國家安全法施行細則》；其中，民國108年7月3日修正《國安法》條文，與軍事人員密切相關，「人民不得為外國、大陸地區、香港、澳門、境外敵對勢力或其派遣之人，發起、贊助、主持、操縱、指揮或發展組織」，也增訂「不得洩漏、交付、傳遞、刺探或蒐集公務上應祕密的電磁紀錄」之內容（第2-1條）。其中「電磁紀錄」係因應網路普及化，駭客、恐怖分子或敵對勢力惡意對網路破壞、入侵、攻擊，引發公務機密遭竊、攻擊關鍵資訊基礎設施等，已成為國安的重要課題，故上述違犯事實除實體空間外，亦含括中華民國領域內之網際網路空間。至於罰則即明定：意圖危害國家安全或社會安定，為大陸地區發展組織者，處7年以上有期徒刑，得併科5,000萬元以上1億元以下罰金；為大陸地區以外發展組織者，處3年以上10年以下有期徒刑，得併科3,000萬元以下罰金；另其參加的組織之所有財產，應予沒收。條文也明定，洩漏、交付、傳遞祕密文書等，處1年以上7年以下有期徒刑，得併科1,000萬元以下罰金；刺探或蒐集祕密者，處6個月以上5年以下有期徒刑，得併科300萬元以下罰金。

　　要特別注意的是，針對軍公教人員，108年7月3日修正條文也增訂，其在現職（役）或退休（職、伍）後，若犯內亂、外患罪經判刑確定，或違犯《陸海空軍刑法‧違反效忠國家職責罪》、《國家機密保護法》、《國家情報工作法》中，有關刺探、蒐集、交付或傳遞國家機密等罪，經判處有期徒刑以上之刑確定者，將喪失其請領退休（職、伍）給與之權利，已支領者，應以實行犯罪時開始追繳。因此，身為軍公教人員應以效忠國家為天職，切不可知法犯法、因小失大，否則將對國家社會造成比普通百姓更為嚴重的傷害。

第三節　廉政相關法律條令

　　在本書第五章廉政倫理的內容中，已針對廉政倫理的概念和精神、國軍廉政專責機關的組織、職掌，以及國防廉政之具體行動策略等加以說明，但廉政倫理並不限於知識理論的領域，尚且包含了「行動意願」與「行動實踐」的成分；對軍事專業者而言，需要更高的倫理道德標準，

而高倫理道德標準不僅是具備較高的倫理道德知識，更著重於「意願實踐」與「行動實踐」，這也就是軍事專業者與非軍事專業者之間的最大差別。美國軍事倫理學家Shannon E. French認為：「要確保年輕人……陸戰隊員不會犯下戰爭罪的最好方法，甚至他被上級命令（不合法的命令）去做時，不是去練習國際戰爭法與統一軍事法典，而是協助他內化某種適當的戰士信條（the Warrior's Code），以激發他去承認或拒絕來自於上級軍官的犯罪指示」（The Code of the Warrior: Ideals of Warrior Cultures Throughout History, *The Journal of Character & Leadership Integration*, 2017(4)），故建立某種基於規則而訂的規則表並非重點，而是將特定的規則內化，成為一種組織的文化與傳統，特別是必須加以身體力行去實踐，方可讓軍事人員在執行任務時或退役後都能獲得幫助，而不會迷失自我，這也就是軍事倫理的實踐價值。

一、《公職人員利益衝突迴避法》及其施行細則

　　根據《公職人員利益衝突迴避法》（以下簡稱《利益衝突迴避法》）：「為促進廉能政治、端正政治風氣，建立公職人員利益衝突迴避之規範，有效遏阻貪汙腐化及不當利益輸送，特制定本法」（第1條），基於「職責之所在，機會之所由生」，因此就較有利益輸送之虞的公職人員納入本法規範範圍，遏阻公職人員對機關（構）政策負有重大決策權、影響力，或擔任主管職務者貪汙腐化暨不當利益輸送，透過法律制度導正過去「肥水不落外人田」、「有關係好辦事」的通病。

　　目前我國有關公職人員利益衝突迴避制度的規定，散見於各種法律、法規命令及行政規則中，諸如：《公務員服務法》、《公務人員任用法》、《教育人員任用條例》、《行政程序法》、《政府採購法》、《公務人員保障法》、《公務人員陞遷法》、《公務人員考績法》、《公務員懲戒法》等；惟《利益衝突迴避法》為基本法，如有競合，擇處罰較重者適用，另訂有《公職人員利益衝突迴避法施行細則》，以作為對本法規之實行細則或補充事項。由於軍事人員具有準公務員身份，如《利益衝突迴

避法》指出：「本法所稱公職人員，其範圍包括各級軍事機關（構）及部隊上校編階以上之主官、副主官」（第2條第10項）、「其他職務性質特殊，經行政院會同主管府、院核定適用本法之人員」（同條第12項），以及「公職人員之關係人，其範圍包括公職人員之配偶或共同生活之家屬，以及公職人員之二親等以內親屬」（第3條），重點在於規範公務人員執行職務時，得因其作為或不作為，直接或間接使本人或其關係人獲取利益時，應踐行法定迴避程序，並不得以關說、藉由權勢或透過交易等行為進行規避。

　　此外，《利益衝突迴避法》謂「利益」者，包括財產上利益及非財產上利益。財產上利益含動產、不動產、現金、存款、外幣、有價證券、債權或其他財產上權利，以及其他具有經濟價值或得以金錢交易取得之利益；而非財產上利益，指有利公職人員或其關係人在團體、學校、法人、事業機構、部隊之任用、聘任、聘用、約僱、臨時人員之進用、勞動派遣、升遷、調動、考績及其他相類似之人事措施（第4條）；若公職人員知有上述利益衝突之情事者，應即自行迴避（第6條）。

二、《公職人員財產申報法》及其施行細則

　　《公職人員財產申報法》（以下簡稱《財產申報法》），與前揭《利益衝突迴避法》，再加上《遊說法》、《政治獻金法》，合稱「陽光四法」，但因適用範圍最為廣泛，影響力相對較大，故有謂為澄清吏治、防治貪腐的第一步；藉由強制申報義務人依法申報、受理機關審核、公眾查閱等機制，達成端正政風、確立公職人員清廉作為之目的，並透過公開公職人員財產，落實透明、問責之政策指引。換言之，財產申報制度係為符合民主政治之要求，以透明公開之方式，使公職人員之財產狀況攤在陽光下，不僅滿足民眾「知」的需求，同時也提供社會大眾監督政府的有效途徑。《財產申報法》規範重點包括：申報之對象（範圍）、時間、受理機關、財產內容、資料公布、財產信託、財產變動、罰則（含財產來源不明）等。

為維護優良軍風、健全清廉作為、落實陽光法案，更期確保申報權益，並欲利於國軍機關及人員執行財產申報作業依循，國防部依《財產申報法》及《政風機構人員設置條例施行細則》，訂定《國軍人員財產申報作業實施規定》，明定國防部及所屬機關（構）、部隊、學校之軍官、文職及聘雇之國軍人員，須依該規定申報財產，同時要求申報人應於法定期間內，登錄法務部「全國公職人員財產申報系統」網站，以完成各類申報義務。

三、《貪汙治罪條例》

《貪汙治罪條例》開宗明義指出：「為嚴懲貪汙，澄清吏治」（第1條），故公務員及與其共犯本條例之罪者，「依本條例處斷」（第2、3條），且不以任職期間內之貪汙行為為限，任職前之貪汙行為亦應廣義包括在內。而由其法律名稱為貪汙「治」罪條例，而非貪汙「制」罪條例以觀，顯見其刑事政策傾向「治理」（防治），而非「禁制」（防制），亦即對於觸犯該條例者，法律性質屬於法定犯罪（即透由法定程序擬制為犯罪），而非自然犯罪（即本質上違反善良人性的犯罪行為），故堪稱為廉政法令中最基本之法律規範。

《貪汙治罪條例》規範基本貪汙型態，分別為違背職務之受賄罪、不違背職務之受賄罪、圖利罪、財產來源不明罪等。總之，公務員（包含與其共犯之非具公務員身分者）觸犯《貪汙治罪條例》所列之罪，最高可處無期徒刑，最輕5年以上有期徒刑。而直屬主管長官對於所屬人員，明知貪汙有據，而予以庇護或不為舉發者（第13條），及辦理監察、會計、審計、犯罪調查、督察、政風人員，因執行職務，明知貪汙有據之人員，不為舉發者（第14條），亦得處以1年以上7年以下有期徒刑；甚至若有誣告他人犯本條例之罪者，依刑法規定加重其刑至二分之一（第16條），以及調查、追訴或審判職務之人員犯之者，加重其刑至二分之一（第7條），且觸犯此條例有期徒刑以上之刑者，將宣告褫奪公權（第17條）。值得一提的是，雖然《貪汙治罪條例》立法體例之設計上，以處罰

條文居多，但亦訂有自新條款（第8條）。綜上所述，國軍人員因不熟稔法律規定或私人因素，不法侵占或詐取單位經費等情，時有所聞；爰此，各單位應加強是類人員考核，強化監督管控及以「依法行政」、「公款法用」之原則辦理相關業務，俾符法制。

第四節　我國之軍事司法制度及變革

《憲法》規定：「人民除現役軍人外，不受軍事審判」（第9條），由於現役軍人需要效命疆場，以服從軍令、恪遵軍紀為天職，如犯軍法之罪時，為貫徹軍令、維持軍紀，以爭取戰爭之勝利計，軍人必須適用軍事審判；但一般人民與軍人之身分不同，應由普通法院為之，藉此保障人權。《憲法》之所以採審判上軍民分治，是因普通法院、軍事法庭之審判，兩者對被告之保護周密有所不同所致。

世界各國軍人犯罪之審問及處罰狀況一覽表

交由普通法院審理國家	保有軍事法院國家
德國、日本、瑞士、奧地利、丹麥及法國等國家。 *土耳其設有專門審判軍人違犯軍法案件之軍事法院，惟其亦屬司法範圍。 *我國軍人僅戰時犯罪受軍審，非戰時犯罪則由一般司法機關偵審。	美國、英國、比利時、南韓及中國等國家（但不服其判決者得上訴至普通司法機關或最高法院者）。 *我國係在各級法院成立軍事專業法庭，負責審理相關案件。

（關鍵評論，https://www.thenewslens.com/article/116，2013.8.5）

軍事法院與普通法院的差異比較表

區分	普通法院	軍事法庭
公開程度	以公開審判為原則，遍設於各地方。	軍事法庭之審判多以祕密審判為原則，法庭設於軍事機關，較為隱密。

軍事法院與普通法院的差異比較表（續）

辯護制	採多數辯護制度，同一被告至多得選任三位辯護人為其辯護。而每位辯護人之辯護權均各自獨立，可居於自身之辯護權能，從不同之面向，展現不同之辯護內容，自主、充分地為被告辯護，彼此無法取代。	辯護人侷限於軍事機關所許可之人員。
審判人員之地位	法官依據法律獨立審判，法官之官階職等不甚重要。	審判長軍階不得低於被告，且軍官亦得為合議庭之審判官，其審判獨立之地位不同。
審判機關之地位	採地方法院、高等法院與最高法院三級三審制，其間則依獨立審判之精神，無隸屬關係。	在北、中、南、東設地區軍事法庭，國防部設最高軍事法庭。軍事法庭隸屬國防部，其間或存有層級節制之關係。

（陳志華，《中華民國憲法》，三民，2003）

　　民國102年8月，前揭《軍事審判法》、《國家安全法》修正案的通過，令施行數十年的軍事審判制度出現革命性變革。新修正的《軍事審判法》第1條及第237條規定，現役軍人戰時犯《陸海空軍刑法》或其特別法之罪，仍應依軍事審判法追訴、處罰；於非戰時犯《陸海空軍刑法》或其特別法之罪，依刑事訴訟法追訴、處罰。又違犯《陸海空軍刑法》第44條至第46條（凌虐部屬罪、不應懲罰而懲罰罪、阻撓部屬陳情罪），及第76條第1項罪行（刑法瀆職、殺人、妨害性自主罪章等），自公布日施行，其他陸海空軍刑法或其特別法之罪，則自公布日後5個月施行；即採修法一次到位，施行分二階段方式，逐步將承平時期現役軍人犯陸海空軍刑法或其特別法之罪的案件，移歸司法機關依刑事訴訟法訴追、處罰。此外，在兩階段施行期間，就犯罪事實之一部應依刑事訴訟法追訴、處罰時，基於軍法案件移歸司法追訴、處罰之修法意旨，亦於修正第34條規定，該案件全部依刑事訴訟法追訴、審判。換言之，現行所有軍法案件均

移交司法機關審理或偵查，司法院亦將在全國各法院成立軍事專業法庭，負責審理相關案件。

我國《軍事審判法》修法前後重點比較表

我國軍事審判法修法重點	
原軍審制度	修法後制度
軍人犯陸海空軍刑法或其特別法，依軍審法處理。	軍人僅戰時犯罪受軍審，非戰時犯罪則由一般司法機關偵審。
犯罪事實之一部分依軍審法審理時，全依軍審法審理。	犯罪事實之一部分依刑事訴訟法審理時，全部依刑事訴訟法審理。
承平時期軍法機關不再辦理偵查、審判案件，但仍須保留戰時軍事審判種能，以專注法治教育、法律服務及國防法制等法律事務。 已依軍審法偵審或執行案件，若偵查、審判程序尚未終結，移送一般司法機關處理。 軍審已判決案件有再審或非常上訴事由者，得依訴訟法聲請再審或非常上訴。 刑事裁判尚未執行或在執行中者，移送該管檢察官指揮執行。	

（中央社，軍事審判法修法重點，https://tw.news.yahoo.com，2013.8.6）

　　軍事審判制度實施以來，在每一個時空環境，雖被用以回應社會之現象；軍法機關之變革歷史，亦刻劃著軍隊民主、人權及法治發展之軌跡。軍隊之法治理念隨著民主化之腳步不斷推進，軍法制度亦隨著持續之改革而奮進，而軍法實務近幾年之表現，更使軍事審判在審判獨立、人權保障、裁判品質，以及服務效能等面向展現新貌。軍法制度在國家及軍隊邁向民主化、法制化轉型過程中，已完成導引職責及階段性任務，但軍法制度之存在對軍人權益之保障，仍不失為整個軍隊秩序與軍事利益之根本。

　　自國民革命軍建軍以來，軍法體系即為國軍建軍備戰之一環，《軍事審判法》之修正讓國軍部隊面臨管理上的重大變革，自然不免有短期之衝擊與震盪，亦將會有一段時間之適應期，其對軍法人員之職能調整，既可能是危機，也可能是轉機；如何以更開闊、更坦然態度，面對新局、開創新局，讓法制職能深耕國軍，密植於軍隊土壤，將是未來更重要之課題和

更艱鉅之任務。

　　時至今日，軍法及軍事執法人員仍存在著，即使挑戰不斷，它還是朝向以一個「國軍法律利益的守護者」之願景存在。國軍的任何政策都必須依法行政，以軍隊今日之民主法治，國軍法律利益之範圍，概可從「教育」及「服務」進行守護；教育者，以法律知識教誡官兵，使其知法守法；服務者，以法制素養協助國軍建立縝密的典章制度，解決單位、官兵暨眷屬法律疑難，冀許為國家及軍隊社會的利益做出更大的貢獻。

　　整體而言，制度總是在爭議中修正方能趨於完美，此次改革包括轉換軍法職能、人力編配部隊、健全法務功能及落實法治教育，可謂全面深化及廣度的調整，相當程度也彰顯改革的整體性及前瞻性。對軍法同仁而言，這種徹底而根本的改變，雖是壓力，卻更是一種進步動力，能為人權的實踐者與法律服務的代表人，落實國軍依法行政、強化官兵法治觀念，以達成軍法反映公益價值及組織動能的目的；相對地，軍隊社會有了民主、公平與正義，才是軍隊永續發展之基礎。

研究與討論

1. 參考倫理規範依性質、運用對象不同區分的四個象限，探討各種規範的異同。

2. 請簡要說明道德、倫理與法律的關係。

3. 寫出《國軍內部管理工作教範》中所列出的六點「幹部須知」，並思考身為基層幹部最重要的事為何？

4. 《陸海空軍懲罰法》中對軍官、士官、士兵的懲罰種類分別包括哪些？應如何實施？

5. 「陽光四法」所指為何？其中《利益衝突迴避法》中所謂「財產上利益」和「非財產上利益」，分別包括哪些？

6. 請簡要說明我國自民國102年8月後的軍事司法制度變革情形？並說明你的看法。

第七章

戰爭倫理──
正義戰爭思想與實踐

正義與權力必須合而為一，如此正義方有行使之權力，權力也方能符合正義之要求。（巴斯卡（Pascal），《非暴力抗爭──一種更強大的力量》）

誰能參透──海珊（Saddam Hussein, 1937-2006）自稱的「信仰」？

誰能理解──布希（George Walker Bush, 1946-）自命的「解放」？

沙塵暴捲走了一切大招牌──「聖戰」與「義戰」，激戰在赤裸裸的油田之上。（高大鵬，《如果遠方有戰爭・浩歌》）

構成西方正義戰爭的思想基礎淵源於羅馬法、宗教的通諭（religious encyclicals）、軍事理論和運用、現代政治理論與哲學，以及國際法的法律體系。就其內涵的演進言，可以追溯到古典的倫理、法律和歷史的根源，包括經院傳統以及中世紀騎士精神和榮譽的觀念。後來，美國參與越戰（1955-1975）的作為引起重大的爭論，使得西方哲學家和基督教思想家所倡導的正義戰爭思想再度流行。由於正義戰爭思想的理念與實踐存在著許多歧異，我們僅能就其主要內容做探索。

第一節　一個戰爭、二場辯論

一、一個戰爭──宋襄公之仁

歷史上每一次重大的技術進步總是最先運用於軍事上，這種進步是戰略戰術變化的原因，也影響著人們對戰爭的傳統觀念和戰爭行為；如《司馬法・仁本》中的記載：

古者，逐奔不過百步，縱綏不過三舍，是以明其禮也。不窮不能而哀憐傷病，是以明其仁也。成列而鼓，是以明其信也。爭義不爭利，是以明其義也。

古代（西周（1046-771B.C.）以前）的戰爭，追擊遺逃的敵人不超過百步，追蹤主動退卻的敵人不超過90里，這是爲了表示禮讓；不殘殺喪失戰鬥力的敵人並哀憐其傷病人員，這是爲了表示仁愛；等敵人部署完畢再發起進攻，這是爲了表示誠信；爭大義而不爭小利，這是爲了表示戰爭的正義性。「明其禮」、「明其仁」、「明其信」、「明其義」是當時的政治口號，也是當時的戰爭慣例。

　　對於《司馬法》的記載，後人多有批評，多認爲用「禮」來解釋戰術原則是不對的，但這種批評是忽略時代背景所使然。西周以前所以會有這種戰爭慣例，是因爲當時的軍隊數量不多，戰爭目的也很單純，往往只要求對方屈服，而交戰往往是在兩國交界處進行，各傾全力一次交戰決定勝負，故沒有必要進行大縱深的追擊。此外，由於早期以車戰爲主、步兵爲輔，密集而笨重的戰鬥隊形，使得進攻速度很慢，追擊自然也不會太遠；又採取車戰，列陣進行交戰，只能是「成列而鼓」，這都是當時的軍事技術水準所決定的。及至春秋戰國時期（770-221 B.C.）步兵和騎兵大量運用於戰場，這些戰爭慣例就不再被人所遵守，班固《漢書‧藝文志》對《司馬法》的「禮戰」思想，有較爲中肯的評論：

　　下及湯武受命，以師克亂而濟百姓，動之以仁義，行之以禮讓，《司馬法》是其遺事也。自春秋至於戰國，出奇設伏，變詐之兵並作。

春秋戰國之後，由於步兵數量增多、兵器的殺傷力加大，加以軍隊的機動力提高，戰術上的靈活性也隨之增高，所以就出現了「出奇設伏變詐之兵並作」的時代了；在齊、魯長勺之戰（684 B.C.）中，魯國將領曹劌即未遵守「成列而鼓」的戰爭慣例，而是在齊軍第三次擊鼓士氣消沈之後，發

起攻擊取得勝利。相對地，在宋、楚的泓水之戰（638 B.C.）中，宋襄公為了成為當時國際社會的霸主，仍然堅持遵循古軍禮：「君子不重傷，不禽二毛。古之為軍也，不以阻隘也。……不鼓不成列」，以此彰顯宋軍為正義之師，《春秋公羊傳》評論此事說：「君子大其不鼓不成列，臨大事而不忘大禮，有君而無臣，以為雖文王之戰，亦不過此也。」惟宋襄公最終因未能審時度勢，墨守古軍禮而戰敗身亡，常被後世兵家學者所恥笑。儘管如此，我們仍無法否認《司馬法》所記之軍禮規範在戰爭中的影響與作用，如《淮南子》有綜合性評述：「古之伐國，不殺黃口，不獲二毛。於古為義，於今為笑。古之所以為榮者，今之所以為辱也。」（〈氾論訓〉）；「泓之戰，軍敗君獲，而春秋大之；取其不鼓不成列也。」（〈泰族訓〉）。

二、二場辯論——希臘雅典人的戰爭態度

由中外戰史可知，被稱為「正義」的戰爭並無一致性的形式，西方文明史顯示「正義」的戰爭，是人道主義和弱者服從強者的權力理論的混合體。從人道主義的立場，戰爭之遂行是為了保護弱者；從權力理論言，弱者服從強者、強者對弱者擁有無限的權力，也被認為是正義的。修昔底德（Thucydides, 460-400B.C.）的《伯羅奔尼撒戰爭史》（*History of the Peloponnesian War*）一書，記載了兩次圍繞正義問題的辯論，今天我們讀起來仍然饒有趣味，正義問題表面上是辯論的中心問題，在實際上卻顯示實力會凌駕弱者，正義會成為強者的正義。

第一次辯論是伯羅奔尼撒戰爭（431-404B.C.）開始前，斯巴達和雅典人的辯論。當斯巴達的盟國科林斯控訴雅典人的蠻橫侵略之後，雅典人答覆說：

三個很重要的動機使我們不能放棄安全、榮譽和自己的利益。……因為弱者應當屈服於強者，這是一個普遍的法則。

——謝德風譯，《伯羅奔尼撒戰爭史》，臺灣商務印書館，2000年8月，頁56-57。

第二次辯論是雅典人和彌羅斯人之間的辯論。彌羅斯是個島國，是斯巴達的移民建立的國家，他們不願意隸屬於雅典，在伯羅奔尼撒戰爭開始時保持中立，但雅典人決心征服它。雅典人和彌羅斯人進行了辯論。

　　雅典人：經歷豐富的人談起這些問題來，都知道正義的標準是以何等強迫力量為基礎的。
　　彌羅斯人：那麼，你們不贊成我們守中立，做朋友，不做敵人？
　　雅典人：不，……因為和你們友好，在我們的屬民的眼光中，認為是我們軟弱的象徵。
　　——謝德風譯，《伯羅奔尼撒戰爭史》，頁424-425。

在上面的辯論中，雅典人公然嘲笑正義的原則，而斯巴達人和彌羅斯人卻強調正義問題的重要性；雅典人認為，正義的標準是以強迫力量為基礎的，而斯巴達人和彌羅斯人談論正義問題，是因為他們考慮到自己的利益，亦即隱藏在正義問題之後的真正的意圖是國家的安全、榮譽和利益。可見正義與權力的觀念都對希臘人的戰爭行為有所影響，而古希臘的戰爭規範，就是建立在將權力作為實踐正義的觀念之上的。在伯羅奔尼撒戰爭中，高舉正義旗幟的國家有之，公然嘲笑正義的國家有之；遵守人道主義原則的情況有之，違反人道主義原則的情況也有之。究其原因，是正義和權力的觀念都在發揮作用：當國家利益受到較小或沒有威脅的時候，國家寧願高舉正義的大旗，而在與國家間的利益發生衝突的時候，則強權公然動用武力來維護正義（其實是利益），這在當時的國際政治中都被認為是可以接受的。

第二節　正義與利益

一、義利之辯

　　古希臘時期對於戰爭的正義、利益之辨至為明確，至少雅典人認為利益的因素是他們發動戰爭的重要動機之一。在中國孟子也作義、利之辨，

其以爲唯周天子才有發動戰爭的權利，所以感嘆「春秋無義戰」，深責當時諸侯殘民以逞、從事不義之戰，並痛斥當時爲官而自我標榜可以「爲君闢土地，充府庫」、「爲君約與國，戰必克」者是「民賊」（《孟子・告子下》）。此外，孟子也贊同湯武革命，認爲救民於水火的戰爭才是正義戰爭，軍隊才是仁義之師；既是正義戰爭，就必須注意手段的正當性，並縮限戰爭之範圍，故孟子讚許武王伐殷僅用「革車三百輛，虎賁三千人」，因爲正義戰爭會受到百姓的支持，甚至發生百姓「奚爲後我」的抱怨聲（《孟子・盡心下》）。

在《尙書》裡有記載武王伐紂的戰況：「甲子昧爽，受率其旅若林，會於牧野，罔有敵於我師，前徒倒戈，攻於後以北，血流漂杵。」（《尙書・周書・武成》）孟子對於「血流漂杵」甚爲在意並極力澄清，他的評論是：「盡信書，則不如無書。吾於〈武成〉，取二三策而已矣。仁人無敵於天下。以至仁伐至不仁，而何其血之流杵也？」（《孟子・盡心下》）依孟子之意，仁人無敵於天下，不須有大規模的作戰，就會獲得百姓擁戴，自動歸順，更何況是對於極其暴虐不仁的紂王，絕不會發生「血流漂杵」的慘烈戰況；若發生「血流漂杵」的現象，將難以肯定戰爭的正義性質。

孟子對義戰標準是一種「理型」的義戰，不容雜於利益與殘忍，湯武革命則是實踐之標準。若細查《尙書・周書・武成》的內容可知，發生「血流漂杵」的原因是因「前徒倒戈，攻於後以北」，即紂王部隊倒戈、自相殘殺所造成的，孟子擔心後人不愼會有誤解，而影響武王革命的「至仁」形象，或對「至仁」沒有信心，因而不願做到這個標準，所以說出「盡信書，不如無書」的名言。朱熹對此評論至爲中肯，「《書》本意乃謂商人自相殺，非謂武王殺之也。孟子之設是言懼後世之惑，且長不仁之心」（《四書章句集注・孟子・盡心》）。孟子的義戰思想根源來自其「仁者無敵」，以及義、利必須嚴格區別的觀念，即發動戰爭不容義、利混淆，義戰是一種達到純粹目的的手段，就是救生民於水火的戰爭，沒有任何闢土地、充府庫的利益存在。

就實際情形而言，要將戰爭作義、利的區隔是不容易的，一方面，戰爭畢竟不是兒戲，攸關國家存亡與國力之消長，若無利益的誘因很難讓執政菁英發動戰爭；另一方面，運用「義」也可獲得戰爭合理性，易於克敵制勝的利益，如春秋時期楚國大夫申叔時說：「德、刑、詳、義、禮、信，戰之器也。……義以建利。」（《左傳・成公十六年》）對於發動戰爭的個人或國家也可獲得榮譽的名聲。故《呂氏春秋・恃君覽・召類》云：「凡兵之用也，用於利，用於義。攻亂則服，服則攻者利；攻亂則義，義則攻者榮；榮且利，中主尤且為之，有況於賢主乎？」戰爭中的義、利關係殊為複雜，可見一斑。

二、十字軍、殖民地與正義戰爭

從西方戰史來看，戰爭的發生夾雜著正義與利益的關係，惟隨著人們對戰爭毀滅性的理解，戰爭規範對於武力運用的限制趨於嚴格而有效。不過，戰爭規範的約束力通常仍僅限於大國，或較具民主化的國家；在一些內亂不止的「失敗國家」，戰爭規範是很難獲得遵循的。戰後的制裁可能會對戰爭造成若干制約，也可能引起另一波的戰爭，如在第一次世界大戰（1914-1918）戰敗的德國，不滿國際社會的制裁而發起第二次世界大戰（1939-1945）；第二次世界大戰戰後，日本因中國的寬容政策未見制裁，使其能夠順利戰後的重建，並成為亞洲與世界的經濟大國。

戰後的制裁措施，首須要對戰爭的發動者（或製造者）與無辜人民之間做區隔，如美國攻滅伊拉克海珊政權後（2003），極力的以回復伊拉克秩序、建立民主社會為目標（當然這還有長遠的路要走，是否能夠達成，仍有待觀察），惟須注意的是，既然伊拉克重建是以正義為號召，參與的國家、組織與企業就不應陷於利益分配的角力。換言之，伊拉克重建的經費龐大，也為「西方軍工複合體」的政治利益結構獲得一個商機，但重建工作必須對其政治、經濟、社會，以及文化等方面有具體的成效，否則只會讓世人一再質疑美伊戰爭的本質，是為利益而不是正義。

戰爭的正義原則與規範能否獲得遵守，其評斷標準在於：它與國家

利益之間的一致性。伯羅奔尼撒戰爭固然反映這樣的問題，十字軍東征（1096-1291）、拿破崙戰爭（1803-1815）、近代帝國主義的殖民思想所引發的殖民戰爭，以至兩次世界大戰、韓戰（1950-1953）、越戰（1955-1975）、美伊戰爭（2003）都顯現正義與利益的糾纏現象。美國經濟學者蓋伯瑞斯（John K. Galbraith）評論道：

早期對於資本主義理念的詮釋，至少還算相當公正的，但為殖民主義的理念尋求正義的理由卻從未公正過。這種現象其實不足為奇。人們向來明白，某些事情的動機最好隱晦不彰，人在說服他人之前，必須先說服自己，因此良心不安時，往往把虛構神話作為一方良劑。神話對戰爭尤為重要，人在崇高理由的支持下，才會願意赴戰場送死。幾世紀以來，人類多半為爭權奪利而戰，真要追究起來，他們的動機並不純正。（徐淑真譯，《不確定的年代》，久大文化，1990）

歐洲自十五世紀文藝復興以後，在宗教改革的影響下，展開整個政治社會的重組與發展，特別是在戰爭中進行轉型與革新，如十七世紀的三十年戰爭（1618-1648），以及法王路易十四（Louis XIV, 1638-1715）期間歐洲持續發生的動亂與戰爭，刺激軍事科技的發展和好鬥精神，奠定歐洲軍事力量的優勢基礎。

歐洲自十九世紀以後能主宰世界的原因，一方面是其他大陸的虛弱，如在亞洲雖有古文明大國——中國與印度，但都沒有中興的跡象與能力；另一方面是歐洲的野心與持續的進步，歐洲人將變革、進步、精力、投資貿易等新教倫理，結合舊有的君權神授，並隨時準備訴諸武力實施擴張政策。歐洲人相信這麼做是天經地義，「正如刺刀帶著自由，縱橫歐洲各地的法國大革命所想的一般」，他們認為殖民擴張與傳播基督教都是一種萌生已久的「使命」（mission）。在歐洲第一階段擴張時代，西班牙、葡萄牙帝國認為把基督教傳至殖民地，是回饋在地民眾的方式；在第二階段擴張時代，歐洲人以「傳播文明的使命」（civilizing mission）作為

「理想」，以掩飾逐利的粗俗欲望。即使有若干同情心的西方人，認爲土耳其、中國、以及其他各地終有富強的一天，惟他們還是深信：除非這些民族已享受諸般人權，否則他們不會眞正進步；也只有透過歐洲的征服殖民，他們才能知道何謂人權。

　　承上，爲了掩飾殖民主義的眞正的動機、不給人卑鄙自私之感，於是殖民地的統治者在分配墾殖荒地之餘，莫不以宏揚道德和政教制度爲自己無上的功德；當時若有人對此政策表示懷疑，會被當成思想偏差，嚴重的話則被扣上不愛國或是叛國的帽子。

　　事實上，歐洲將戰爭合理化、神聖化，並從中獲利的殖民式思維，實始於十字軍東征。從1095年教皇烏爾班二世（Urban II, 1099-1085）第一次發起十字軍東征開始，在目標上即已混淆不堪：對於烏爾班二世和一般人民而言，十字軍的意圖爲幫基督世界收回聖地；對於多數騎士而言，是爲了要想獲得土地；對於拜占庭皇帝而言，是想要確保君士坦丁堡，並從土耳其人手中，收復其亞洲各省區。十字軍東征或許眞的是爲了收復聖地的神聖目的，但是也有實利——獲得土地與財貨的誘因存在；只是一個是明示的目的，一個是暗示的目的，不斷世俗化的結果，令世俗權力利用十字軍當作向外侵略的工具，任何教皇都無法控制，及至1204年的第四次十字軍東征，金錢主義已完全取代第一次十字軍的宗教精神。

　　宗教或傳播文明的正義目標，常會與經濟利益相衝突，也種下二十世紀以後世界動盪不安的後果，可說是宗教戰爭與殖民政策留下的惡果。宗教戰爭使回教徒至今仍仇視西方，除以色列免不了戰爭的陰霾外，各地的恐怖攻擊事件更威脅西方的安全；在殖民政策方面，美國介入越戰失利被當作是一個典型的案例。

　　蓋伯瑞斯指出，對拯救越南免於陷落共黨統治一事，美國人有三種看法：第一種看法是將戰爭視爲一場聖戰，持此種看法者將越南視同陷於土耳其人手中的君士坦丁堡，或淪陷異教徒手中的耶路撒冷，因此解救越南是神聖的（義戰）。第二種看法則將戰爭視爲賺錢的機會（利益之戰）。第三種觀點動機比較複雜，是將自由貿易與民主自由混爲一體；主張這類

觀點的人認爲民主自由不但可以維持貿易自由，同時也是合理化戰爭的理由。他們提出骨牌效應的說法，認爲越南一旦淪陷，泰國、馬來西亞、新加坡、夏威夷的自由貿易制度也必然跟著岌岌可危；何況在越南爲自由貿易和民主自由而戰，總比將來在夏威夷歐胡島（Oahu）海灘開戰要好得多（這是考量正義與利益）。雖然美國具有持續和越共作戰的實力，但十字軍心態的熱誠卻隨戰事的不順利而降低，這種失敗如同其他歐洲國家的殖民地戰爭失敗一樣。

正義與利益混雜的十字軍或殖民主義的戰爭經驗，在後冷戰時期已轉化成「人道干涉主義」（humanitarian intervention），其中，以美國的人道干涉主義的情緒最爲高昂。美國在越戰遭遇被視爲一大挫敗，曾經一度對於介入遠方國家的內政，採取審愼的態度，但自1991年的波灣戰爭獲得大勝後，又再次激勵其宣揚爲自由民主而戰。故戰爭是利益，還是正義的複雜性，在可見的未來還是無法釐清的。

第三節　正義戰爭思想的內容

一、正義戰爭思想的起源

義戰思想起源於人類對於戰爭殘酷與毀滅性的反省，若從技術對戰爭的影響觀之，技術改變了戰爭的型態，也促進正義戰爭思想的發展。義戰思想最主要運用道德的力量來規範戰爭、限制戰爭，使戰爭的毀滅與暴力程度降至最低點；惟義戰思想並不反戰，認爲戰爭可以達到和平所無法達到的倫理性質的目的。

自中世紀開始，西方軍事技術的進步愈趨快速，對義戰思想的影響也就更爲明顯。十一世紀初，十字弩在歐洲重新出現，其射出的箭初速很快、能穿透鎧甲，形成一個很大的傷口，被認爲是一種極端殘酷的武器；1139年梵蒂岡甚至頒佈一項法令，禁止在基督徒之間的戰爭中使用十字弩，惟若將它用於對付穆斯林或其他異教徒則被認爲是完全合法的。這是西方最早的武器限制的規範，顯示技術的進步和武器的發展，令人們提出了戰爭中的道德問題，而人們對武器和作戰方法的自覺規範，也促進了義

戰思想的發展。

二、義戰思想的歷史發展

　　一般均同意正義戰爭思想或理論的內容，是由兩大部分所組成，*jus ad bellum*（the justness of going to war）——開戰正義原則，指的是發動戰爭應具備的條件；*jus in bello*（justness in war）——交戰正義原則，主要是規範戰爭行為。正義戰爭思想的這兩個原則，分別涉及在某一特定狀況下武力運用是否具備正當性，以及應該對正當性使用武力的手段做必要的限制的問題；此外，正義戰爭思想還提出更加具體的指標，以作為衡量開戰正義與交戰正義兩項原則的標準。

　　西方的正義戰爭傳統淵源流長，最遠的根源可以追溯到古希伯來、古希臘，以及古羅馬時期的戰爭實際慣例和思維活動。古希臘的一些戰爭規範，包括⑴希臘人僅承認自己城邦（國家）之間的武裝衝突為戰爭；⑵將戰爭分為有、無合法理由的戰爭；合法理由的範圍，各個城邦有其自己的標準，但有些理由被認為是無可爭辯的，包括保衛國家不受侵犯、保護宗教聖地與履行同盟義務；⑶必須進行隆重的宣戰儀式，在宣戰的同時要採取一系列行動，這些行動不僅具有法律意義，而且是宗教儀式的性質；⑷限制武器使用的對象，主要涉及廟宇和其他祭祀設施的中立化。（盛紅生等著，《武力的邊界》，北京：時事，2003年6月。）

　　古羅馬人與希臘人的戰爭規範，有許多共同的特點，而且更為完備：不同處是羅馬人一方面認為不應進行非正義的戰爭，一方面自認他們所進行的戰爭是正義的。這個觀念出自羅馬人的宗教世界觀，他們認為一切對羅馬人有用的東西都是上帝喜歡的，因此要使戰爭完全合法，只要完成一套宣戰的儀式即可。這些儀式是羅馬法中最古老的部分，即所謂宣戰媾和的「祭司法」。羅馬的外交政策，完全以自身利益為行動原則，在估計國際行為的正義立場和合法性時，完全以自己的利益為衡量標準，經由宗教儀式及合法性的宣佈戰爭，即自認為是遵奉神意的正義戰爭。不過到了古羅馬後期，羅馬的法律及其習慣已經提出具體的正義事項（合理的原

因）、必要的宣戰權力，以及必須衡量運用武力所能實現的利益，或是可能招致的罪惡。

　　中世紀的歐洲，藉由慣例發展出「商業法」，以及對陸海商人的權利義務做了具體的規範，而海戰和中立法規亦有詳盡的條文，使得正義戰爭這個具有高度爭議性質的概念，在此時被宗教學者予以強化。先是奧古斯汀（St. Augustine, 354-430），《上帝之城》（*The City of God*），第一個論述正義戰爭的神學家，他將基督教教義與正義戰爭結合，為西方的正義戰爭理論奠定了基礎。其後的學者繼續對正義戰爭進行了不懈的研究與分析，後由集經院哲學派大成的湯瑪斯・阿奎若（St.Thomas Aquinas, 1225-1274）繼承了奧古斯汀的正義戰爭思想，在《神學大全》（*Summa Theologica*）中歸納出正義戰爭應遵循的一套規則。奧古斯汀與阿奎若的正義戰爭思想，係根據《聖經・路加福音》中有關戰爭的內容、基督教先知的戰爭傳說而構成，他們的思想強調正義戰爭必須滿足三個基本條件（朱之江，《現代戰爭倫理研究》，北京：國防大學，2002年9月）：

(1)「正當的理由」。阿奎若列舉的正當理由包括，自衛、恢復和平、援助遭受攻擊的鄰國、保護窮人和被壓迫者、懲戒犯罪；

(2)實施和控制戰爭的合法權利機構，指的是教會或君主；

(3)有關戰爭目標的正確意圖。基督教神學家的正義戰爭思想對後世有重大影響者是主張：「只要戰爭是為了自衛（即反抗外來進攻），或是為了懲戒犯罪者，便可稱之為正義的戰爭。」

後一項條件，為往後決策者們在本國領土之外發動戰爭開了「綠燈」，因為他們可以以捍衛或傳播某種信念，或者懲戒由他們自己確認的違法者為理由，證明所發動的是正義的戰爭。大約與此同時，一些世俗的學者開始重新復興羅馬法中的某些內容，而在騎士階級內部，騎士制度的準則已初具規模，對武力的使用加以特定的限制；及至英法百年戰爭時期（Hundred Years' War, 1337-1453），神學家與世俗學者對有關戰爭理由

及其限制問題逐漸融合成一種文化共識，成爲現代正義戰爭思想重要的結構要素。

文藝復興之後，正義戰爭成爲國際法學者研究的課題。西班牙法學家維多利亞（Vitoria, Francisco de, 1486-1546）、蘇亞雷斯（Francisco Suárez ,1548-1617）進一步充實了正義戰爭的原則，除神學家提出的發動戰爭的三個條件外，他們又補充了另外三個條件（魏宗雷等著，《西方人道主義理論與實踐》，北京：時事，2003年1月）：

(1)戰爭帶來的罪惡，特別是人員死亡，應與戰爭要防止或糾正的不正義相稱。
(2)阻止或糾正不公的和平手段已經窮盡。
(3)正義戰爭有成功的可能性。

十六世紀末、十七世紀初，歐洲的宗教改革過後，教會大權旁落、民族國家興起，國際法開始萌芽。維多利亞、蘇亞雷斯和義大利自然法學家眞梯理（Alberico Gentili 1552-1608）等人，試圖將「正當的理由」與「自然法」聯繫起來，將正義戰爭傳統納入法律。他們提出：阻止海上無害通行、危害海上通行自由、海盜和殺死無辜平民的行徑，都是發動戰爭的正當理由；蘇亞雷斯直言，在世界任何地方，保護無辜百姓都構成發動正義戰爭的正當理由。

荷蘭法學家格老秀斯（Hugo Grotius, 1583-1645）被認爲是近代國際法與義戰思想的先驅，他於1625年發表的巨著《戰爭與和平法》（*On the Law of War and Peace*）。在格老秀斯的年代，歐洲爆發了規模空前的三十年戰爭，因爲目睹戰爭的殘酷，他深感重建和平與法律秩序，以及規範戰爭行爲的必要；故在其著作中即系統地論述了近代國際法的基本原理和戰爭規則，其中許多規則在現代國際法中仍是十分重要。《戰爭與和平法‧序言》載：

在基督教世界裡，我看到戰爭的毫無節制，甚至連野蠻人也引以為恥；我看到人們為了一點小事，或毫無理由的大動干戈，而戰爭一旦爆發，無論是人的法律或是神的法律，都置之不顧了。（Grotitus, Hugo, *The Rights of War and Peace*, The Online Library of Liberty, 2004）

格老秀斯依據中世紀基督教神學家的理念，首先歸納出七個主要因素，作為從事一場正義戰爭的準繩（Roy Gutman & David Rieff著，席代岳譯，《戰爭的罪行》（*Crimes of War*），臺北市：麥田，2002年5月）：

(1)基於正義的起因。
(2)有合法的權責發起戰爭（例如，要有國家主權）。
(3)有合理的意圖參與使用武力的一方。
(4)訴諸武力的對象要相稱。
(5)運用武力是唯一的手段。
(6)戰爭以獲致和平為目標。
(7)戰爭經合理的研判要獲勝。

與前人相比，格老秀斯對於戰爭中的行為規則，即戰爭的手段（means），有更詳細的闡釋，因此他被視為是第一個闡述戰爭法的人。格老秀斯以為正當的手段取決於正當的理由，即在戰爭中選擇什麼手段，應考慮發動戰爭的理由是什麼；他並指出任何意圖與手段如果超出了正當理由的需要，就不是正當的：

有必要注意的是，戰爭的起源可能是正義的，但是在戰爭進行過程中其發動者的意圖卻可能是不正當的。

故意殺人不能被視為是正當的，除非是法律的懲罰，或者是為了保衛自己的生命財產。（Grotitus, Hugo, *The Rights of War and Peace*）

格老秀斯主張，在正義戰爭中雖有殺死人的權利，但是仍必須有所節制、人道行使；應避免傷及無辜，尤其是對於兒童、婦女和老人，應該儘量做出最大限度的預先警告，以防陷無辜者於危險之中，避免不必要的流血。此外，在戰爭中的掠奪行為亦應有所節制。總之，「在戰爭中的報復不應走向極端，也不應超過侵略者為其罪行所應承受的必要懲罰的限度」。

　　自格老秀斯以後，正義戰爭思想逐漸世俗化，不再侷限於基督教的框架內進行論證，並且據此產生了現代國際法中規範戰爭的理論基礎。因此有些國際法學者就曾將中世紀的正義戰爭理論和現代的國際法，看作是同一種思想持續發展的兩個階段。現代國際法一方面對戰爭遂行的方式、戰爭罪做界定外，另外一方面將戰爭區分合法的正義戰爭、非法的侵略戰爭（wars of aggression）；又歷史上教會曾有權給予侵略者開除教籍的處分，今天則改由聯合國的憲章來判定戰爭的合法性。在適應特定的時間空間條件和變動不拘的戰爭特性方面，正義戰爭思想經常表現出十分顯著的變易性，故有學者主張，不應將正義戰爭思想視為某種單一的理論或學說，最好將其理解成一種包含著許多理論與學說的「思維架構」（framework of thought）。由於各種正義戰爭準則之確定意義的討論從未間斷，從而形成了連續性的相關內容，所以亦可將正義戰爭思想稱為「正義戰爭傳統」（just war tradition）。

三、當代義戰思想的內容

　　經過幾千年的發展，各種正義戰爭思想至今，在結構與構成的原則已有基本的共識。關於結構，可區分為「開戰正義」與「交戰正義」。其所構成的原則，在「開戰正義」方面包含了「正當理由」（just cause）、「合法權威」（legitimate authority）、「正當目的或意圖」（right intentions）、「最後手段」（last resort）、「成功的可能性」（likelihood of success）與「相稱性」（proportionality）等六個原則或標準，在「交戰正義」方面則包括了「相稱」（proportionality）與「區分」（discrimination）兩項原則或標準。

(一)開戰正義基本原則

1. 正當理由

正當理由是指，一個政治實體發動戰爭，必須基於某項「正義」的原因；但這個原則並未提供一個明確的正當理由清單，它提供綱要（guidelines）以處理各種類型的議題。在傳統上，正義理由包括對於攻擊的回應，以及訴求權利以反抗不正義。格老秀斯指出，通常提出可以發動戰爭的正當理由有三：防衛（defense）、賠償（indemnity）和懲罰（punishment）。從義戰思想的發展來看，有兩種基本的正當理由，自我防衛（self-defense）與防衛他者（defense of others）。

(1)自我防衛即反侵略的自衛戰爭，包括協助友邦或盟國遭受他國的侵略的戰爭；此外，義戰思想固然是屬於防衛性質的戰爭思想，惟若敵人有侵略的意圖時，可實施先制攻擊（preemptive strikes）。例如，以色列對抗埃及的六日戰爭（1967）。

(2)防衛他者，係指人道干涉，如一個國家國民遭受到國家暴力的種族滅絕，國際社會同樣也能夠基於人道主義立場，正當地對這個國家發動戰爭。防衛他者（人道干涉）的戰爭有時不似自我防衛有明確的正當理由，固然發動戰爭者會宣稱是為正義而戰，然而真實意圖卻是獲得利益。如在第二次世界大戰中，同盟國向日本和德國的宣戰，常常被引用作為正義宣戰的典範案例，因為這兩個國家具有摧毀西方民主政治的意圖。而波灣戰爭（1991）則是因伊拉克侵略科威特，並可能接著造成沙烏地阿拉伯、敘利亞和以色列的危險，故而發動的戰爭，被視為是正義的戰爭，遂獲得大多數輿論及聯合國的授權；但是由於它尚涉及中東油源的控制問題，卻也引起一些質疑，因為它似乎與油源的利益有關。至於美伊戰爭就引起更大的質疑，因為美國宣稱伊拉克擁有大規模毀滅性武器，將對美國及世界造成危害，惟證據不足，又宣稱要解放伊拉克並使之成為民主國家，亦令世人認為與中東的利益有關，致未獲聯合國授權，引起很大的反對聲浪。

2. 合法權威

合法權威原則，是要界定到底誰才能合法的使用武力。早在十五至十七世紀，西方正處於由基督教世界的政治組合轉化為現代民族國家的過程階段，當時的學者即致力確立以擁有「合法權威」的行為體，作為從事正義戰爭的前提要件，即：「只有擁有正當權威，才可出於正義的目的，使用正當的手段從事戰爭」；惟此時所謂的合法權威，尚未限定為主權國家。現代正義戰爭理論中的合法權威原則、現代國家主權的法律原則，兩般是緊密關聯在一起的，通常被視為有主權的國家才有發動戰爭權，也將革命戰爭和反叛的暴亂排除在外。在這樣的限定下，一個國家決定是否進入戰爭前，必須透過適切的政府當局，依據適切的程序公開宣戰以告知其公民及敵國；而所謂「適切的政府當局」（appropriate authority），通常是依據該國家的憲法來判定（可能是某個最高行政職務、機構或立法機構）；國家若未能遵循這個最基本的正義原則，將喪失進入戰爭的合法性。不過，就當代國際政治而言，合法權威不必然以國家為限，當某一主權國家遭受他國侵略，致使國際社會的和平受到威脅、破壞時，聯合國安理會就可以充當合法的權威。此外，反對殖民體制的民族解放運動，也普遍被認為具有以武力來保衛它們的民族自決權的合法權威；惟在非殖民體制的情況下，分離主義者所進行的暴力活動是否具有合法權威，一直是有爭議的。至於革命戰爭中革命的一方亦常被視為具有合法的權威；只是在什麼條件下，以及在何種程度下，革命戰爭可以被視為具有使用武力的合法權威，同樣也存在疑問。

3. 正當目的（意圖）

只有正當理由從事戰爭是不充分的，還要有正當的目的，亦即在訴諸於戰爭背後的實際動機，應具有道德上的適切性。一般認為，正義戰爭應該是為了和平目的而發動的戰爭，別有用心的動機（如權力或領土的攫取）、非理性的動機（如出於報復或種族仇恨），都應該將之排除在外。因此，如果甲國對侵略國作出反制，甲國的善意目的只是為了阻止侵略，而且可能是為了懲罰侵略者，那麼甲國不能將戰爭作為獲得它一直覬覦的

領土，抑或是獲取利益的藉口。

4. 成功的可能性

　　這個原則主張，如果開戰不能產生好的結果，那該國就不應該開戰；試想無法成功的戰爭，又如何有正義可言。相較於他開戰原則，成功可能性原則的歷史較短，十七世紀的格老秀斯，是將此一原則納入正義戰爭理論的首批學者之一，其以爲即使是具有正當的理由，也要謹防貿然發動戰爭：

　　必須謹慎的另一個問題與時間有關：何時才是進行戰爭的適當時間，有賴於適切的計算，要查明是否有足夠的資源和力量支持我們正義的要求。（Grotitus, Hugo, *The Rights of War and Peace*, The Online Library of Liberty, 2004）

繼此之後，大多數的學者都將這一原則列舉爲「開戰正義」中的六原則之一；也有學者將此原則歸類於「相稱性原則」之中，而不將其視爲一個基本原則。

5. 相稱性

　　相稱性原則是一條相對性的原則，事物與其自身無相稱的問題，相反地，事物必須是要相對於其他事物而言才能是相稱的。開戰正義中的相稱性原則主張，開戰的預期成本應該和效果相稱，即爲正當理由所發動的戰爭，其所帶來的預期傷害或惡果（harm），不應該超過其所帶來的善果（good）；當開戰的預期效果必須超過預期成本時，該戰爭才是合乎正義的。惟這個原則並無精確的內涵，它無法清楚的說明衡量成本和效果的標準爲何？亦即它無法正確的界定：戰爭預期的效果和成本的比例到底要達到什麼樣的程度，才能視爲正義戰爭？是只有當預期效果大大超過預期成本時戰爭才是正義的？還是成本和利益大致相等就可以？美國哲學學者福臣（Nick Fotion）建議這一個問題可以用極端的狀況來說明，即：

如果一場戰爭帶來的惡果明顯的大大超過它所帶來的善果，那麼相稱性原則就不會支持參戰。相反，如果善果明顯大於惡果，那麼這條原則也就會支持開戰。（考彼爾特斯（Bruno Coppieters）等編，《戰爭的道德制約：冷戰後局部戰爭的哲學思考》，法律，2003.1）

　　即使如此，這個原則還存在著一些問題，包括：如何衡量為了阻止未來的侵略者而開戰的戰爭效果，戰爭會持續多久的估計，以及戰況會變得如何惡劣等問題，這些都不是很容易加以估算。顯然地，它可以給的唯一明確的指導，就是提醒一國在開戰的預期成本遠遠超過預期效果時，不要開戰。因此有人認為在冷戰期間，如果北大西洋公約組織（簡稱北約）在1968年為支持捷克斯洛伐克人抵抗蘇聯佔領，發動第三次世界大戰並使用核武器，就違反了相稱性原則；即縱然有正當理由原則允許第三次世界大戰，相稱性原則也不會容許。

6. 最後手段

　　武力的使用，只有作為衝突解決的最後手段時才能是正當的，亦即只能在用盡了各種和平的方案後才能訴諸戰爭。最後手段原則，並不表示在未戰爭前就已把宣戰當作成一個預設的政策選項，而應被認為是在訴諸戰爭之前，應該在經過一切的外交、談判的努力都已經沒有意義，並做了一個合理的決定之後，戰爭是唯一完成良好終局之方式。

(二) 交戰正義的原則

　　「交戰正義」原則適用於戰爭進行中的正義，或者在戰鬥進行中的正義行為，共有兩個原則。

1. 相稱性原則

　　就「開戰正義」中的「相稱」原則而言，是要求進行一場戰爭的預期道德成本，不應同預期的道德效益相去甚遠。「交戰正義」的「相稱」原則，亦將被繼續運用在繼續從事戰爭所採取的行為上，其哲理思維的內涵與開戰正義的相稱原則是相同的，並無改變與差別，而應用它的環境已發

生變化。比利時皇家軍事學院教授范戴姆（Guy Van Damme）與福臣指出，在「交戰正義」的環境下，「『相稱性』這一術語就是指，在戰爭過程中同某一特定的戰役或行動相關的收益與罪惡之平衡的總體計算。」（《戰爭的道德制約：冷戰後局部戰爭的哲學思考》）相稱原則主張在合理使用武力的情形下，武力不能以絕對任意的量來使用；相對地，如果戰爭的目標是在矯正不義，那麼武力的使用就不應再造成一個更大的不義。

　　因此，戰爭進行的規模必須有所節制，不能比完成善的終局所需的結果帶來更大的災禍，亦即比所需達成善的目標的更多暴力不可以被執行；據此，核生化等大規模毀滅性的武器違反相稱性原則，也違反區分原則。惟有人認為有限使用核子武器可以在某種程度上限制戰爭的升級，並迅速結束戰爭，而在死亡人數上可以滿足相稱性原則，亦即核子武器的使用並不會比延續戰爭所帶來的損傷大。第二次世界大戰中美國對廣島、長崎投下的原子彈，迫使日本提前投降，被視為是一個相稱性原則可以抑制區分原則的例證，邱吉爾對杜魯門投下原子彈的決策評論道：

　　在歷經各種艱辛和危險之後，以幾次爆炸為代價來免除一場大範圍、無限的屠殺行為，似乎是一個偉大的救贖行動。（Michael Walzer, *Just and Unjust Wars*, New York: Basic Books.）

儘管如此，自1945年以後，由於核子技術的不斷升級與擴散，以及人們對核子武器所帶來的災難的進一步了解，使大多數的學者認為使用核子武器是違反相稱性原則，同時也違反區分原則。所以研究正義戰爭的著名學者華爾澤（Michael Walzer）認為，應該尋求其他的方式來嚇阻戰爭之發生，他說：

　　核子戰爭在現在和將來在道德上都是無法接受的，現在也沒有它復發的情況。因為它是不可接受的，我們必須找出方式以阻止它，因為嚇阻是壞的方法，我們必須尋求其他方法。（*Just and Unjust Wars*）

2. 區分原則

　　區分原則的內涵是一種基於目標本身特性的區別，就是認為處於交戰中的各方都應該對於適合與否的目標作區別。義戰理論不同於效益論的觀點，義戰理論主張將戰鬥人員與非戰鬥人員、軍事區與非軍事區之間做區分；美軍於越戰期間於美萊村（My Lai）對平民的屠殺就被視為是極端令人唾棄的行為。相同的，美伊戰爭後，駐防伊拉克的美軍所作的虐俘行為也受到很大的非議。

　　由於強調意圖（intention）是道德行為的確定特徵，正義戰爭試圖從兩個不同的情況中，標識出「戰爭中殺人」（killing in war，符合戰爭道德）和「謀殺」（murder，不符合戰爭道德）間的差異。首先，在一個有正當理由的戰爭中，殺掉敵方戰鬥人員，固然是「戰爭中的殺人」，沒有「謀殺」的爭議，惟若敵人已舉示投降，則應停戰，不得繼續射殺降敵，否則即有「謀殺」之嫌。其次，在一個有正當理由的必要軍事作戰中，意外造成了非戰鬥人員的殺害，在某些境況上，仍屬「戰爭中的殺人」，是道德上可以接受的。

　　這裡尚須提及「雙重影響原則」（principle of double effect），雖然不是正義戰爭理論的一個部分，但常被用來深入說明相稱與區分兩原則的實質內涵；所謂雙重效應原則，主要是用來作為支持非戰鬥人員「免於傷害權」（immunity）的論述基礎，「非戰鬥人員不應死於一個具有道德性的軍事作戰的有意結果上」。但必須指出的是，在任何戰爭進行期間，都會造成適切的目標與不適切的目標的損毀，如在一個轟炸行動中，除了會造成某軍事目標的損傷，也可能波及民宅及無辜的平民。這時為了判定在一次戰爭行動中所造成的非戰鬥人員，抑或是非軍事設施的損傷，到底是有罪的（guilt）？還是無辜的（innocence）？就可以從「意圖」——有意的（intended）及無意的（unintended），以及其所造成的旁及（side）效果來論證。

軍事倫理：從觀念到實踐

第四節　正義戰爭思想的問題

經濟學者修馬克（E. F. Schumacher, 1911-1977）說：

> 一盎士的實踐通常比一噸的理論來得有價值。然而，要給和平奠下經濟的基礎可需要許多盎士。人們到哪去尋找抵抗如此明顯驚人潮流的力量？更有甚者：人們到哪去尋找征服本身體內貪婪、忌妒、仇恨及掠奪暴力的力量？（李華夏譯，《小即是美》臺北市：立緒文化，1990年9月。）

道出若干正義戰爭思想實踐上的困難。極力為美國反恐戰爭辯護的美國作家班尼特（William J. Bennett, 1943-），在檢驗美國的反恐戰爭是否合乎正義戰爭原則時，認為美國所進行的是一場區別善惡的戰爭，也是一場為真正和平而戰的戰爭；儘管美軍在進行戰爭中無法完全達到區分與相稱的原則，但是不能因此而否定美軍在遵守戰爭道德原則所做的努力，畢竟美軍絕不會將平民當作軍事目標，也不會將殺害與虐待俘虜作為政策，所以美國毫無疑問的是在進行一場正義之戰。儘管如此，這樣的辯護是否能夠推翻一些和平主義者的疑問呢？實際上，強調正義戰爭的正義性時，常會過於強調戰爭的重要性與必要性，而使人有產生正義戰爭似乎成了好戰主義者的戰爭藉口。要釐清這個問題並不容易，我們擬就正義戰爭的理論問題與實踐問題做一概要的分析。

一、正義戰爭理論上的問題

正義戰思想的問題來自「正義」與「戰爭」這兩個概念，本章將用這二個概念來分析正義戰爭理論的問題。

㈠正義概念的問題

即使正義戰爭的各原則與指標已獲得很高的共識，而且大部分人也會同意要有正當的理由才能發起戰爭，在今天已很少有國家或武裝組織會

宣稱自己在發動爭權奪利，抑或是侵略的戰爭，大家都聲稱自己有正當的理由發動戰爭。但是各種「不正義」的戰爭似乎還是出現了，為什麼呢？問題就是出在「正義」是什麼，以及由誰認定的問題始終無法解決。在同一場衝突中，當敵對雙方都說自己是合乎正義的國家，都聲稱自己的戰爭理由是正當的時候，誰來做最後的裁定呢？在中世紀，教皇宣稱對異教徒的「十字軍東征」是正義戰爭，教皇也許可以仲裁歐洲君主之間的戰爭；在主權國家誕生後，對戰爭正當性的判定往往演變成「強權即公理」的狀況。美國長期從事外交評論的知名記者卡普蘭（Robert D. Kaplan, 1952-）指稱，奧古斯丁、格老秀斯等人所提倡的正義戰爭觀念，是有其基本前提與條件，奧古斯丁等神學家所界定的開戰環境是指在基督教國家間的正當開戰，而格老秀斯的正義戰爭則以羅馬教皇或羅馬帝國等「巨靈」（Leviathan，又譯「利維坦」，指專制的政府）為先決條件，他們可以執行道德規範，但在沒有普世正義仲裁者的世界裡，除了知世界和法律界的討論外，議論戰爭「正義」或「不義」並沒有太大的意義。所以無論是美國，還是「塔米爾之虎」（Tamil Tigers，斯里蘭卡以北塔米爾族的民族主義武裝組織），任何國家或實體只要認定合於自身（戰略、道德，或兩者間之）利益就會開戰，不會在意別人是否認為他們是不義侵略。

　　關於此點，美國當代知名的哲學家杭士基（Noam Chomsky, 1928-），對於美國在911攻擊事件後進行「反恐」（counterterror）或「正義之戰」有更激烈的批評。他對當前所謂的「反恐」或「正義之戰」的標準進行了大規模文獻調查，也實際調查了許多的國家的戰爭理由，他得到的結論是：

　　如果有人對我們或我們的盟友發動恐怖攻擊，這就是恐怖活動；如果我們或我們的盟友對誰發動了攻擊，或許是更為嚴重的恐怖活動，那不是恐怖活動，而叫對抗恐怖主義之戰（war against terror or war on terror），或叫正義之戰。（王菲菲譯，《權力與恐怖》，商周，2004）

杭士基強調這種定義正義之戰、反恐戰爭的原則「幾乎放諸四海而皆準。」戰爭是否合乎正義，薄富爾（Andre Beaufre, 1902-1975）認為：

武力本身並無善惡之分。其分別是要看為什麼理由而使用它，換言之，也就是要看政策本身是善還是惡來決定。在人類歷史上，武力在鬥爭中一向都是居於重要地位，若是忽略了這個事實，那就是故意不承認現實。（鈕先鍾譯，《戰略緒論》，麥田，1997年）

薄富爾的話只是替武力免責，而將正義的問題移到「政策」上，但什麼政策的善惡又可由誰判定呢？恐又將是一場大辯論。正義戰爭本來是要對戰爭加以限制，但並沒有起到作用。有句箴言說：「十八世紀為利益而戰的有限戰爭死亡成百上千；二十世紀為原則而戰的無限戰爭死亡成千上萬。」正義戰爭要求戰爭必須是最後的手段，但侵略者總會聲稱所有的和平解決方式都已嘗試過，儘管他們從未打算以外交方式解決問題。

(二) 戰爭概念的問題

正義戰爭術語上的第二個問題是：哪些才算「戰爭」？這關係到我們要將哪些「戰爭」列記為正義、非正義戰爭，以及國家或一些交戰團體是否認為自己在進行戰爭，還是只承認自己是在進行「武裝衝突」以躲避世人之評價。

戰爭的一般定義是：「戰爭乃兩個或兩個以上國家間的武力鬥爭，其目的在彼此挫折敵方，並促其服從自國所定之媾和條件」，雖被接受卻充滿爭議。眾所周知，民主國家在憲法上對宣戰和開戰的複雜要求，承平時期人民對不歡迎戰爭，以及《聯合國憲章》對使用武力有嚴格的限制性條款，都使國家會慎重的使用戰爭這一術語。「戰爭」一詞的使用，必須面臨國內決策（比如可能包括需要取得立法機構的正式批准）、國際法的法律仲裁，以及輿論的評價，國家通常避免使用「戰爭」一詞。美國出兵越南，英國派軍隊到福克蘭群島攻打阿根廷（1982），或者北約成

員國對科索沃進行軍事干涉時（1999），都沒有宣戰。媒體和學者喜歡用的「越戰」，「英阿福島戰爭（福克蘭戰爭）」，或「科索沃戰爭」（1996-1999）等術語，並沒有出現在美國、英國或北約成員國官方認可的對這些衝突的描述中。2001年9月11日恐怖主義分子襲擊美國後，美國政府將其反對恐怖分子和支持恐怖主義的國家的政治和軍事措施，描述成「反恐怖主義戰爭」，但是同一術語並未見諸於美國的歐洲盟國的反恐怖分子政策。

　　國內的衝突也很難認定。通常暴力衝突被視為國內性質時，像是內戰、分離主義份子的鬥爭、反殖民戰爭或代理戰爭，都避免使用「戰爭」一詞。因為戰爭通常被理解為主權實體間的國家衝突，所以對分離主義衝突，中央政府不願使用「戰爭」一詞，以避免給予分離主義政黨某種形式的承認。如果將分離主義鬥爭稱作戰爭，就相當於宣佈分離合法化，而且中央政府也可用一切手段來敉平「內亂」，而國內不同的交戰團體也會在主權國家的保護傘下，進行大屠殺或種族滅絕的暴力行為。再者對於進行推翻「暴政」的革命戰爭，在成功前也是「內亂」，但是這種革命戰爭又常被視為正義之戰。

　　所以，在探討正義戰爭時，不應狹隘地使用一個僅能解釋國家間衝突戰爭定義，而應該尋求一個較為廣義的定義，以適應各種衝突類型的戰爭。基於二十一世紀戰爭的特質，本章擬對戰爭做一個適切的定義：

　　戰爭是一個有組織而無限制的集體衝突的狀態，其目的在屈服對方意志，接受自方的任何目的。

這個定義甚為寬廣，並未區分國家間的戰爭和國內戰爭，對於戰爭的諸多替代名詞均可適用，也不以國家主權為中心來界定戰爭，而使叛亂、革命，以及一些涉及政治的恐怖活動也包含在其中，可謂概括了所有與正義戰爭理論有關的各種戰爭型態與種類。因此本章所主張的「戰爭」意義，應可作為檢視正義戰爭標準的一個有用的定義。

二、實踐方面的問題

(一)開戰正義的問題

1. 自衛與侵略

開戰正義要點在於必須有正當的理由，那何者是正當的理由，有時也很難認定。以自我防衛的戰爭來說，應該是不證自明的正義戰爭，但是若是在沒有具體事證下，就任意預設假想敵國即將危害己方，而採取先發制人的攻擊，就會引起很大的爭議。「自衛」會受到濫用，歷史上的強國都認為自己的既有疆域不足以維護安全，如日本攻打中國（1937），就是為了擴大自己的生存環境，即使戰敗也一直不願承認自己發動的侵略戰爭；日本政府一直到1993年3月，才由當時的首相細川護熙，於就職演說中承認日本在第二次世界大戰是一種「侵略行為」。值得的注意的是，細川護熙是說「侵略行為」，而不是「侵略戰爭」，評論者視為一種「後退表達」，因為細川護熙在之前曾以「侵略戰爭」來承認日本的過失；又相對於日本官員，在1982年10月所做的一項民調顯示，竟有44.8%的日本人民認為其國家的侵略戰爭，「乃求生存不得已而為之」。所以羅素（Bertrand Arthur William Russell, 1872-1970）對這種以自衛之名、行侵略之實的行為，給予很大的譴責，他說：「自衛主義一日承認其足為戰爭正當之好藉口，則此誅求無厭而起之悲劇的戰爭一日不能消滅。」（劉福增譯，《羅素的戰爭倫理學》，水牛，1989）

2. 事干涉與擴張

軍事干涉已成為冷戰後正義戰爭思想討論的重要議題，因為一些國家內發生許多種族滅絕或大屠殺的事例，不僅引起人們的重視，軍事干涉合理性的問題更成為討論重點。「軍事干涉」是國家或國際組織基於人道立場，以軍事方式介入或干涉其他國家內部事務的行為，是一種「防衛他者」的正義。在正義戰爭傳統中，防衛他者的「他者」，是指另一個國家，或另一個國家中基本人權遭到侵害的一群人，這信念使得國家有權干涉另一國家的內部事務，藉以保護該國無辜的人民。軍事干涉的立意甚

佳，惟他國或國際組織是否有權對一個主權國家進行武力干涉，是必須加以探討的。康德（Immanuel Kant, 1724-1804）在《永久和平論》（*Zum ewigen Frieden*）一書中論道，沒有任何國家應該以武力干涉另一國家的憲法或政府，「干涉」也是戰爭，任何政府必須在任何境況下，繼續維持和平的可能性。約翰‧彌爾（John Stuart Mill, 1806-1873）則指出，一個為遭受攻擊的國家若欲發動一場戰爭，應先建立某些可以明確而理性的測試規則與標準。彼得‧新格（Peter Singer, 1946-）則提出一個影響深遠而被許多人接受的標準：

> 當一國殘酷地對待並迫害其國民，以致於否認其基本人權並且震駭人類良知（and to shock the conscience of mankind）並進而令該國有罪時，為人道利益所進行的干涉在法律上是可被允許的。（李尚遠譯，《我們只有一個世界》，商周，2004）

儘管如此，有人認為什麼是「震駭良知」的標準，如何衡量？不同的時空下，會有不同的震駭事物。再者，強調國家主權的獨立不受干涉仍須保存，因為在國家裡，人民可以享有社群生活，並且得以在社群結構中透過自己的方式爭取自由。最後，軍事干涉在歷史上有一些不良的紀錄，自從羅馬時代以來，帝國權力便以干涉內戰的方式擴張其版圖；因此，干涉如同自衛一樣，亦容易淪為各種兼併形式的藉口。

㈡交戰正義的問題

1. 如何區分？

交戰的問題來自如何對於戰鬥人員與非戰鬥人員做精確的區分。現代戰爭在大多數情況下，一個或多個國家施加制裁的目的是期望影響其政府的行為，而不將它作為懲罰受制裁國人民的手段。雖然如此人民有時還是最大的受難者，由美軍進行的兩次波灣戰爭，以及阿富汗戰爭來看，表面上是達到了區分原則，但在實際上傷害最大的還是平民。況且在一些戰例

中，某些軍事目標是沒有意義或偽裝的，有些軍事目標與平民住宅區相混，這又如何區分。

2. 如何相稱？

交戰正義的相稱原則是指任何戰爭，打擊軍事目標時，部分平民的傷亡數應盡量控制在一定的範圍內，而不可無限制的傷亡。這個理念很好，卻也難以落實，畢竟戰爭是一個不確定的領域，充滿阻力與摩擦，理性的計算殊難實踐。雖然精準導引武器的發明，可以提高打擊精度，更易控制傷亡，增進了戰爭手段的正當性；但若實際驗證，精準武器還是不可避免會造成許多平民的傷亡。根據統計，2001年美軍以飛彈攻擊阿富汗，造成三千多名平民死亡，若加上軍人則至少數萬人；另外，2003年攻打伊拉克時也造成一萬多名平民的死亡。美國的武器可說是當今世界最精準的，仍有眾多平民傷亡事態，那其他國家又如何能做到相稱原則呢？儘管如此，我們還是要肯定相稱原則的概念，當它被正確使用的時候，它會警惕戰爭決策者在發動正義之戰的時候必須考慮成本和收益，並時常提醒他們不要忘記另一方人民所遭受的苦難。

必須指出的是，正義戰爭實踐的問題尚不僅止於此，本章只是就較困難的部分予以說明。正義戰爭思想受到最多的詰問，是它的規範效力與實踐可能性，亦即是想辨明這種思想能否對戰爭的殘酷性有實質的抑制效果。這問題的關鍵在於人類對於戰爭的價值抱持一種什麼樣的態度，包括我們怎樣看待國家利益、怎樣看待自衛、怎樣看待衝突解決；更重要的是，我們如何看待武力之使用、如何看待人的生命。卡普蘭嘗借取古希臘史學家修昔底德的語調，回答這個問題：

不管我們如何想或是否願意承認，人類的行為終究是受到恐懼（fear）、自利（self-interest）和榮譽（honor）所引導。這些人性面是戰爭及不穩定的根源，構成了人類情境（human condition），而人類情境則導致了政治危機：讓純直覺凌駕法律則政治會失敗，並由無政府狀態所取代。解決無政府狀態的辦法，不在否定恐懼、自利和榮譽，而是要管理

它們而獲得道德性的結局。（Robert D. Kaplan, *Warrior Politics*, Vintage Books, 2003）

上述語調其實是修昔底德軍旅經歷的結論，用他的話來評論正義戰爭思想的效用甚爲至當。儘管正義戰爭的履行有待國際法予以強化，但是若僅爲違反法律不代表合乎道德，戰爭是一個殘酷的領域，除了法律的限制外，道德觀念更是人心的最後一道防線，必須予以固守，否則人性與獸性將相差無幾矣！這也是吾輩軍人探究戰爭倫理的目的。身爲一個軍人必須瞭解戰爭的目的與手段，使其身歷戰場之中，仍能謹守軍人武德、戰爭倫理規範，既能有所爲（臨難決疑，揮兵指刃），亦能有所不爲（不濫殺無辜），方能贏得軍人之眞榮譽。

研究與討論

1. 「宋襄公之仁」與「希臘雅典人的戰爭態度」是否可以印證「正義與權力必須合而為一」這一句話？試申論之。

2. 試說明西方正義戰爭思想的起源與歷史發展概況。

3. 孟子對義戰標準是一種「理型」的義戰，不容雜於利益與殘忍，湯武革命則是實踐之標準。從西方戰史來看，戰爭的發生夾雜著正義與利益的關係，戰爭的正義原則與規範能否獲得遵守，其評斷標準在於：它與國家利益之間的一致性。試比較此二種正義戰爭思想的義利之辨。

4. 試說明當代正義思想「開戰正義」的基本原則。

5. 試說明當代正義思想「交戰正義」的基本原則。

6. 正義戰爭理論上的問題來自「正義」與「戰爭」這兩個概念，試簡要說明之。

7. 從日本侵略中國闡釋開戰正義的實踐問題。

8. 試綜整本章內容要義，闡釋吾輩軍人探究戰爭倫理的目的。

請沿虛線剪下

第八章

軍事倫理的實踐技術——
判斷、推理與決策

在詳論武德源流、軍人倫理、軍隊倫理、廉政倫理與戰爭倫理之後，大抵對軍事倫理的內涵有較為完整的認識。後續最迫切需要關切的主題是：如何實踐軍事倫理？即實際做出符合前述軍事倫理內涵的行動。

故實踐軍事倫理，首重遵守軍紀營規與軍事法規，其次則以軍事倫理作為面對軍事活動的信念和價值，至於其做法、途徑，一是透過軍事倫理法制化的方式，訂定諸法律、制度、軍紀、規章、施行細則等，以強制性的他律要求國軍必須遵守，若不遵守一經查證屬實即動用公權力，由司法機關給予相對應的懲罰；一是透過教育訓練，將軍事倫理的內涵內化為國軍的價值信念，成於國軍人員的品格之中，以自主、自律與自發而為軍人角色與品格特徵的一部分。

承上，就道德價值而論，自主性自律的道德價值優於強制性他律的道德價值，因為自律能成就「慎獨」，能自律才能在他人監督不及之處亦不為違法亂紀之事；再就道德發展而論，道德發展是一相當複雜的心理過程，具有階段性，如皮亞傑（Jean Piaget, 1896-1980）即認為道德發展是由「他律」而後「自律」。又柯爾柏格（Lawrence Kohlberg, 1927-1978）亦認同道德發展從他律到自律的主張，即從道德成規前期的避罰服從取向（他律），進程到道德自律期；故他律的道德教育比自律的道德教育更為優先，人多半先通過他律的訓導而後內化學習自主自律，亦顯示他律與自律在「實踐軍事倫理」的過程中同等重要，不可偏廢。

有別於以強制性他律實踐軍事倫理，自主自律實踐軍事倫理，有賴學習與持續演練軍事倫理的實踐技術，過程中仍需要透過教育訓練增進國軍人員的倫理認知，使其熟悉軍人倫理、軍隊倫理、廉政倫理、戰爭倫理等

內容，從而能在現實情境中進行道德推理與判斷的重要基礎。惟「理性認知不必然帶來行動」，欲令「知行合一」的關鍵，則來自於行動者的理性認知與欲望相結合，而欲望往往源於行動者的信念與價值；故培養國軍人員軍事倫理的信念與價值，使其有意願做出相應的倫理行動，尤有意義與必要性。至於教育國軍人員的實踐智慧、強化其道德能力，能依情境需要進行道德推理與倫理決策、決定施行步驟與優先順序，涉及面向包括：㈠以軍事倫理內涵踐行於軍事情境中，㈡以倫理學與專業倫理學理論判斷與抉擇軍事倫理，㈢內化軍事倫理，使其成為國軍信念、價值與品格。

　　必須指出的是，相對於戰時，承平時期軍事倫理多半以行政與領導統御的形式實踐，戰時軍事倫理則是以戰爭倫理、戰爭公約，以及作戰指揮的形式實踐；故「實踐戰爭倫理」於戰爭倫理專章處理，本章內容專注於承平時期軍事倫理的實踐。又本章闡釋「自主自律實踐軍事倫理」的歷程是以逆推方式進行，亦即由最接近軍事倫理行動的道德推理與倫理決策談起；其次，道德推理與倫理決策受到行動者既有的倫理知識、信念與價值影響，故有必要闡釋基礎倫理學理論與基本倫理原則。最後，以執行倫理決定的相關步驟進行案例分析，由此整合倫理學理論、軍事倫理知識、道德推理與倫理決策技術，完成道德實踐面的訓練與內化歷程。

第一節　道德推理

　　軍事倫理以個人倫理為基礎，不論是軍人倫理、軍隊倫理、廉政倫理，甚至是戰爭倫理，論及實踐都須回到個體面的行動者，由行動者依據倫理認知進行道德推理（moral reasoning）與倫理決策，而後能實踐倫理行為。按「倫理」為普遍社會關係，乃就社會存在的需要而對角色責任有所規範和要求，是從社會外部加諸於個人的一種制約；「道德」來自個人內在自發自主的品格能力和特質，是個人依其自覺而自主做出呼應倫理意涵的判斷和行為。惟道德涉及個人面私德，那些表現於社群中的個人行為多半也與社群關係連結，故道德與倫理彼此相隨、相稱與相依，二者常被混用，不刻意區分。簡言之，倫理對應著倫常、關係與角色，而道德則對

應著個人德行與品格，是個人回應倫常規範而做的判斷與推理。

一、道德推理的定義與內涵

「推理」是一種思維形式，用某理由支持或否定某觀點即為推理，而推理活動包括：由已知或假定的前提推求結論，或由已知結論返求其理由或根據；前者以因推果，後者是由果溯因。在理性思考歷程中，首先，判斷之前必先經過推理與論證（argument），即以語言或文字呈現推理結構，包含一組「命題」（statement），是指對某事物狀態「是或不是」什麼的論斷，論斷不是真就是假；而有些命題稱為「前提」，是指提供理由或證據用以支持或否定結論。其次，邏輯論證中可以有一或一個以上的前提，而前提的指示字通常以「因為、由於、基於」來表達；而「結論」是指前提中宣稱要支持的命題，與做論證者所持的立場或觀點有關，也可能是說話者基於立場或觀點所做出的行動。最後，一個論證只能有一個結論，其指示字通常以「因此、所以、由上述可知、基於以上理由」等來表達。

「道德推理」就是將推理與論證的方法應用到道德領域，其特徵是至少要有一前提是道德命題，且此一論證的結論一定是道德命題。所謂「道德命題」是指命題內容必然涉及特定行為的對或錯、應該或不應該，或命題內容涉及特定某人的好或壞之價值論斷；例如說謊是錯的、張三不應該說謊、挪用公款的張三是壞人、執行勤務時混水摸魚是不道德的。道德推理之所以規定「至少要有一前提是道德命題」，是因為我們無法從非道德命題推出道德命題，以下表舉例：

大前提（道德命題）	指揮階層應進不求名，退不避罪，不邀功諉過，勝利功歸部屬，敗則身負其責。
小前提（非道德命題，通常是事例）	連長劉軍義連上的中士王大明偽造單據不實結報。
結論（道德命題）	因此，身為連長的劉軍義應負督導不實之責，自請處分。

資料來源：作者自己編寫

如上表所揭，結論之道德命題的性質來自於大前提也是道德命題；如果大小前提都沒有出現道德命題，就無法進行道德推理，也無法推出具道德命題性質的結論。

二、道德推理作為實踐軍事倫理的技術

道德推理乃以邏輯論證的方式，針對行為所涉及的倫理議題和倫理主張進行道德判斷，亦即將批判性思考與邏輯推理運用至倫理領域；至於「批判性思考」的內容，包括能辨識他人立場、論點與結論，能評估其他觀點的證據，能客觀衡量對立論點與證據，能體會言外之意、看出錯誤或不客觀假設，能看穿讓論點更吸引人的花招（如邏輯謬誤或辯論技術），能更深入、更有系統性地去思考各種議題，能根據具體證據與合理假設決定論點是否正當可信，能表達個人觀點時條理分明而說服他人等。

又按軍事倫理中的倫理議題，包括個體面向之軍人的服從、忠誠與指揮道德，群體面向之文人領軍、軍隊精神與軍風的傳承、軍人的職業倫理與合作倫理，行政面向之廉潔治理、機密維護等，凡此國軍都有明確的軍事倫理加以界定和規範。惟必須指出的是，軍事倫理中個別議題的倫理主張，亦都是道德推理中大前提內涵的基礎，並構成普遍性命題；如「指揮階層應進不求名，退不避罪，不邀功諉過，勝利功歸部屬，敗則身負其責」、「國防部長由民選的文職官擔任，負責軍事決策總領導」、「公務員有絕對保守政府機關機密之義務，對於機密事件，無論是否主管事務，均不得洩漏，退職後亦同」等，這些論述或規範均可建構為大前提的道德命題。

承上，凡成為大前提命題之軍事倫理的主張，都可作為批判性思考的對象，甚者須能夠論證道德判斷之後續行動的合理性，亦即要對行動者的欲望和目標進行論證。換言之，「行動者的欲望和目標」成為道德推理首要考量的要素，因為行動者在行動前必然預設某動機和目的；雖然這些動機不一定會表現在後續推理活動中，但仍不容否認行動者的欲望和目標，常常會令其對大前提的選擇產生影響。再者，大前提是用來論證行動結果

「是好的或正確的」的合理依據，而推理過程也一定會有指涉某些事例的小前提，從而令行動者根據其道德知覺與倫理知識，用以判斷小前提的事例與大前提之間的對應和連結，由此來決定在結論中的行動。

　　總之，某行動之所以能夠被稱為道德的或倫理的，必然經過道德推理，藉以保證其行為的合理性。例如：

行動者的欲望和目標（動機）	連長劉軍義立志成為受人尊敬的好軍官
大前提（道德命題）	好軍官應進不求名，退不避罪，不邀功諉過，勝利功歸部屬，敗則身負其責。
小前提（非道德命題，通常是事例）	連長劉軍義連上的中士王大明偽造單據不實結報。
結論（道德命題）	因此，身為連長的劉軍義應身負督導不實之責，自請處分。

資料來源：作者自己編寫

從劉連長的「欲望和目標」、「大前提」可以理解，在遭遇連上王中士不實結報的事件時，他所以選擇自請處分之因。又由行動結果觀之，對劉連長是有傷害（處分帶來懲罰和損失），但卻有其倫理價值，即劉連長（行動者）認為自請處分是選擇成為好軍官（目標）「應該」做的。

　　大部分的倫理行為都經過道德推理，當行動者遭遇到的倫理情境沒有爭議和衝突，行動者或因接受他律限制，或因自律自發而做出倫理行為，這些時候行動者都不會察覺自己在做道德推理，如軍官以倫理領導統御，軍士兵體能與戰技訓練達標、遵守軍紀營規，完成演習與公差勤務等；唯有在遭遇倫理爭議或道德衝突，「不確定該如何做？」或出現兩難情境，「怎麼做都有困難」，行動者才會覺察自己在進行道德推理。事實上，道德推理既有助於道德判斷、倫理決策與後續的倫理行動，有時候更需要複雜的分析，故平日裡就要訓練強化道德能力，以期在關鍵時刻做出正確決定；此外，道德推理作為一種實踐軍事倫理的技術，更是為了提供一種容易理解的思考技巧，即幫助軍人（行動者）將學習到的軍事倫理知識與規

範內容，不僅能與眼前遭逢的倫理困境相連結，並運用軍事倫理守則反思自己的道德推理，從而得有實踐軍事倫理的能力。

第二節　倫理決策

實踐軍事倫理，除了道德判斷，更須思考貫穿整體決定與行動的實踐流程；本節擬以雷斯特（James Rest, 1941-1999）的倫理決策（ethical decision-making）理論爲基礎，除闡釋軍事倫理實踐過程，並據以建構實踐軍事倫理決策的流程。

一、倫理決策的定義與內涵

所謂的決策，係指在兩個以上的方案之間做選擇，而理想的決策須以理性分析的方式進行，即決定前、中、後的動態分析歷程，包括思考、諮詢、溝通、承諾和檢討等；決策者愈熟悉決策流程，就愈能獨立思考、判斷，以及分析倫理困境。又決策流程也包括界定問題、確定準則、衡量準則優先順序、產生替選方案、根據準則評估方案、決定最佳決策等；換言之，決策者需要「確認問題、設想與選擇行動方案」，過程中須多次反覆循環思考，並且須與相關利害關係人多方諮詢和溝通，尤其是讓組織內部的利害關係人參與決策過程，有助於整體團隊瞭解、接受與支持，從而俾利於執行。必須指出的是，下定決策意謂承諾、承擔與負責，亦即決策者一旦決定如何行動，也意謂承擔結果，更代表向人承諾而須負責。最後，一個決策的完成與結束，並非只是執行完成，尚須有「檢討」——不僅是評論成敗，還須檢討決策流程，爲往後下定決策時更爲順利，從檢討過程中學習決策技巧。

至於倫理決策，是指做決策時對於倫理道德因素的考量，即關注決策過程中對別人產生影響的那些抉擇，特別是涉及正義和權利等與倫理有關的課題。當個體或指揮階層參照倫理道德因素進行決策，特別是面臨倫理議題的模糊或兩難、相關法規與倫理規範適用性的不確定、抉擇後果的不確定，或事件及其利害關係人的複雜性等，必然須有一系列的分析、判斷

與推理過程，從而能針對倫理決策的風險提供最佳的因應方案。陳勁甫、許金田《企業倫理：內外部管理觀點與個案》（信義文化，2015.12）嘗謂：

　　倫理決策在幫助決策者透過有系統的思考，釐清與引出其價值觀的取捨與認知的判斷，使其決策選擇能與其價值觀與判斷趨於一致，讓決策者在倫理困境中找出一個較適當的權衡方案，透過系統的思考或許能讓倫理決策較為明晰。

而「系統性思考」中影響倫理決策的因素，包括個人內在的價值觀、決策者及其受決策影響的相關利害關係人、組織內部的工作特性或組織外部的環境壓力、遭遇到的事件議題的特性，以及決策結果所帶來的影響程度等，並可視為思考倫理決策的線索，幫助決策者適切地做出倫理決策。

二、倫理決策模型

　　雷斯特以理性認知理論將做決策的心理過程，劃分為「認知、態度、意圖、行為」四階段，據此相對應的倫理決策階段，則是「倫理敏感度、道德判斷、道德意圖、道德特性」（轉自陳勁甫、許金田《企業倫理：內外部管理觀點與個案》）。

(一) 認知——倫理敏感度

　　大腦的認知活動包括知覺、理解、辨識、判斷與推理，一旦決策者將認知活動轉向倫理層面進行覺察（awareness），即對倫理問題的存在產生知覺，故謂「倫理敏感度」（ethical sensitivity）。唯有決策者能覺察情境中的倫理向度，才可能敏感地激發對倫理議題的想像，進而積極辨識與形成具體的倫理議題，從而能產生倫理決策的後續階段。其中，倫理敏感度的高低取決於倫理認知與覺察，也是提升倫理敏感度與發動倫理決策的重要關鍵；決策者的倫理知識愈豐富、理解愈深入，其對環境中蘊藏的倫理議題就愈能敏銳地覺察，對後續的道德推理與判斷也會愈加敏捷，更

可降低不倫理行為的發生。

㈡ 態度──道德判斷

　　道德判斷係依據決策者回應事件中是非善惡的態度，從而對特定倫理困境產生理想的回應方式；故決策者的道德判斷力，會影響其邏輯推理與分析、倫理抉擇，以及意圖與行動。申言之，倫理決策既始於倫理認知，故決策者可經由辨識倫理議題與道德判斷而形成態度，或其內在態度也會影響判斷，態度與判斷二者相成，並取決於相關因素的影響，包括倫理知識（包括目的論、義務論或德行論等基礎理論知識）、價值觀、人生經驗、信仰、性格等個人因素，組織倫理氣候、倫理規範、組織結構、主管領導風格等組織因素，以及社會文化價值觀、法律、風俗等社會環境因素。

㈢ 動機──道德意圖

　　經過前面兩階段之後，決策者必須設想並選擇行動方案，這部分取決於決策者的道德意圖，因為唯有「意圖與動機」才能促發決策者選擇與行動的「意願」；又《企業倫理：內外部管理觀點與個案》提及：

　　決策者的意圖影響選擇，而決策者的選擇也反映出他的意圖、理念、目標、希望與判斷。……決策者必須檢視自己的內心良知。……決策者必須綜合多方角度，以達到平衡，合乎良心的倫理決策。

由於決策者的道德意圖會影響他的承諾、承擔以及行動結果，因此需要強化決策者的良知、良能與同理心，由此堅固決策者的道德意圖。

㈣ 行為──道德特質

　　這是倫理決策的最後階段，也是最重要的階段，即決策者就其選擇而展開倫理行動；又本階段與第三階段關係密切，因為決策者的品格特質（character）會影響其道德意圖，而持續促發的道德意圖，也會反過來形

塑決策者的道德特質。品格特質又稱為道德特質、倫理風格，每個人會因其個性而形塑不同的品格特質，如個性耿直（品格特質）的人在面對道德判斷與抉擇時，比較容易會產生誠實正直的道德意圖，進而在抉擇其倫理行動的方案時，也會朝向誠實正直的面向去行動，久之則其外顯的倫理行動即得形塑鮮明的倫理風格。雖然決策者的倫理行為受其個性與道德特質的影響，但一個行為能不能被稱為是倫理行為，除了由決策者來判斷之外，還必須接受外在環境的檢視與評判；換言之，決策者的倫理行為，雖然來自個體自身的道德判斷與意圖，但倫理行為可由眾人評判而被賦予普遍客觀與合理的價值。

舉例而言，中士王大明負責連上膳食管理業務，某日王大明請陳政江下士代他向熟識餐廳領取品項名為合菜的收據1張。及後陳下士發現王中士以此收據向單位請領團體加菜金1萬元，但實際上團體加菜的菜色卻很粗糙，遂令其覺察這當中可能存有不實結報的倫理議題，思考再三，於是去檢視王中士的報帳流程，並查閱「國軍副食品驗收評議作業準據」、「國軍支出憑證單據作業規定」等相關規定，確認王大明的確有不實結報的倫理議題（態度與道德判斷）。陳下士頓時陷入兩難，不知道該如何做才好？是要舉發王中士？還是要裝作不知道？還是勸王中士自首？陳下士思量再三，回想從軍生涯一路走來非常受王中士學長的提攜與照顧，無論舉發或勸其自首都會傷害兩人友誼，於是選擇裝作不知道這件事情（道德意圖與倫理行為）。後來王中士以不實收據結報請領的事情東窗事發，被法院依違反貪汙治罪條例第五條判處有期徒刑1年10個月。案例中，陳下士依所受的倫理教育覺察到周遭可能存有的倫理議題，又因其謹慎求證的態度檢視報帳流程並搜尋相關法規，積累相關倫理知識進行道德判斷，確認王中士所違犯的倫理議題。面對王中士所引發的倫理議題，陳下士終以「不想破壞兩人情誼」的意圖，選擇「假裝不知道此事」的行動方案和行動；事實上，隱匿不報並不是一項合於倫理的倫理決策，但就此例可清楚看見，陳下士軟弱怕事的品格特質是如何影響著其意圖與行為。

承上，藉此例可更瞭解倫理決策的流程，《企業倫理：內外部管理觀

點與個案》亦云：

> 決策者對倫理知識與倫理情境的認知與敏感度會激發其對倫理議題的分析與判斷，由此形成決策者的態度；決策者的態度會影響決策者的道德意圖並反映在倫理行動方案的選擇上，決策者執行倫理方案的行動與回饋學習的過程會展現決策者整體的倫理風格。

瞭解倫理決策的流程有助於從事實踐軍事倫理的教育與訓練，幫助教育者從倫理覺察、道德判斷、道德意圖與倫理風格四面向去訓練官士兵，促使官士兵在累積豐富的倫理知識後，更有能力實踐軍事倫理。

第三節　基礎倫理學在道德推理與倫理決策中的作用

承前文，倫理知識與倫理認知會影響決策者的道德推理與道德判斷，亦會左右個人的倫理意圖與動機，因此學習正確的倫理知識，是鍛鍊自身倫理素養的重要基礎；而決策者擁有正確且豐富的倫理知識，方能養成堅毅厚實的倫理信念，並形塑高品質的倫理風格。惟不可諱言，專業軍人常依其所受的倫理教育，不自覺地選擇某種倫理學理論的思維取向，並由此形成各自的倫理價值立場；換言之，有些軍事倫理教育會教導軍人學習規範倫理學的相關理論，期待這些規範倫理學理論會以某種倫理原則的形式內化為軍人的信念與價值觀，成為軍人分辨是非對錯的理據與實踐的意志力。此外，亦不容否認的是，許多專業軍人在受倫理教育時普遍認為基礎倫理學理論中的文字抽象、離現實經驗過於遙遠而顯得深奧難懂，或好不容易搞懂倫理學思想意涵卻苦於不知如何應用於實際情境中，遂難以從基本倫理學理論中直接獲取解決軍事倫理難題的途徑。

為此，軍事倫理教育除了教導軍人熟悉規範倫理學理論，掌握「義務論」、「效益論」、「德行論」三大體系之外，要內化倫理學理論的思維，一方面需要透過專業倫理的再詮釋，將基本倫理學轉化成可供依循的倫理原則；一方面透過道德推理與倫理決策的過程，使這些倫理學理論所

衍生的倫理原則成爲道德判斷的準則與倫理行動的意圖。此一雙管齊下的途徑，有助於將基本倫理學理論內化與應用於軍事情境中。

一、義務論

(一)理論

義務論（deontology）主張，人做出道德行爲必須出於義務，因爲出於義務而不是其他目的、動機的倫理行爲，才能顯示那行爲的倫理價值。倫理行爲的道德價值須來自普世價值，亦即社會存在客觀普遍有效的道德規範，「動機或意圖」是決定人類行爲是非對錯的判準；而人應基於良善動機，無條件的與絕對的信守奉行道德規範，單純地盡自己的義務或本分。所謂「良善動機」，是指動機必須基於「善意志」（good will）、能彰顯行爲的道德價值，假如個人行動的動機完全出自於義務，這就是一種善意志，這樣的行動可以判斷爲善行。

義務論主張通過人的理性與意志自律，以人爲目的自身不斷反思，由此建構普世價值的律則原理，這種普世律則原理以「A應該做X」的語言形式呈現，其中，「應該」具有命令人無條件遵守理性所頒佈的律則之意涵，不隨個人傾向、欲望和環境不同而有所不同，亦如西方古老黃金律（Golden Rule）的哲理闡述——「你要別人怎樣待你，你也要怎樣對待別人。」欲將「普世價值」作爲客觀普遍有效的道德規範，人應單純無條件地信守奉行，並視「實現普世價值」爲自己的義務；特別是將義務論運用於軍事倫理，即是強調善盡職責應出自良善動機，對國家「忠誠」、對「榮譽」堅持、不畏艱難、服從命令，以及達成任務的自我要求等，都可視爲軍人在進行道德判斷與倫理決策時所應有的良善動機。

(二)義務論的倫理原則

1. 自律原則：必須遵循那種你同時也願意它成爲普遍規律的準則並依此行動

道德是義務，道德行爲是人以理性、依據善意志與自律的行動，而每一位理性者的內在都有制定普遍規律的善意志；人若希望自己所做的行爲

準則也是普遍規律，那他就必須不受任何自己利益的影響，將自己的意志與普世價值結合起來，並以此要求自己，即自律原則。依據自律原則，人不應去做那些你不希望它們成為普遍原則的事，故說謊、不守信用、自殺和不幫助別人等，都不可能成為一個道德規範，因為它們與我們的意志或願望是相違背的。

軍校的「榮譽信條」（不欺騙、不說謊、不偷竊、不縱容）亦具普世律則的性質，軍人之所以能在戰場上出生入死，往往就只為了「榮譽」此一崇高目標；「榮譽信條」不但是軍人的普世律則，「榮譽」更是軍人的核心信念而融於軍人的意志自律中。自律原則主張人可藉理性、自由意志與良善動機建立心中價值，並依據善意志得以成為自律的倫理行動者。

2. **尊重與平等原則：任何情況下無論是對自己或對他人，絕對不能把人當作手段，要永遠把人當作目的**

將人看作目的自身，不將人看作獲取利益的手段，這是所有行為的限制，也是人之為人的價值。故將人看作目的，是尊重、也是平等地一視同仁，又根據尊重與平等原則，人應保存自己與發揮才能，也應允許別人保存自己與發揮才能；相對地，人亦不能侵犯別人的身體、自由、財產與基本權利。一切道德律令都可歸納為尊重與平等原則，如國家雖授權軍人殺敵救人，但仍不可忽略人性尊嚴，須教導軍人以「人為目的自身」，尊重眾生性命才不會濫殺無辜；又如「忠誠於人是目的自身」可使人養成「無私服務」的習慣，習慣將人民安全、國家利益、軍隊及部屬放在自己之前，而不會以犧牲部屬的權益、生命來成就自己的功業。

二、效益論

(一) 理論

所謂的「效益」，意指人依據趨福避禍、趨樂避苦的傾向追求的東西，「福」的內涵來自追求行動的結果，包括利益、快樂、善或幸福，能滿足效益的行為就是正當的、良善的；而效益論（utilitarianism）則以行為整體結果的效益，用以決定行為的道德正當性，而行為對錯只是行為整

體結果好壞的一個函數。效益論又稱結果論、目的論。具體而言，一個道德上對的行為，係指能產生最大量的善、最小量的惡之行為；反之，則為錯誤行為。效益論以效益闡釋人類行為的目標、根源和動力，並以此為道德判斷的依據，用來解釋道德行為和道德規範，以及一切社會制度和政治措施的正當與否；許多專業的行政人員做決策時，關注的焦點就是行為結果的功效，以及由此衍生出來的是考慮各種方案的成本與利潤。

㈡ 效益論的倫理原則

按效益原則係指，區分行為善惡的依據，取決於行為整體結果所帶來的效用，能達到「最大多數人的最大幸福」即為最大善，無法帶來效用即為惡。效益論的前提主張人的行為應是理性且自主的，人應依情況和對象的不同而有個別化的決定，在此前提下，凡能促進「最大多數人的最大利益」的行為就是合乎倫理的行為。依此，效益論者提出了一個最基本的道德原則：行為的是非對錯，取決於行為整體結果是否帶來「最大多數人的最大幸福」，稱之為「效益原則」。

軍事行政受科層管理倫理的影響，多半採效益原則（成本與風險效益分析）作為道德決策基礎。軍人面臨道德兩難困境，效益論提供實用的倫理決策原則：「多數人的善勝過少數人或個人的善」為原則，藉以權衡軍事施政利弊，甚至作戰決策之殺敵任務的正義性與適切性，亦以效益原則為依據。效益原則的計算並不是單純算術，特定狀況下的善與惡，更不是非常明確可計算的。因此，無論身處軍事科層行政或戰場的境況，軍人都很難有簡單答案據以遵守，必須容許軍人有道德迴旋與裁量空間，而此一道德判斷的能力，亦是軍人武德的價值所在。

必須留意的是，軍人運用效益原則並不因此否定價值規範的權威性，一旦面臨道德困境時，軍人仍必須堅守不能跨越的界限，如「不能濫殺無辜」、「不能叛國」。此外，沒有人能透過效益計算、能百分之百認定，何者才是「最大多數人的最大幸福」？也沒有人能保證效益計算不會有道德失敗的風險，如軍人為執行國防政策，若基於效率考量，就可能運用「統計數字」、「話術」來誤導國會，以增加國防預算、或維持「機密」

預算，抑或是繼續進行「祕密」行動。各級軍事領導者應為維護軍人尊嚴與形象負責，若為辯護若干有瑕疵的國防政策，或為挽救軍隊管理危機，而圖謀掩飾、矯飾，必然會付出失去民心信任的龐大代價，也必然造成官兵內部對上級的不信任感。總之，效益論對於指揮階層在進行倫理決策時是一良方，但使用效益論原則時須謹慎為之，多方考量決策結果所帶來的影響。

三、德行論

㈠ 理論

　　德行論（virtue ethics），又稱為美德倫理學，認為判斷倫理行為的依據來自人的品格，品格是表現在習慣或平常行為之中的一種品德特性。所謂「習慣的」，具有行為的必然性、穩定性意涵，如誠實人說實話，他的行為「源自穩固而不變的品德」。根據德行論，一個人是什麼樣的人會呈現在其行為之中，強調道德應該重視人的性格特質，而非行為規則。德行必須透過實踐才能彰顯倫理價值，德行常由信條概念（德行清單）來描述一個人的品德特質，如智、仁、勇、忠、誠等，惟因古今中外的信條概念不盡相同，何者為重亦常因時空環境而不同。德行論也是一種目的論，倫理規則或道德律被視為獲致某種善的方法，與義務論將道德規則和道德律視為目的有別；德行論關心的不是「我應該做什麼？」而是「我應該成為什麼樣的人？」相對於效益論重視行為結果的計量、義務論重視行為的動機和義務，德行論則看重人的德行，以及德行與人本身的關聯。

㈡ 德行論的倫理原則

　　一個人是什麼樣的人會呈現在其行為之中，德行必須透過實踐才能彰顯人的品格特質、倫理風格；而理想的軍事專業必然包含德行概念群（軍人武德），透過反躬自省的途徑達成德行修為。換言之，將仁愛與榮譽等特定德行視為構成好軍人的內涵，並內化為導引行為的信念，將有助於他認清與拒絕來自上級的犯罪指示，或自身的犯罪意圖；透過教育訓練軍人養成踐行德行的習慣，足以勝過機械地背誦牢記特定的行為規範，良好習

慣的培養也遠勝強調自律。「德行」的習慣特質讓軍人在面臨壓倒性的挑戰與誘惑時，仍能不假思索的自然反應地堅持奉行軍人德行；專業的品德特質不但不會侵蝕法令規範的效力，反而更能讓軍人深明「服從」的大義，在法令規範不足時，成爲其認知、判斷與抉擇的指導綱要。值得一提的是，德行論實有益於訓練個人實踐軍事倫理，惟在面臨軍事行政的倫理決策時，德行論因其偏重個體道德而無法直接有效提供更爲周全的信念與思維。

綜上所述，專業情境牽涉利害關係人、環境、特定議題等複雜面向，無論是義務論、效益論或德行論，其在軍事倫理的實踐中皆有其可供參考的貢獻，難以論斷哪一個理論最適合軍事倫理，而是要根據其適用情境來加以判斷。

四、其他重要倫理原則

規範倫理學所歸結的倫理原則除了上述倫理原則之外，亦延伸與開展出許多倫理原則，其中比較重要的倫理原則，包括不傷害原則、基本人權原則、公平正義原則，能影響人的道德判斷與倫理行動的意圖。

㈠不傷害原則

不傷害原則（principle of do-no-harm），是專業倫理中最基本的倫理原則。效益論指出，人本性中有趨福避禍、趨樂避苦的傾向，由此傾向所發展出來的倫理原則，除了重視行爲結果的效益原則外，就「避禍、避苦、避惡」而言，便是要減少行爲所帶來的負面結果，由此發展出最低標準的不傷害原則，是一種絕對的意義下絕對不能被違反的原則：就算不能趨福或趨樂，至少也要避禍與避苦的原則。

㈡基本人權原則

「基本人權」係指，「個人或群體因作爲人類而應享有的權利」，不論其種族、性別、語言、財產、宗教、政治或其他身份的區別，要求「把人當人」，沒有人權就沒有自由、平等、民主、憲政和博愛。人不能爲了

較大的社會經濟利益而犧牲個人的自由，唯一對個人自由的限制是不可侵犯他人的自由權利，包括身體、隱私、財產或智慧財產等，亦即「人的基本自由是一律平等的、不可侵犯的」。

(三)公平正義原則

公平正義原則（principle of fair and justice），由社會與政治層面之基本人權原則延伸而來，正義原則意指基於正義與公道，以公平合理的處事態度待人。正義原則應用到專業倫理時，涉及三層次：

1. 盡可能地維護利害關係人的權利（權利正義）。
2. 盡可能地維護並遵守道德所允許的法律（法律正義）。
3. 盡可能公平地分配資源（分配正義）。

第四節　執行倫理決策的步驟

專業倫理在教育專業人員做倫理實踐時，通常以闡述情境分析、倫理決策的程序或步驟的方式進行；若為幫助組織成員瞭解倫理決策如何應用於專業實境中，亦有輔以案例分析來深化專業人員的理解。其中，執行倫理決策的步驟主要有四大步驟（陳勁甫、許金田《企業倫理：內外部管理觀點與個案》）：

1. 蒐集案例的相關事證；
2. 找出與此案例相關的觀點；
3. 列出可能的解決方法；
4. 選擇一個最佳的解決方法。

為了掌握軍事倫理的實踐技術，本章在詳細介紹道德推理與倫理決策之餘，更進一步讓軍事人員瞭解軍事倫理的實踐程序，在此以倫理決策的9

步驟，輔以倫理決策18問的方式，說明執行倫理決策的步驟（《企業倫理：內外部管理觀點與個案》）；並以一虛擬案例之情境執行這倫理決策的9步驟，從而得掌握軍事情境中軍事倫理的實踐歷程。

一、執行倫理決策的九步驟

倫理決策步驟	倫理決策18問
步驟1. 定義倫理課題與困境 個人依據自身倫理敏感度的素養，發現專業情境中有倫理議題存在，於是展開倫理思考。思考的第一步便是要釐清與定義倫理議題。 先找出此倫理議題的相關事證，從描述相關事證的過程中辨識與確認倫理議題。 有些倫理議題可輕易用專業法律規章、倫理守則、倫理信念或倫理原則來加以辨識和定義。 有些倫理議題因為事件本身涉及的層面過於複雜，抑或是涉及較多利害關係人或多方倫理議題等因素，致使倫理議題難以辨認、確認或陷入兩難的抉擇困境中。 可以參照倫理決策提問之問題1與2，定義倫理課題與困境。	1. 確認是否有正確定義倫理課題？ 2. 確認倫理議題之相關事證中的關鍵事實與假設為何？
步驟2. 辨明利害關係人、責任與規範 專業倫理情境總牽涉許多利害關係人，因此，執行倫理決策應思考特定倫理議題，或即將決定的倫理行動可能會牽涉到哪些利害關係人？ 從既有的專業倫理知識、專業倫理守則，以及相關專業法規中，認明倫理議題相關的倫理規範，以及自己要擔負的專業責任、倫理責任及法律責任。 決策者應釐清問題界限、道德衝突根源（如角色、責任、倫理知識……）、道德困境等因素，釐清相關利害關係人的立場及影響力，以及自己在此議題中的角色、責任與權利義務關係等。這部分可藉由提問倫理決策之問題5-7，輔助進行。	3. 有哪些利害關係人？ 4. 決策者自身角色與權責？ 5. 與倫理課題相關的法律和專業倫理規範有哪些？

倫理決策步驟	倫理決策18問
步驟3. 省思相關倫理價值、義務及原則 針對此倫理議題或相關倫理困境思考，決策者須參照自身倫理風格，組織核心價值、單位的使命與任務等，覺察自身的道德態度，並以此初步確認自身的道德意圖。 同時為讓決策考量周全，提升決策團隊整體的接受度並期望降低後續執行阻力，決策者應考量決策裡所蘊含的價值信念、義務與倫理原則，考量過程中亦應考量該諮詢哪些重要人士。 參照倫理決策的省思提問之問題6與7，進行前述倫理省思。	6. 做決策的意圖（目標價值）、義務或指導為何？ 7. 誰應該參與決策？（誰有權力決定？誰能影響決策？）
步驟4. 編擬預施行之倫理決策或倫理行動方案 釐清倫理議題或倫理困境之相關價值、義務及倫理原則後，決策者可依價值排序，參照組織核心價值與倫理氣候、單位使命與任務等，蒐集相關案例（作為可供依循的判例），輔以決策者或決策團隊的創意思考與腦力激盪，編撰出合理可行的政策或行動方案。	
步驟5. 道德推理與倫理評估 針對初擬之倫理決策或行動方案，進行道德判斷與倫理評估。此一步驟的道德判斷與倫理評估，須再次參照自身的倫理風格，審視決策者或決策團隊的動機和目標，並檢析是否有符合倫理思想、倫理原則與相關法規，找出最佳方案。 參照倫理決策的省思提問之問題8-11，再次周延檢視決策選項、判斷與評估。	8. 哪一方案能滿足我的主要義務？ 9. 哪一方案最符合公平正義？ 10. 決策者選擇的最佳方案或倫理行動可能會傷害誰的權利？ 11. 哪一方面可以產生最大效益？
步驟6. 諮詢與自省 經過理性評估方案，在做最後決定前，為避免決策盲點或專業本位的短視，決策者可透過反思與諮詢進再次檢測，站在不同角度全方位檢視決策。 進行諮詢時，可選擇向自己尊敬的、資深的人士諮詢，通常他們代表你所重視的德行、信念與價值。	12. 如果對方這樣對我，我會覺得公平嗎？（設身處地、異地而論） 13. 我能心安理得或坦然的將我的決定或行動公開嗎？

倫理決策步驟	倫理決策18問
參照倫理決策的省思提問之問題12-14，自我檢視。	(1) 能與受影響的一方討論嗎？ (2) 你睡得安穩嗎？ (3) 能坦然面對鏡中的自己嗎？ (4) 如果我的決定或行動出現在媒體頭版，是否能面對和接受？ (5) 我是否有信心自己的決策和行動能經得起時間的考驗，一段時間後仍能令人信服？ 14. 我所尊敬的人會如何做？
步驟7. 選擇行動方案 決策時除了方案的選擇外，還要考慮方案的風險與方案所蘊含的各種不確定性，並對參照自身倫理敏感度，對於敏感度高的假設或變數設定監控機制與應變方案。 完成步驟1-6，再三審視方案、諮詢與自省之後，接下來便是做決定的時候。決策者雖然希望找到兩全其美的方案，但倫理困境往往必須有所權衡取捨；重要的是，決策者必須排定價值優先順序、考量多方觀點與權益，才能做出一個可為之辯護與負責的審慎抉擇。 參照倫理決策的省思提問之問題15-16，進行思考有助於理性選擇行動方案。	15. 決策方案對假設的敏感度為何？ (1) 決策的重要假設是否會改變？其影響多大？ (2) 什麼狀況下你會改變你目前的立場？ 16. 審慎平衡的抉擇為何？
步驟8. 執行 倫理行動是一種蘊含資源分配與價值實踐的行為，亦即倫理道德的信念與價值必須從實踐中落實；一旦決定了，決策者有其道德責任讓其決策與理念得以實現與被接受。因此，決策者須提供資源、步驟	17. 決策方案在具體情境中的執行步驟與配套措施？

倫理決策步驟	倫理決策18問
與配套措施，不斷測評、回饋與調整，才能順利無礙的執行。 參照倫理決策的省思提問之問題17，自我檢視。	
步驟9. 評估與回饋 決策方案與行為是否倫理，除了自己的良知與道德判斷外，也須接受社會觀感的檢驗，並須從社會回饋中學習調整與改進。 因此，事後的檢討與評估也是非常重要，參照倫理決策的省思提問之問題18檢討與評估整個倫理決策的歷程，從中累積更多倫理實踐的知識，增進自己的實踐技術。	18.經驗學習為何？

參考資料：陳勁甫、許金田《企業倫理：內外部管理觀點與個案》

　　倫理決策作為理性分析與抉擇的歷程，即確認問題、產生數個決策方案、透過道德推理、倫理評估，以及多方諮詢等；而抉擇則應以最能符合法治與倫理價值的方案為原則，並要兼顧組織的核心價值與目標。執行步驟時的重點應放在道德推理與倫理評估的思維歷程，以及與利害關係人諮詢互動中相互激盪的思維內容，並為豐富倫理知識、增進道德實踐能力的重要關鍵。值得注意的是，決策的抉擇亦是價值間的權衡取捨，每項決策都會帶來影響，影響的結果往往不是單純的效益所能衡量；換言之，大部分的倫理決策都充滿不確定性，原因在於人很難全面地掌握情境裡的所有面向，每項評估都難以百分之百的精準，如情境中存有難以預估的變數，有時未覺察到的因素、資訊不對稱情形，都會令決策者產生誤判。故倫理決策的執行步驟，無法保障決策後的行動都是完美的最佳倫理行動，而是試圖讓決策者提高倫理敏感度、豐富倫理知識，以及提升道德推理能力的實踐技術，並藉以幫助決策者有更好的洞察，提升道德能力。

　　為幫助讀者更熟悉執行步驟的運用，下文藉由虛擬案例操練這9步驟，提供讀者們從專業情境來想像這些步驟的執行情況。

二、倫理決策執行的案例分析

㈠案例介紹（虛擬案例來源：郭雪真等，《軍事倫理學》，翰蘆圖
書，2013.8）

　　某單位中校主官乙接獲主計單位通知，年度預算提早至同年12月10
日前結報完畢，結報期限內未結報完畢之預算須繳回國庫；指揮官甲為
因應前述主計單位的命令，要求所屬各單位依時完成結報，若有結報未完
者，該單位主官記過一次。為避免預算繳回以及記過處分，並考量單位衛
浴設備簡陋，長期影響官兵生活，乙中校遂向國防部爭取年度工程標餘款
預算，以重新整修單位內衛浴設備。國防部令准支用並要求不得辦理保
留，乙中校便依據規章程序找到了承作廠商A；惟在10月底時，原本該按
照契約施工的承作廠商A因故無法立即施工，故向乙中校單位的業務承辦
人上尉參謀丁要求延後1個月施工。由於工期至少需要1個月，再加上驗
收所需的時間，乙中校評估無法在同年12月10日前完成結報；惟承作廠
商A表示可以先開立單據讓乙中校完成預算結報，並保證會保障品質，絕
不加價。面對這個狀況，乙中校該如何做？

㈡執行倫理決策步驟的案例分析

步驟1. 定義倫理課題與困境
乙中校此時面臨抉擇兩難的困境：如果沒有在結報期限內結報完畢，那麼好不
容易申請下來的這筆錢必須繳回，自己可能也得面臨記過處分。又單位內衛浴
設備的狀況每況愈下，來年要再申請修繕預算可能沒那麼容易，這樣一來，修
繕衛浴設備的機會可能更加遙遙無期。
若要使單位衛浴設備得到更新，自己免受記過處分，採納A廠商老闆的建議是
一個解決問題的辦法。
可是，這裡面可能潛藏有單據結報不實的倫理議題。

步驟2. 辨明利害關係人、責任與規範
⑴辨明利害關係人：
　　A. 單位組織內的利害關係人為：參謀丁上尉，指揮官甲上校，主計單位承辦
　　　　人、驗收官、監察官、法治官與審計官、單位內使用衛浴設備的眾弟兄。

B. 單位組織外的利害關係人為：A廠商、國防部總督察室、國防部政風室、社會大眾。

(2)辨明責任：

　　A. 乙中校身為主官，依據《國軍內部管理工作教範》第四章第三節04301之1.3款：各單位所使用之房屋及建築物應善盡維護、保養及看管之責；此外，依該教範第六章第二節06201之1款：單位主官對各項經費應貫徹依法行政、公款法用要求，依規定用途、程序支用，並負帳籍、現金等安全責任。

　　B. 如若失職，將可依據《陸海空軍懲罰法》第15條：現役軍人有辦理業務不遵法令程序者，應受懲罰。

(3)辨明相關規範：

　　《國軍內部管理工作教範》、《行政部主計處支出憑證處理要點》、《國軍基層單位財務管理作業手冊》、《陸海空軍懲罰法》

步驟3. 省思相關價值、義務及原則

(1)省思相關價值與義務：善待下屬、善盡維護與保養設施、完成長官交代任務、公款公用（沒有以私害公，沒有虧空公款）

(2)省思相關原則：履行效益原則——為最大多數人謀取最大利益

步驟4. 編擬預施行之倫理決策或倫理行動方案

(1)價值排序——完成長官交辦任務、公款公用不浪費、善待下屬、善盡維護與保養措施的責任。

(2)預擬行動方案一：要求承辦參謀丁上尉協調該廠商A先行開立單據，在經管「經費支用申請單」上由乙與丁二人簽章後上案，向主計單位提出支用「房屋及設施修繕養護費」預算經費申請。

預擬行動方案二：將未使用完之經費繳回國庫，接受記過處分。

步驟5. 道德推理與倫理評估

(1)道德推理

　　行動者的欲望和目標（動機）：乙中校想要如期結報預算並維修衛浴設備

　　大前提：能為最大多數人謀取最大利益的政策就是好政策

　　小前提：採納廠商A的建議，先結報預算再行施工可以製造雙贏局面（達成任務與修繕衛浴）。

　　結論：採納廠商A的建議，先結報預算再行施工。

(2)倫理評估

　　乙中校認為這樣的做法乃權宜之計，只要對得起自己良心，沒有半分錢進到

私人口袋裡，能夠把這筆錢留在單位裡，且過沒多久就會施工，施工完成可以改善單位衛浴品質，他也能完成如期結報預算的任務。

步驟6. 諮詢與自省

(1)自省：核銷的相關規定是什麼？有沒有單據核銷不實的風險？萬一被審計單位查到核銷不實得承擔什麼樣的罪責？會不會因此連累參謀丁上尉？

(2)諮詢：拿自省的相關問題諮詢丁中尉，聽聽他的看法，並且將自省的相關法規問題請教監察官、法治官和審計官，瞭解一下相關規範，以及可能得承擔的風險。

步驟7. 選擇行動方案

兩權相害取其輕，雖然完成任務、改善衛浴品質的效益很重要，惟與記過的處分相較，違背法律的後果更為嚴重。

這次經費沒有辦法使用，明年再申請還是有機會。

法治官和丁中尉皆提醒乙中校：公款不僅要「公」用，公款更需要嚴格限制在「法」用的規範內；任何倫理決策，守法守規為第一要務。

因此，乙中校最後選擇繳回國庫，接受記過的處分。

步驟8. 執行

乙中校最後做出預算繳回國庫的行動，並據實以報是廠商A無法履行契約如期施作；指揮官甲據此亦沒有給予記過處分。

步驟9. 評估與回饋

經過此事件，乙中校學習到公款法用的概念，也瞭解倫理決策的執行，以及軍事倫理的實踐，均須以遵守法制規定為第一要務。

資料來源：作者自己編寫

　　雖然乙中校最後的決定，可能讓單位裡的弟兄感到失望，因為又要繼續忍受一段長時間低品質的衛浴設備，也令其可能遭受記過的處分。事實上，執行倫理決策步驟向來不保證決策的結果能皆大歡喜，但透過執行決策步驟的過程，決策者及相關利害關係人在溝通互動過程中，學習理解彼此的倫理價值與信念，以及理解決策中權衡取捨的緣由，可以幫助團隊坦然面對結果，降低決策結果可能帶來的傷害。有時候倫理困境的產生並非真的出現兩難情境，許多時候是因為決策者既有的倫理知識與道德推理能力不足，陷入主觀、一廂情願，或自以為是的道德意圖中，造成誤判並徒

增道德風險；要避免倫理困境或道德風險的最佳選擇，就是執行倫理決策的步驟，多方諮詢與自省。再者，透過不斷在軍事情境中操練倫理決策的步驟，將有助於豐富更多倫理知識、熟悉實踐軍事倫理的技術，俾利增進自身的道德能力、降低道德風險。

第五節　強化道德能力

一、道德推理與倫理決策有助於道德內化作用

軍事專業者常被社會要求更高的道德標準，再由軍人對榮譽的重視，亦顯示軍事專業者也願意以更高的道德標準自勉和自律；其間緣由概因軍事專業的特殊性，擁有合法暴力以承擔著保國衛民重責大任，而與社會之間有重要的信託關係。惟軍人如何藉由實踐軍事倫理，得以彰顯其履行高道德標準的自我要求？無論是軍紀法規、倫理守則或倫理信念，如果軍人沒有內化成為個人倫理品格的一部分，這些軍紀法規、軍人武德、軍人讀訓，以及忠貞信條等，都可能淪於形式主義；如果只教導軍人倫理、軍隊倫理、廉政倫理、戰爭倫理等「倫理知識」，卻沒有將這些「倫理知識」內化成為品格，軍人很難自律自發的踐行軍事倫理行動，畢竟單靠客觀知識難以有效強化行動者的道德能力。要改善軍事倫理教育的形式主義，要內化軍事倫理知識、強化軍人道德能力，需要藉由道德推理與倫理決策的訓練。

所謂「內化」是指透過看、聽、想等知覺活動，將思維觀點經過「同化」和「順應」的歷程，把這當中所認同的思想與自己原有的觀點、信念，結合並構成一個統一的態度體系；換言之，個人將原本外在於己的觀念、態度、價值標準等，慢慢轉化成自己的觀念、態度、價值標準，而終於變成自己內在的心理特質或人格特質的一部分。道德推理或倫理決策之所以有助於內化軍事倫理，是因為這些實踐技術運用「看、聽、想」的認知歷程，一旦將道德主體（倫理行動者）的視角引導至軍事情境中的倫理面向，各種軍事倫理知識就不再是外在於軍人的客觀知識；而是以一種能夠與軍事生活發生連結（行動者必須推理和決策）的方式，讓這些倫理知

識能夠成爲軍人在軍事生活中必須使用的一種智能。亦即讓軍事倫理知識成爲引導軍人——以正確、合適與安全的方式，生活於軍事情境中的必要知識；當軍人發現：在軍事情境中可以且必須使用軍事倫理知識，才能成就自身與團隊的榮譽與價值時，抑或是強化道德能力也是其本職學能的一部分時，軍人自然就會自動內化這些倫理知識，做好本分角色。

二、道德推理與倫理決策有助於強化個人道德能力

所謂「道德能力」，是指願意培養自身的倫理敏感度，願意適當且謹愼地完成任務，更願意關心任務所涉及之利害關係人的權益，不將人當作完成任務的工具；這種能力蘊含一種願意堅持依照倫理向度而行動的態度，藉由倫理知識、道德態度與實踐技術的交互作用，並發生於道德推理與倫理決策中。因此，道德能力不單只是豐富倫理知識，尚包含倫理覺察、道德意圖與增進行動意願等倫理實踐技術的訓練。

「道德能力」的強化，就如同體能與戰技訓練般需要平時經常鍛鍊，無論是倫理知識的學習，抑或是實踐技術的養成，都不能只靠一門2學分的軍事倫理課程，而是要在軍事情境中不斷操練；藉由道德推理與倫理決策，軍人能熟悉這些貫通倫理知識與情境實踐的技術，即能內化軍事倫理成爲其軍人品格的一部分。又除了操練道德推理與倫理決策的技術，更重要且更爲基本的是，要在軍隊生活中宣講「軍事倫理」的語言，讓忠誠、服從、責任、榮譽、國家、犧牲、團結、負責等信念，以軍事生活之日常語言的形式頻繁的被使用；「語言」是人表達自己與看待世界的方式，養成宣講軍事倫理語言的習慣，亦是內化軍事倫理價值的重要操練。

研究與討論

1. 何謂「道德推理」？試舉例說明如何運用「道德推理」來實踐軍事倫理？

2. 何謂「倫理決策」？請簡述「倫理決策模型」。

3. 請闡釋：瞭解倫理決策的流程對實踐軍事倫理有哪些幫助？

4. 請分別闡釋：義務論、效益論和德行論的倫理原則。

5. 請闡釋：執行倫理決策主要有哪四大步驟？

6. 試問：如何操作「倫理決策的9步驟」中的步驟1？

7. 試問：如何操作「倫理決策的9步驟」中的步驟2？

8. 試論證：如何藉由道德推理與倫理決策強化個人道德能力？

9. 試論證：道德推理與倫理決策為什麼有助於道德內化？

請沿虛線剪下

Note

國家圖書館出版品預行編目資料

軍事倫理：從觀念到實踐／尤淑如等著. --
初版. -- 臺北市：五南圖書出版股份有限
公司, 2020.09
　　面；　公分
ISBN 978-986-522-156-0 (平裝)

1.軍人倫理學　2.文集

198.5907　　　　　　　　　　109010790

1XJN 通識系列

軍事倫理
從觀念到實踐

作　　者 ― 尤淑如、康經彪、張文杰、厲復霖

發 行 人 ― 楊榮川

總 經 理 ― 楊士清

總 編 輯 ― 楊秀麗

副總編輯 ― 黃惠娟

責任編輯 ― 陳巧慈

校　　對 ― 李鳳珠

封面設計 ― 許芳瑄、姚孝慈

出 版 者 ― 五南圖書出版股份有限公司

地　　址：106臺北市大安區和平東路二段339號4樓

電　　話：(02)2705-5066　　傳　　真：(02)2706-6100

網　　址：https://www.wunan.com.tw

電子郵件：wunan@wunan.com.tw

劃撥帳號：01068953

戶　　名：五南圖書出版股份有限公司

法律顧問　林勝安律師

出版日期　2020年9月初版一刷
　　　　　2023年9月初版四刷

定　　價　新臺幣340元

經典永恆・名著常在

五十週年的獻禮——經典名著文庫

五南，五十年了，半個世紀，人生旅程的一大半，走過來了。

思索著，邁向百年的未來歷程，能為知識界、文化學術界作些什麼？

在速食文化的生態下，有什麼值得讓人雋永品味的？

歷代經典・當今名著，經過時間的洗禮，千錘百鍊，流傳至今，光芒耀人；

不僅使我們能領悟前人的智慧，同時也增深加廣我們思考的深度與視野。

我們決心投入巨資，有計畫的系統梳選，成立「經典名著文庫」，

希望收入古今中外思想性的、充滿睿智與獨見的經典、名著。

這是一項理想性的、永續性的巨大出版工程。

不在意讀者的眾寡，只考慮它的學術價值，力求完整展現先哲思想的軌跡；

為知識界開啟一片智慧之窗，營造一座百花綻放的世界文明公園，

任君遨遊、取菁吸蜜、嘉惠學子！